Assisi '88

Vom langen Atem ökumenischer Hoffnung

Assisi '88

Vom langen Atem ökumenischer Hoffnung

Europäischer ökumenischer Dialog
für Gerechtigkeit, Frieden
und Bewahrung der Schöpfung

Herausgegeben von
Dirk Heinrichs
unter Mitarbeit von
Rainer Stiehl

Verlag Otto Lembeck
Frankfurt am Main

Bibliografische Information der Deutschen Nationalbibliothek
Die Deutsche Nationalbibliothek verzeichnet diese Publikation in der
Deutschen Nationalbibliografie, detaillierte bibliografische Daten
sind im Internet über http://dnb.d-nb.de abrufbar.

Umschlagentwurf: Markus Wächter
© 2008 Verlag Otto Lembeck, Frankfurt am Main
Gesamtherstellung: Druckerei und Verlag Otto Lembeck
Frankfurt am Main und Butzbach
ISBN 978-3-87476-577-0

Inhalt

Wilfried Warneck, Grußwort 7
Dirk Heinrichs, Einleitung 9
Wilfried Warneck, Was war und wie arbeitete „Assisi '88"? 13
Hermann Schalück ofm, Ein Lobgesang 2008 – im Andenken
an Assisi '88 19

Auf dem Weg nach Assisi '88
Grußwort von *Kardinal Dr. Franz König* (Wien),
Präsident von Pax Christi Internationalis 21
Brief von *Kardinal Carlo Maria Martini,* Erzbischof von
Mailand, Präsident des Rats der europäischen Bischofs-
konferenzen (CCEE) 22

Gisela Fleckenstein
Von Kevelaer bis Assisi: „Betet ohne Unterlass!" 24

Dokumentation Assisi '88
Tagesthemen und Tagesablauf 26
Laudato si 40
Gedenken der Toten 41

Vorträge im Plenum 43
   Joachim Garstecki, Der ökumenische Dialog in Europa –
   historische und aktuelle Perspektiven 43
   Jean Carpentier, Gerechtigkeit 58
   Hildegard Goss-Mayr, Werkzeug des Friedens 69
   Pierre Parodi, Erstgeborene der ganzen Schöpfung 77
   Rosemary Lynch, Unsere äußere und innere Verfassung ... 84
   Dom Claudio Hummes, Die Auslandsverschuldung Brasiliens 91
Schlußdokument 102
Die Mitglieder der Vorbereitungsgruppe 107

Dirk Heinrichs
Der Europäische Ökumenische Dialog in Assisi 1988.
Erlebnisse, Seitenblicke und Erinnerungen 108

Erinnerungen und Rückblicke von Teilnehmern – nach zwanzig Jahren... 179
   Volkmar Deile, Auf der Baustelle des europäischen Hauses.. 179
   Joachim Garstecki, Der besondere Kairos von Assisi....... 182
   Klaus Hagedorn, 20 Jahre seit Assisi '88............... 184
   Karl Neuwöhner, Ein Dialog der Herzen............... 187
   Reinhard J. Voss, Der Geist des Treffens erfüllt mich noch heute.. 190

Segen des Franz von Assisi 192
Segen der Hl. Klara 192

Vita des Herausgebers 193

Grußwort
Wilfried Warneck

Wie kommt eine Initiative voran, die der Ökumene dienen will? Ohne die eindeutige, von einer Mehrheit oder im Konsens gebilligte Formulierung von Zielen und jeweiligen Resultaten kommt unser Bewusstsein nicht aus, auch unser ökumenisches Bewusstsein nicht. Niemand achte also die entsprechenden intellektuellen Anstrengungen gering! Aber viel zu oft wird die Bedeutung der vielen anderen Faktoren falsch eingeschätzt. Dabei wiegen gerade in Sachen von Glauben, Kirche und Bekenntnis diejenigen Elemente viel, die schlecht in Formeln und Thesen einzufangen sind. Das gilt doppelt dort, wo es vor allem um kollektive Erfahrungen geht. Festzustehen scheint ferner, dass es offensichtlich falsch ist, den ersteren Bereich den kirchlichen Eliten zuzuordnen, den letzteren der Masse der Gruppen- bzw. Gemeindeglieder. Dennoch: Wenn es um Bewegungen nicht nur von wenigen Privilegierten, sondern tatsächlich der Basis der Kirche gehen soll, dann sind unsere Empfindungen, unsere spontanen Reaktionen, unsere Gesänge und Riten, unsere Bilder und Visionen unverzichtbar.

Dirk Heinrichs hat uns den unschätzbaren Dienst erwiesen, eines der größeren europäischen ökumenischen Ereignisse der letzten Jahrzehnte sozusagen mit den Wahrnehmungsorganen der Basisbewegungen einzufangen und uns das Ergebnis zur Verfügung zu stellen. In scheinbarem Kontrast dazu wird der Wortlaut der Referate zu den Sachthemen Gerechtigkeit, Frieden und Schöpfungsbewahrung dokumentiert. Da springt die Notwendigkeit, die rationale Souveränität festzuhalten, geradezu in die Augen. Genau dann jedoch, wenn man der schockierenden Realität nicht ausweicht, erhebt sich die Frage: Schweben wir nun im leeren Raum von Verzweiflung und Ausweglosigkeit oder können wir unsere Herkunft und unser Ziel neu benennen?

Ausgerechnet aus Assisi '88 – geboren aus der Nachfolgepraxis der geistlichen Nachfahren des Heiligen von Assisi und einigen der ärmsten Winkel des kirchlichen Verbandswesens – ging mit den „Oekumenischen Schalomdiensten" eine der wenigen handfesten Konkretionen hervor, die der Konziliare Prozess in Europa erbracht hat. Über Basel 1989 und Seoul 1990 beginnt dieser Vorschlag in der Zuspitzung als „Schalomdiakonat" heute, Wirklichkeit zu werden, wenn auch erst einmal nur in einem der europäischen Sprachräume. Was war der Mutterboden, der sich als so fruchtbar erwies?

Das vorliegende Buch lädt dazu ein, dieser Frage nachzugehen und die angedeuteten Zusammenhänge zu entdecken. Es enthält die dazu erforderlichen Texte und Daten. Als einer der Anreger von „Assisi '88" bin ich überaus dankbar für diese neue Dokumentation, die die vergriffene erste – von Karl Neuwöhner erstellte[1] – ersetzt. Möge sie ihren Dienst tun und dazu beitragen, den möglicherweise hier und da etwas erlahmten ökumenischen Elan neu zu beleben.

---

1 Internationale Vorbereitungsgruppe „Assisi '88" (Hrsg.): Dokumentation des Europäischen ökumenischen Dialogs „Gerechtigkeit, Frieden, Bewahrung der Schöpfung" vom 6. bis 12. August 1988 in Assisi, Italien. Als Manuskript gedruckt.

Einleitung
Dirk Heinrichs

In einer Dokumentation[2] sind die Ereignisse von „Assisi '88" von dem Sekretär des Vorbereitungsausschusses, den die vier Einladungsinstitutionen[3] beauftragt hatten, festgehalten worden. In seinem Vorwort schrieb Karl Neuwöhner: „Nicht die Texte waren und sind die „Botschaft von Assisi '88", sondern die Menschen, die dabei waren. Von vielen haben wir gehört, dass sie aus Assisi neuen Mut und neue Erfahrungen in ihre Gruppen und Gemeinden mitnehmen konnten. Darüber freuen wir uns."

Und so ist es geschehen. „Assisi '88" blieb keine folgenlose Versammlung eines Europäischen ökumenischen Dialoges. „Assisi '88" wollte und sollte sich ausstreuen. Es wirkte auch durch Delegierte auf die Europäische Ökumenische Versammlung von Basel 1989 und auf die Weltkirchenversammlung von Seoul 1990 ein. Aber nun, nach 20 Jahren, sind viele nicht mehr unter uns, auch wenn ihre persönliche „Assisi '88"-Botschaft weitergetragen sein mag von anderen, die von ihr bewegt wurden, obwohl sie nicht dabei gewesen sind. Oft wissen sie nicht einmal genau, von woher und wie sie über eine Kettenbrücke zu ihnen gelangte. Zu dieser „Botschaft" zählen auch die mit jubelnden Gesängen in drei alten und berühmten Kirchen gefeierten Feste der gegenseitigen „Eucharistischen Gastfreundschaft" aller zum „Dialog" nach Assisi gepilgerten 523 Gläubigen aus mindestens zehn Konfessionen und 22 Nationen, davon 15 aus Europa[4]. Das waren einzigartige, vorbehaltlos mit- und füreinander gefeierte Feste. Während zu dem vom Papst 1986 einberufenen Weltfriedensgebet nur die Religions- und Konfessionsobrigkeiten eingeladen wurden und erschienen, pilgerte zum Dialogtreffen '88 das Volk Gottes aus aller Herren Länder. Erstaunlich war auch, wie der achtsame Umgang

---

2 Siehe Anm. 1.
3 Church and Peace, International Fellowship of Reconciliation, Pax Christi, European Franciscan Communities of Justice & Peace.
4 Teilnehmer nach Herkunftsländern: Benin 1, Chile 1, Ghana 1, Jugoslawien 1, Kanada 1, Libanon 1, Luxemburg 1, Brasilien 2, Ungarn 4, Schweden 5, Polen 8, USA 8, Belgien 12, Großbritannien 12, Deutsche Demokratische Republik 16, Österreich 17, Schweiz 17, Frankreich 31, Spanien 32, Niederlande 45, Italien 119, Bundesrepublik Deutschland 188, gesamt: 523.

untereinander eine unbekümmerte Verständigung aus gelebtem Glauben und seinen mannigfachen Bezeugungen bis hin zum gemeinsamen „Abendmahl" schenkte.

Im gegenwärtigen ökumenischen Gespräch, Bemühen und Verhandeln der Kirchen, ihrer Leitungen und Konferenzdelegationen scheint „Assisi '88" fast vergessen. Eine kurze nur kirchenpolitisch getönte, daher unvollständige Erwähnung findet es in einem kürzlich erschienenen Buch von Katharina Kunter.[5] Wilfried Warneck ist in seinem Buch „Friedenskirchliche Existenz im Konziliaren Prozeß" (Hildesheim 1991) motivisch auch auf Vor- und Nachgeschichte von „Assisi '88" eingegangen. Warneck war im Namen von „Church & Peace" einer der Promotoren in der Vorbereitungsgruppe. Er hatte 1987 die franziskanische Idee aufgegriffen zu einem Dialog in Assisi mit Vertretern aller Konfessionen und Nationen aus Europa und nicht zuletzt aus weiter entfernten Ländern. Dem Aufruf schlossen sich „Pax Christi" und der „Internationale Versöhnungsbund" an. Vom geistlichen Feiern während dieses Ereignisses und seinem Auftrag zur „Nachfolge" ist zudem in meinem persönlichen Tagebuch zu lesen. Es wird hier erstmals über einen engeren Freundeskreis hinaus (1989) veröffentlicht.[6]

Von Anfang an war ich in der Vorbereitungsgruppe namens „Church & Peace"; dann wirkte ich mit meiner Frau dank unserer *„Stiftung Die Schwelle, Beiträge zur Friedensarbeit"*[7] für die Organisation der Versammlung. Nun versuche ich, dem „Vergessen des Vergessens" zu wehren mit der freundlichen Unterstützung und dem Zuspruch einiger noch lebender Assisi '88-Freunde. Andere sind nur noch im Gedächtnis ihrer Namen zu bewahren. Und im Gebet *„Sieh, Herr, die Toten kommen zu Dir. Die wir geliebt, sind allein und sehr weit. Nun müssen wir ihre Münder sein ..."* (Georg Kafka).

Auch Friedensgemeinden oder in der Friedensarbeit engagierte Gruppen reden und handeln in diesem Auftrag. Wilfried Warneck, damals Vorsitzender des Netzwerkes „Church & Peace", schrieb über das Ereignis der Assisi '88 voraus gegangenen „Europäischen Friedenskirchlichen Versammlung" in Braunfels:

---

5 Katharina Kunter, Erfüllte Hoffnungen und zerbrochene Träume. Evangelische Kirchen in Deutschland im Spannungsfeld von Demokratie und Sozialismus (1980–1993), Göttingen 2006, S. 75.
6 In diesem Band, S. 108ff.
7 www.dieschwelle.de.

„Church and Peace hielt (…) vom 18. bis zum 22.6.1986 im hessischen Städtchen Braunfels eine eigene ‚Europäische friedenskirchliche Versammlung' mit etwa dreihundert Delegierten. (…) Braunfels zeigte uns: Es gibt tatsächlich die Realität von Friedensgemeinde kreuz und quer durch die europäischen Konfessionen und Kirchlichkeiten, wenn auch manchmal nur in winzigen Spuren oder Leuchtfeuern. Aber diese kleinen Kerne können sich gegenseitig etwas bedeuten; sie ergänzen und inspirieren einander. Es bedeutet viel für sie, es zu entdecken, dass andere unter ihnen etwas realisieren können, was ihnen schlecht gelingen will, wofür sie selbst aber anderes einzubringen haben. So kommt alles in allem doch ein funkelndes Mosaik zustande."[8]

In dem gleichen Büchlein[9] schrieb Wilfried Warneck über „Assisi '88" und den geistlichen und politischen Dialogbeitrag, dass der auf der Vollversammlung des Ökumenischen Rates der Kirchen in Vancouver 1983 angestoßene konziliare Prozess erstmals in einen europäischen Dialog geführt wurde, ein Jahr vor „Basel": *„In Assisi haben wir gelernt, vor wie langer Zeit in der Kirche das bereits in leuchtender Klarheit lebendig war, was uns heute in Atem hält. Es gibt kaum einen Wesenszug friedensgemeindlicher Existenz, der bei Franziskus und Clara von Assisi und den Ihren nicht bereits ablesbar gewesen wäre. Es hat uns bewegt zu sehen, wie ein solcher Impuls über die Zeiten hinweg weiterglühen kann … Die Zeugnisse der radikalen Gegenexistenz, ob mitten in der westlichen Großstadt, ob vor dem Tor des Atomtestgeländes in der Wüste von Nevada, ließen Möglichkeiten befreiten Menschseins aufblitzen, die uns Hoffnung gaben auch für die anderen Auswegslosigkeiten. – Dies gilt umso mehr, als wir in Braunfels und Assisi in jeweils verschiedenem Rahmen und unter verschiedenen Bedingungen Gelegenheit hatten, uns immer wieder als gottesdienstliche Mahlgemeinschaft zu erfahren …"*[10]

Sergio Goretti, der damalige Bischof von Assisi, sah im Dialogtreffen „ein prophetisches Zeichen unserer Zeit". Aber wie so oft in der Geschichte der Menschheit entfallen trotz aller einander zugefügten Leiden prophetische Zeichen und Worte dem Gedächtnis. Nur Erin-

---

8   Wilfried Warneck, Friedenskirchliche Existenz im Konziliaren Prozeß, Anstöße zur Friedensarbeit (Schriftenreihe der Stiftung Die Schwelle Bd. 5), Hildesheim 1990, S. 186 und 189.
9   Wilfried Warneck, Friedenskirchliche Existenz, ferner: Herbert Froehlich, Ernst von der Recke, Wilfried Warneck: Alles wirkliche Leben ist Begegnung, Anstöße zur Friedensarbeit (Schriftenreihe der Stiftung Die Schwelle Bd. 8), Hildesheim 1991.
10 Wilfried Warneck, Friedenskirchliche Existenz, S. 189–190.

nerung schafft es, auch mit Schriftzeugnissen, für sie wach zu bleiben mit einer tätigen Nachfolge. In diesem Ruf hat 1991/1992 eine Freundesgruppe, die in Assisi '88 gestaltend dabei war, den „Oekumenischen Dienst im Konziliaren Prozess, Schalomdiakonat"[11] gegründet.

Damit hat sich das Zeugnis des „prophetischen Zeichens" von Assisi ein Wirkungsfeld geschaffen, welches ständig weiter ausgreift. Aber auch für den 2. Ökumenischen Kirchentag 2010 in München wird hoffentlich die Erinnerung an „Assisi '88" ihre Bedeutung gewinnen.

---

11 http://www.schalomdiakonat.de.

Was war und wie arbeitete „Assisi '88"?
Wilfried Warneck

Der geschichtliche und ökumenische Ort und Anlass

Nach dem 2. Weltkrieg wurde die Unterschiedlichkeit der Friedensethik bei den in der ökumenischen Bewegung engagierten Kirchen als immer größere Belastung, ja, als unerträglich empfunden. Das galt gerade angesichts der Feststellung, dass das Ende von Hitler-Deutschland nicht das Ende der kriegerischen Gewaltausübung bedeutete. Tatsächlich wurde das koloniale Joch auf empfindlichen Schauplätzen nicht wie in Indien oder an der Goldküste mit den von Gandhi bzw. Nkrumah propagierten Methoden der aktiven Gewaltfreiheit gebrochen, sondern mit militärischen Mitteln, und die Konfrontation der totalitär-sozialistischen mit der liberal-kapitalistischen Ideologie führte zur militärisch ausgestalteten Blockbildung einschließlich einer atomaren Hochrüstung, die einen kollektiven Suizid der Menschheit denkbar machte.

In dieser Situation war die Christenheit zu einem eindeutigen Zeugnis herausgefordert. Wie jedoch sollte es zustande kommen, wenn nach der Friedensethik vieler Kirchen in bestimmten Fällen die Beteiligung von Christen am Kriegführen nach wie vor denkbar war? Und neben denjenigen, die klar ja oder nein sagten, gab es das wachsende Feld derer, die in der gegebenen Situation der neokolonialen Ungerechtigkeit und in der atomaren Bedrohung so spezielle Phänomene erblickten, dass sie dafür neue, eigene Sparten der Friedensethik forderten.

Angesichts dieser – hier nur ganz grob skizzierten – Lage erscholl der Ruf nach einem Friedenskonzil aller Kirchen, also nach einer Begegnung, die das friedensethische Zeugnis der Kirche klären könnte – wie sie Dietrich Bonhoeffer schon 1934 gefordert hatte. Der Aufruf kam diesmal nicht von einem kirchlichen Amtsträger, sondern aus der „Basis", von den Laien her, die keine Amtsvollmacht besitzen, aber die Sachkenntnis haben. An einem Ort intensivsten Zusammentreffens der Blöcke, in der DDR, wurde der Ruf nach dem Konzil so stark, dass die Delegation des Bundes der evangelischen Kirchen in der DDR einen entsprechenden Antrag zur Vollversammlung des Oekumenischen Rates der Kirchen 1983 nach Vancouver mitbrachte.

Es würde zu weit führen, hier die Weiterentwicklung des Gedankens des Friedenskonzils zu dem des „Konziliaren Prozesses für Gerechtigkeit, Frieden und die Bewahrung der Schöpfung" zu begründen. Entscheidend war die große Bewegung in den Kirchen Europas, die bei Kirchentagen, auf sog. Ökumenischen Versammlungen und in unzähligen regionalen und lokalen Initiativen zum Ausdruck kam. Mitte der achtziger Jahre wurde ein klares Gegenüber sichtbar. Auf der einen Seite standen die zur Frage „Konzil" durch die kirchenrechtliche Tradition festgelegten Großkirchen wie die römisch-katholische oder die orthodoxen Kirchen. Für sie konnte es ein Konzil nur im festgelegten konfessionellen Rahmen geben. Also beantworteten sie den ökumenischen Aufbruch zum Friedenskonzil mit einem klaren Nein, auch wenn sie zum Konziliaren Prozess zu einem vorsichtigen und vorläufigen Ja fanden. Auf der anderen Seite standen Gemeinden, Gruppen, Gemeinschaften und Bewegungen, die die wichtigste Voraussetzung für eine konziliare Kompetenz bereits selber verwirklichten: ihre geistliche Einheit im Glauben an den auferstanden Christus. Sie wurde sichtbar in der immer wieder praktizierten eucharistischen Einheit. So wird verständlich, dass diese leise, mit wenig Worten und ohne jede Demonstration nach außen auskommende Gestalt der „Einheit in konkreter Nachfolge" ein so großes Gewicht bekam. Diese Bewegung nun brauchte die Chance einer repräsentativen Selbstvergewisserung, und die schuf sie sich in Assisi '88.

So betrachtet ist es leicht zu verstehen, dass die Versammlung keiner institutionellen Legitimation bedurfte, so eifrig sie sich um gute und offene Kommunikation bemühte. Aus dem Treffen resultierte auch keine friedensethische Zauberformel, aber eine große Einheit in der Zustimmung zum unter uns gegenwärtigen gewaltfreien Christus, wie Franziskus und Clara ihm begegnet waren und wie er aus den Zeugnissen etwa im Plenum oder viele Male in den Bezugsgruppen sprach.

Die Träger-Institutionen

Zunächst wirkten als Einladende und Anreger die *Arbeitsgemeinschaften für Gerechtigkeit, Frieden und Bewahrung der Schöpfung* der europäischen Franziskanerprovinzen.

Die Einladung an die katholische Friedensbewegung *Pax Christi* lag auf der Hand. Pax Christi International entstand nach innerfranzösischen Ansätzen der letzten Kriegsmonate direkt nach dem 2. Weltkrieg und konnte am 31. Oktober 2005 in Brüssel das sechzigjährige Jubiläum feiern. Die Bewegung hat heute neunzehn Länder-Sektionen, in denen ihr i.d.R. ein bischöflicher Begleiter von der jeweiligen Bischofskonferenz als Präsident zur Seite gestellt wird; sie ist durch weitere Mitgliedschaften und Partnerschaften in über sechzig Ländern aktiv. Ein internationales Sekretariat in Brüssel koordiniert die gesamte Arbeit und nimmt sich der Fragen an, die aus internationalen Institutionen und von Basis-Initiativen an Pax Christi herangetragen werden.

Ähnlich strukturiert ist der *Internationale Versöhnungsbund,* der als Gründungsimpuls ein britisch-deutsches Freundschaftsversprechen am Tag des Kriegsausbruchs 1914 verzeichnet. Er ist heute weltweit der maßgebliche interkonfessionelle Verband von Pazifistinnen und Pazifisten, die ihre Position aus ihrem (zumeist christlichen) Glauben begründen. Der Versöhnungsbund hat seinerseits eine große Zahl ad hoc geschaffener Arbeitsgemeinschaften und Dienstorganisationen angeregt. Das internationale Sekretariat befindet sich in Alkmaar in den Niederlanden.

Church and Peace entstand 1949 als europäische Version eines in Nordamerika schon lange zuvor existierenden Gesprächs- und Arbeitsgremiums der sog. Historischen Friedenskirchen. Unter dieser Bezeichnung fasst man die Mennoniten (als ein Flügel der Reformation im 16. Jahrhundert entstanden), die Quäker (also die „Religiöse Gesellschaft der Freunde", aus dem 17. Jahrhundert) und die Church of the Brethren (begründet im 18. Jahrhundert) zusammen. Heute gehören zu Church and Peace in Europa auch einzelne Gemeinden, Gemeinschaften, Arbeits- und Dienstgruppen sowie Einzelmitglieder. Die internationale Geschäftsstelle ist in Laufdorf bei Wetzlar.

Das Programm vom 6. bis 12. August 1988

Das Programm der Tage in Assisi war sehr reich und vielgestaltig und kann daher auf den ersten Blick etwas verwirrend anmuten. Es wird transparent, wenn man sich folgende Struktur für die zentralen Arbeitstage von Montag, den 8. August bis Mittwoch, den 10. August verdeutlicht:

Den liturgischen Rahmen stellten das Morgengebet um 9 Uhr, das Mittagsgebet um 12.15 Uhr und das Abendgebet um 19 Uhr dar.

Die (nach bestimmten Regeln gemischt zusammengesetzten) Bezugsgruppen trafen sich von 9.30 Uhr bis 12 Uhr – das Kernstück der täglichen Begegnung und die wichtigste (Tages-)Zeit zum Gespräch.

Die großen thematischen Vorträge (Gerechtigkeit in der eigenen Gesellschaft, Frieden, Bewahrung der Schöpfung, Weltgerechtigkeit) fanden von Montag bis Mittwoch um 16 Uhr statt und wurden von einer kurzen Diskussion gefolgt. Die ersten vier Referenten waren Jean Carpentier aus Lille, Hildegard Goss-Mayr aus Wien, Pierre Parodi aus La Borie Noble (Frankreich) und Schwester Rosemary Lynch, Las Vegas (Gebetswache am Nevada-Atomwaffen-Versuchsgelände).

Herbert Froehlich spielt vor dem Eröffnungsgottesdienst auf seiner Flöte.

Das Referat zum Thema Gerechtigkeit weltweit (Donnerstag, 11. 8., 9.30 Uhr) hatte Erzbischof Dom Claudio Hummes, São Paulo (Brasilien), übernommen.

Nach den großen Vorträgen trafen sich die fast zwanzig Interessengruppen und Kreativ-Workshops.

Der Sonntag (7. 8.) als Eröffnungstag und der Donnerstag (11. 8.) mit dem Abschluss der Versammlung besaßen je eine besondere Struktur. Nachdem eine erste Eröffnungszeremonie mit einer vom Ortsbischof geleiteten Vesper am Samstagabend stattgefunden hatte, wurde ein großer, festlicher Eröffnungsgottesdienst am Sonntagvormittag in der Basilika San Francesco gefeiert. Am Nachmittag hielt ein Teilnehmer aus der DDR, Joachim Garstecki, einen etwas ausführlicheren Vortrag zur Ortsbestimmung von Assisi '88 in der ökumenischen und der politischen Szene: Wo befinden wir uns mit dieser unserer Zusammenkunft? Welche in der Situation liegenden Probleme und Herausforderungen drängen uns zur Stellungnahme?

Wie bereits erwähnt, brachte der Abschlusstag den Vortrag (von Erzbischof Hummes aus Brasilien) bereits am Vormittag. Danach traf man sich in sprachlich aufgeteilten Regionalgruppen. Nachmittags formierten sich die Teilnehmerinnen und Teilnehmer zu einem

Abschlussprozession.

Schweige-Pilgerweg von der Kirche der Hl. Clara bis hinunter ins Tal vor der Stadt zur Kirche Santa Maria degli Angeli, wo um 17.30 Uhr nach einer Mahnwache der Schlussgottesdienst mit der Verlesung der Konferenzbotschaft stattfand, die aus den Berichten und Vorschlägen von Bezugs- und Arbeitsgruppen zusammengewachsen war. Der letzte Abend war von Gesprächen, Tänzen und Liedern erfüllt.

Ein franziskanisches Abschiedswort und ein Reisesegen entließen uns am Freitagmorgen.

Was die inhaltlichen Schwerpunkte des Programms betrifft, so war aus der Teilnehmerschaft immer wieder die Verwunderung darüber zu vernehmen, dass sich die drei Akzente des Konziliaren Prozesses so widerspruchslos zu einem Ganzen fügten, dessen Zusammenklang mit der Bewegung offenkundig war, die vor Jahrhunderten von Assisi ausgegangen war. Diese Bewegung hat dazu beigetragen, Kirche und Welt in ein neues Licht zu stellen, in das Licht der Erneuerungshoffnung, die durch die Botschaft von der Auferstehung Christi entzündet wird.

Ein Lobgesang 2008 – im Andenken an Assisi '88

Hermann Schalück ofm

Dich, unseren Gott, preisen wir.
Du bist die Quelle von Freude und Hoffnung.
Deine Namen sind Leben und Friede.
Du hast alles erschaffen.
Du lässt uns nicht allein.
Du gibst unserem Weg ein Ziel.
Du schenktest uns die Gnade, in Freiheit zu atmen.
Du führst uns hinaus ins Weite.
In der Begegnung mit anderen Kulturen und Religionen
darf ich in die Symphonie deiner Schöpfung einstimmen.

Gott, du bist Vater und Mutter alles Geschaffenen.
Kontinente und Ozeane, Vulkane und Gletscher,
Regenwälder und Rosen,
der Mensch als Mann und Frau,
Kulturen und Religionen,
alles lebt, weil du selber das Leben bist.
Das macht mich froh. Und ich spüre in meinem Innersten,
wie der gesamte Kosmos immer neu aufblüht
unter deinem liebevollen Blick
und dem Wehen deines Geistes.

Du hast auch mich beim Namen gerufen.
Du hast gesagt, dass ich in deinen Augen schön und wertvoll bin.
Du hast mich gelehrt, wie ich Dich anreden kann.
Ängste hast Du vertrieben.
Horizonte hast du weit gemacht.

Aber du hörst auch das Seufzen der Schöpfung
und den Schrei der Armen und Gefolterten.
Und wie zu allen Zeiten berufst Du auch heute
Frauen und Männer wie Klara und Franziskus von Assisi,
Zeuginnen und Zeugen einer unzerstörbaren Hoffnung,
Poeten und Propheten.

Sie erinnern daran:
Der Mensch ist eine Ikone Gottes.
Gott befreit,
und deshalb können Menschen einander befreien.
Liebe ist stärker als der Tod.
Tyrannen und ihre Ideologien werden immer neu scheitern.
Aufmerksame und gewaltfreie Begegnung
nach dem Beispiel Jesu geben der Welt eine gute Zukunft.
Der Friede ist eine Frucht der Gerechtigkeit.
Und Gott selbst geht mit uns den Weg der Befreiung.

Und so bin ich Zymbel, Harfe, Bambusflöte
und Buschtrommel in einem tausendstimmigen Orchester.
In unzähligen Rhythmen aus allen Stämmen, Völkern und Nationen
klingt es:
Unser Gott ist ein Gott des Lebens und der Freiheit.

Das Kleine und Unscheinbare ist ihm wichtig und lieb.
Er hört unser Weinen und trocknet unsere Tränen.
Sein Evangelium von der Freiheit und Würde
ist gute Botschaft für alle.
Gebt sie weiter ohne Furcht.
Sie bahnt sich unaufhaltsam ihren Weg.
Aus einer Kraft, die nicht in uns, sondern in Gottes Wort selber
liegt.

Bruder Franziskus, Dir sei Dank, weil du uns eingeladen hast,
dem geheimen Plan nachzusinnen,
der über dem Weg Jesu liegt:
Das Reich Gottes ist im Kommen.
Wie eine Frühlingsblume durchbricht es die harte Erde.
Im Tod ist Leben.
Hoffnung ist nicht vergebens.
Der Herr ist getreu.
Ein neuer Himmel und eine neue Erde entstehen.
Und auch mein und dein Leben,
winzige Atome in der Evolution des unendlichen Kosmos,
hat teil an einer unendlichen Verheißung.

Auf dem Weg nach Assisi '88

Grußwort von Kardinal Dr. Franz König (Wien)

Präsident von Pax Christi Internationalis

Wien, am 6. Juli 1988

Liebe Schwestern und Brüder!
Im Rahmen der konziliaren Bewegung für Gerechtigkeit, Frieden, Bewahrung der Schöpfung, die seit der VI. Vollversammlung des ökumenischen Rates der Kirchen 1983 in Vancouver die Kirchen und Gemeinden in aller Welt ergreift, haben vor über einem Jahr die franziskanischen Frauen- und Männerorden in Europa, die internationale katholische Friedensbewegung PAX CHRISTI, die internationale Gemeinschaft der Friedenskirchen CHURCH AND PEACE und der internationale Versöhnungsbund (IFOR) zu einem ökumenischen Dialog nach Assisi eingeladen.

Vom 6. bis 12. August treffen dort über 500 Vertreter/-innen, Delegierte und Interessierte aus allen europäischen Ländern zusammen, um miteinander an den Stätten des hl. Franziskus und der hl. Klara von Assisi zu beten, zu sprechen und zu arbeiten. Wir sehen die Bedeutung dieses europäischen Dialogtreffens nicht nur in der ökumenischen Weite und Offenheit, sondern darin, dass die Mehrzahl der Teilnehmer/-innen aus Kommunitäten und Gemeinschaften kommen, die in zahlreichen Engagements für eine nationale und internationale Gerechtigkeit, in verschiedenen Formen gewaltfreier Friedensarbeit und in einem Lebensstil der gemeinsamen Ehrfurcht vor Gottes Schöpfung auf eine Vielfalt praktischer Erfahrungen und gelebter Überzeugungen zurückgreifen können. Möge der Dialog dem Austausch der vielen Erfahrungen, der gegenseitigen Ermutigung, der Erneuerung der gemeinsamen Hoffnung, dem Zeugnis grenzüberschreitender Versöhnung dienen und die engagierten Frauen und Männer aus verschiedenen Staatsformen, Kulturen und Sprachen in der Frage des Widerstands gegen Unrecht, Gewalt und Zerstörung der Schöpfung vereinen! Wir erwarten von diesem Treffen aber nicht nur einen intensiven Austausch, eine neuerliche Inspiration durch eine franziskanische Spiritualität, sondern auch konkrete Schritte, Verpflichtungen und „Bundesschlüsse" im Hinblick auf die europäische

Versammlung in Basel 1989 und die weitere Arbeit in den Kirchen und Gemeinden Europas! Wir grüßen die Teilnehmer und Teilnehmerinnen, Gäste und Mitarbeiter in Assisi, wünschen ihnen Gottes Segen und gutes Gelingen!

Brief von Kardinal Carlo Maria Martini, Erzbischof von Mailand,

Präsident des Rats der europäischen Bischofskonferenzen (CCEE)

Mit diesem Brief hat Kardinal Martini zu den Vorbereitungsarbeiten für das Treffen „Assisi 1988" ermutigt.

Allen Organisatoren und Teilnehmern an diesem Regionaltreffen „Assisi '88" sende ich meinen Gruß und meinen Glückwunsch.

Die Themen, die Sie diskutieren, mit denen Sie sich auseinandersetzen und die Sie hinterfragen wollen, sind nicht nur sehr aktuell, sondern betreffen auch einige wesentliche Dimensionen des Menschenlebens. In der Tat, die Überlegung über „Gerechtigkeit, Frieden und Bewahrung der Schöpfung" zieht unsere Aufmerksamkeit auf sich, weil sie sich nicht nur in den vom Ökumenischen Rat der Weltkirchen geförderten Versöhnungsprozess eingliedert, sondern auch und vor allem, weil sie realistisch und nah berührt, wie der Mensch, seine Beziehung zu den anderen und zur Schöpfung aufzufassen sind.

Mit anderen Worten, es handelt sich einerseits um die Anerkennung, dass jeder Mensch und jedes Volk das angeborene Recht hat, sich an den Tisch des gemeinsamen Mahls zu setzen (vgl. Sollicitudo rei socialis, Nr. 33 u. 39) und andererseits, dass wir im Vergleich zur sichtbaren Natur nicht nur den biologischen und wirtschaftlichen, sondern auch den moralischen Gesetzen unterworfen sind, die man nicht unbestraft verletzen kann (vgl. ibidem, Nr. 34).

Daraus folgt, dass man sich einer echten Solidarität öffnen muss, wenn man sich für einen wahren und dauerhaften Frieden einsetzen will. Darüber möchte ich Sie bitten nachzudenken im Hinblick auch auf die wertvollen Hinweise, die Johannes Paul II. den Christen und allen Menschen guten Willens in seiner letzten Enzyklika „Sollicitudo rei socialis" angeboten hat.

Daraus geht noch einmal die Überzeugung hervor, dass der Frieden als Frucht der Solidarität nicht erreicht werden kann ohne die Anstrengung und den Einsatz von uns allen und ohne den strengen Respekt der Gerechtigkeit, durch eine gerechte Verteilung der Güter, die zugunsten jedem und allen Menschen zu nutzen sind, in ihrer vollständigen Wahrheit gesehen, nach dem Plan Gottes.

Ich bin sicher, die Beziehungen, die Kommunikation und die Gruppenarbeit dieser Tage werden Ihnen erlauben, auch noch auf diese Vorschläge und auf diese Themen zurückzukommen.

Währenddessen versichere ich Ihnen, dass ich Ihrem Treffen sehr nahe stehe, das sich weiter auf die Ökumenische Versammlung „Frieden in Gerechtigkeit" bezieht, die im nächsten Mai durch die Konferenz der Europäischen Kirchen und den Rat der Europäischen Bischofskonferenzen unterstützt, in Basel stattfinden wird.

Abschließend wünsche ich mir, dass Ihr Zusammenkommen, auch wenn autonom und unabhängig, eine günstige Gelegenheit für eine Sensibilisierung dieser Themen und Wirklichkeiten sein kann, die eingehend unsere Verantwortlichkeit als Bürger und als Christen hinterfragt.

Mit meinem Segen
Carlo Maria Card. Martini
Erzbischof von Mailand
Milano, 16. Juli 1988

Von Kevelaer bis Assisi: „Betet ohne Unterlass!"[12]
Gisela Fleckenstein

Mit einer Gebetskette von Kevelaer am Niederrhein bis nach Assisi griff die Franziskanische Initiativgruppe „Gerechtigkeit und Frieden" das Gebetsanliegen des Papstes von 1986 wieder auf. Das ökumenische Treffen sollte nicht nur organisatorisch, sondern auch geistlich mit vorbereitet werden. So wanderten in der Zeit vom 12. Juni bis zum 6. August ein Holzkreuz und ein Pilgerbuch nach Assisi. Tag für Tag wurde an einem anderen Ort vor dem Kreuz in den Anliegen von Gerechtigkeit, Frieden und Ehrfurcht vor der Schöpfung gebetet. Viele verschiedene Gemeinschaften schlossen sich dem Gebet an: Franziskaner und Franziskanerinnen, Kapuziner, Minoriten, Klarissen, Franziskanische Gemeinschaften, Gruppen von Pax Christi, und viele Mitglieder aus Pfarrgemeinden und Gebetsgruppen. Die Vorbereitung und Durchführung der jeweiligen Station lag in den Händen der Gruppe vor Ort.

So nahm das Kreuz – zu Fuß, mit dem Auto, auf dem Fahrrad oder mit der Bahn transportiert – seinen Weg von Kevelaer, dann am Rhein entlang, durch den Spessart in Richtung München. Am 2. Juli erreichte es Kufstein in Österreich, durchquerte das Inntal, um am 6. Juli die Brennergrenze zu überschreiten. Von dort ging es durch Südtirol, machte einen Abstecher nach Venedig, um dann über Bologna und La Verna am 6. August Assisi zu erreichen.

Am Abend des 6. August wurde der ökumenische Dialog „Assisi '88" mit einer Vesper in der Bischofskirche San Rufino eröffnet. Das Kreuz der Gebetskette wurde für alle sichtbar nach vorne zum Altar getragen. Ebenso begleitete das Kreuz die Teilnehmer des Dialogtreffens beim ersten Abendgebet in der Kirche der Benediktiner San Pietro in Assisi. Bis zum Abschluss des Treffens lud es die Teilnehmer immer wieder zum stillen Gebet in die Kapelle des Tagungszentrums Cittadella Cristiana ein.

Beim Abschlussgottesdienst in S. Maria degli Angeli (Portiunkula) stand das Kreuz vor dem Altar, als sichtbares Zeichen der Verbundenheit im Gebet mit allen Mitbetern der Gebetskette.

---
12 Aus: Tauwetter, eine franziskanische Zeitschrift. Nr. 4 (3), Dez. 1988.

Sammeln zum Eröffnungsgottesdienst.

Die Planung des Verlaufs der Gebetskette wurde für die Bundesrepublik von der Franziskanischen Initiativgruppe übernommen; für Österreich war ein Franziskaner aus Schwaz zuständig, für Südtirol ein Kapuziner aus Bozen und für Mittelitalien ein Franziskaner aus Bologna. Das Anliegen des Gebetes wurde von vielen Gruppen mit einem spontanen „Ja" aufgenommen. Pax Christi Aachen initiierte sogar eine eigene Nebenkette im Bistum Aachen, die am 15. Juni zur Hauptkette stieß. Ebenso bildeten sich Nebenketten im Bistum Eichstätt und in Belgien.

Das Kreuz verband als sichtbares Zeichen auch die Schwestern und Brüder, die nicht nach Assisi kommen konnten. Vielleicht wäre es gut, die Ökumenische Versammlung 1989 in Basel ebenfalls in der Vorbereitung durch das Gebet zu begleiten und mitzutragen?

Dokumentation Assisi '88

Tagesthemen und Tagesablauf

Morgengebet

Lied

Begrüßung: zwei zusammen sagen sich gegenseitig den Namen und wünschen sich „Guten Tag und Frieden"

Lesung des für den jeweiligen Tag vorgeschlagenen biblischen Textes in den beiden Sprachen der Gruppe. Vor der Lesung können die verschiedenen Bibeln, zusammen mit brennenden Kerzen oder Blumen usw. hereingetragen werden. Dazu kann gesungen werden: „The Lord

Kantorin Flois Knolle Hicks.

is my light" oder „Halleluja". Nach der Lesung kann das „Halleluja" wiederholt werden oder z. B. das „Gloria … Patri" gesungen werden.

Kurzer Meditationsimpuls, Stille

Gesang, z. B. „O Lord hear my prayer"

Fürbitten, dem Tagesthema entsprechend formuliert, oder frei. Oder: zwei tauschen einen Namen oder eine Situation aus, um diese gemeinsam durch den Tag hindurch zu tragen. Zwischen den einzelnen Fürbitten kann jeweils das „O Lord hear my prayer" oder ein „Kyrie" gesungen werden.

Gemeinsam gesungenes/gesprochenes Vaterunser

Segen: Eine Person oder alle zusammen können sprechen: „Die Gnade unseres Herrn Jesus Christus, die Liebe Gottes, des Vaters, und die Gemeinschaft des Heiligen Geistes sei mit uns allen. Amen." (Oder eine andere liturgische Segensformel)

Segenslied

Montag, 8. August 1988. Tagesthema: Gerechtigkeit

9.00 Uhr Morgengottesdienst
Liedvorschlag: „Ubi caritas …"

Bibeltext: Lukas 9,10–17 oder Matthäus 14,13–21; Johannes 6,1–13.

„Jesus nahm die Apostel beiseite und zog sich in die Nähe der Stadt Betsaida zurück, um mit ihnen allen allein zu sein …"

Es geht um die „Brotvermehrung". Das hebräische Wort für Brot ist „lechem", d. h. es hat dieselbe Wurzel wie das Wort Krieg: „milchama". So enthält „Brot" die ganze Wirtschaftsfrage …

9.30 Uhr Gespräch in der Gruppe
1. „Wir lesen in der Bibel, im Leben von Franziskus und Klara, wir erleben in unserem Alltag …"
Die Erfahrung des Volkes Israel war: das Unheil und der Untergang des Volkes kommt durch das Anbeten fremder und falscher Götter (Baal) und durch das damit gegebene unrechte Tun:

> „Mein Volk hat mich vergessen seit ungezählten Tagen. Wie gut findest du einen Weg, wenn du Liebe suchst. Sogar an Verbrechen hast du dein Verhalten gewöhnt. Selbst am Saum deiner Kleidung klebt das Blut von Armen und Unschuldigen. … Und trotzdem sagst du: ich bin unschuldig .." (Jeremia 2,32 f)

Das Neue Testament und die älteste Überlieferung darin kennt Jesus als die „Hoffnung der Armen" und den „Freund der Sünder und Zöllner"

> „Der Geist des Herrn ruht auf mir; denn der Herr hat mich gesalbt. Er hat mich gesandt, den Armen eine gute Nachricht zu bringen …" (Luk 4,18ff)

Der Bibeltext, der im Morgengebet über diesen Tag gestellt wurde, zeigt das Handlungsmodell Jesu (Lukas 9,10–17; – evtl. noch einmal lesen!) …
Frage(n) zum Gespräch:

Welche Kritik übt der Text der Bibel an unserem Verhalten (individuell, sozial, national, international), an unserem „Glauben"? Welchen Auftrag, welche Ermutigung lesen wir aus ihm?

Von Franziskus und Klara wird gesagt, sie hätten sich „mit der edlen Frau Armut vermählt" (siehe Fresko über dem Altar der Unterkirche S. Francesco). Aber Franziskus und Klara werden unschädlich gemacht, wenn nicht gesagt wird, welches Ziel ihre Armut hat, gegen wen und für wen sie sie suchen. Ihr Ziel ist nicht Selbsterhebung, Selbsterlösung. Ihre Armut wendet sich gegen Besitz und Eigentum, weil diese den Charakter und das Verhalten verderben:

> „Ein Novize wollte unbedingt einen Psalter für sich allein haben und bat Franz um die Erlaubnis. Dieser antwortete: „Wenn du erst einmal einen Psalter hast, dann wirst du bald auf dem Katheder sitzen wie ein hoher Lehrer, und dann dauert es nicht mehr lange und du sagst zu einem deiner Brüder: „Komm her und reich mir das Buch." …"

Eigentum schafft Hierarchien, Herrschaft, Macht des einen über den anderen, schafft Grenzen, die verteidigt werden müssen:

> „Wenn wir etwas besitzen wollen, dann müssen wir auch Waffen zu unserer Verteidigung haben. Daher kommen ja alle Streitig-

keiten und Kämpfe. Aus diesem Grunde wollen wir nichts besitzen."

Besitz zerstört die Gleichheit der Geschwister. Man hat nur, was man dringend braucht, und das nur geliehen, bis ein Ärmerer kommt:

„Und alles Gut wollen wir dem Herrn, dem erhabensten und höchsten Gott, zurückgeben, und alles Gut als sein Eigentum anerkennen und ihm für alles danksagen, von dem alle Güter kommen." (NbReg. 17)

Frage(n) zum Gespräch:
Vor welche Frage(n) stellen uns diese Texte? Wozu ermutigen sie?

Wir erleben in unserem Alltag Situationen der Ungerechtigkeit, aber auch Beispiele überzeugender Gerechtigkeit. Wir reden miteinander über die Situation in Europa und tauschen unsere Erfahrungen aus.

2. „Wir bekennen unsere Beteiligung und Schuld, aber auch unsere Hoffnung, unseren Glauben."

Zu diesen Fragen schlagen wir eine kurze Zeit der Besinnung und Einzelarbeit vor. Jeder kann sich persönliche oder gesellschaftliche Verstrickung (auch der Kirchen/Gemeinden) in Situationen der Ungerechtigkeit notieren und dazu eine Hoffnung oder einen „Glaubenssatz" schreiben. Die Hoffnungs- und Glaubens-Aussagen sollen in der Gruppe zusammengefasst werden.

3. Vorbereitung des Bundesschlusses und praktische Folgerungen:

„Wir verpflichten uns, fordern von den Kirchen, Politikern, Verantwortlichen …

Wir rufen zu Gott …"

Wir sammeln Möglichkeiten praktischer, konkreter Verpflichtungen und persönlicher Folgerungen. Wir diskutieren sie im Hinblick auf Realisierbarkeit und Angemessenheit; und wir entscheiden uns für eine dieser Folgerungen, die wir als Gruppe ziehen wollen/oder Verpflichtung, die jeder eingehen mag.

Wir formulieren als Zusammenfassung des Gesprächs ein Gebet und schließen mit einem Lied.

12.15 Uhr Mittagssingen/Mittagsgebet (Abteikirche S. Pietro)

Dienstag, 9. August 1988. Tagesthema: Frieden

9.00 Uhr Morgengottesdienst in den Affinity-Groups oder im „Amfiteatro" (Verlauf: siehe „Struktur für jeden Tag")

Heute ist der Gedenktag der Nagasaki-Bombe; Todestag von Edith Stein.

Liedvorschlag: „Dona la pace, Signore …"

Bibeltext: Lukas 22,47–50 und Matthäus 26,52–54 und Lukas 22,51b

> „Während er noch redete, kam eine Schar Männer; Judas, einer der Zwölf, ging ihnen voran. Er näherte sich Jesus, um ihn zu küssen. Jesus aber sagte zu ihm: Judas, mit einem Kuss verrätst du den Menschensohn?

Sœur Irmtraud aus Grandchamp bei der Andacht für den am 9. August 1943 ermordeten Wehrdienstverweigerer Franz Jägerstätter.

Als seine Begleiter merkten, was bevorstand, fragten sie: Herr, sollen wir mit dem Schwert dreinschlagen?
Und einer von ihnen schlug auf den Diener des Hohenpriesters ein und hieb ihm das rechte Ohr ab.
Da sagte Jesus zu ihm: Steck dein Schwert in die Scheide; denn alle, die zum Schwert greifen, werden durch das Schwert umkommen.
Oder glaubst du nicht, mein Vater würde mir sogleich mehr als zwölf Legionen Engel schicken, wenn ich ihn darum bitte?
Wie würde dann aber die Schrift erfüllt, nach der es so geschehen muß?
Und er berührte das Ohr und heilte den Mann."

Es geht um die Gefangennahme Jesu, das abgehauene und geheilte Ohr des Knechtes des Hohenpriesters; auch im Zusammenhang mit dem Wort: „Vater, vergib ihnen …"

9.30 Uhr Gespräch in der Gruppe

1. „Wir lesen in der Bibel, im Leben von Franziskus und Klara, wir erleben in unserem Alltag …"

Die Verringerung der Massenvernichtungsmittel, die Abwesenheit von Krieg und angedrohter Gewalt reicht nicht aus, um ein Leben in der Ordnung des Friedens zu beschreiben. Es muß noch etwas dazukommen.

Die Bibel sagt in der Erzählung von der Schöpfung (Gen/1Mos 1), daß das Heilsein und Wohlergehen der Gemeinschaft „Schalom" ist.

In den Erzählungen der Väter Noah, Abraham, Jakob ist Schalom die Frucht von Verantwortung, Vertrauen und Geborgenheit in einer Gemeinschaft (Familie, Stadt, Volk). Schalom zerbricht, wenn er mit Macht und Gewalt hergestellt werden soll, wie die Könige es in Israel versuchten.

Die Propheten rufen das Volk und die Herrscher zur Umkehr auf:

„Am Ende der Tage wird es geschehen: Viele Nationen machen sich auf den Weg; sie sagen: Kommt, wir ziehen hinauf zum Berg des Herrn und zum Haus des Gottes Jakobs. ER zeige uns seine Wege. Auf seinen Pfaden wollen wir gehen. ER spricht Recht im

Streit der Völker, ER weist viele Nationen zurecht. Dann schmieden sie Pflugscharen aus ihren Schwertern und Winzermesser aus ihren Lanzen. Man zieht nicht mehr das Schwert, Volk gegen Volk, und übt nicht mehr für den Krieg." (Jesaja 2,2–4*)

Jesus verkündet: Das Reich Gottes ist angebrochen und wartet darauf, gelebt zu werden. Die Kette von Gewalt und Gegengewalt soll aufgebrochen werden durch die Feindesliebe.

Der Bibeltext, der im Morgengebet über diesen Tag gestellt wurde, zeigt das Handlungsmodell Jesu (Luk 22 ... – evtl. noch einmal lesen!).

Frage(n) zum Gespräch:

Welche Kritik übt der Text an unserem Tun (individuell, sozial, national, international)? Welche Kritik übt er an unseren Überzeugungen?

Welchen Auftrag, welche Ermutigung lesen wir aus ihm?

Von Franziskus wird berichtet, daß er öfters nackt auf den Marktplätzen gepredigt hat. Weil er das Leben sucht, gibt er sich der Schutzlosigkeit und Lächerlichkeit preis. Franziskus liebte diese Lächerlichkeit nicht, aber er nahm sie in Kauf, weil er sich nicht vom Leben trennen wollte.

Gewaltfreiheit wirkt auch heute oft lächerlich. Aber Abrüsten heißt, sich verwundbar machen in einem tieferen Sinn. Diejenigen, die von Narben verschont bleiben wollen, panzern sich und sichern sich ab.

Die Legende vom „Wolf zu Gubbio" zeigt, wie „schonungslos" Franziskus handelt.

(Nachzulesen z. B. bei Théophile Desbonnets: Assisi, auf den Spuren des hl. Franziskus, Tau-Verlag, Schwyz/Schweiz 1986, S. 107–109.)

> „... Er setzte sein ganzes Vertrauen auf Gott, machte das heilige Kreuzzeichen und verließ die schützenden Mauern der Stadt ..." (Fioretti, 21)

> „Unser Herr segne dich und behüte dich und zeige dir sein Angesicht und erbarme sich deiner. Er wende dir sein Angesicht zu und schenke dir den Frieden."

So lautet der Segen der hl. Klara für Agnes von Prag.

Frage(n) zum Gespräch:

An welche Situationen in Europa und in der Welt, aber auch in eigenen Nationen und Staaten erinnert uns der Text?

Wozu ermutigt er?

Wir erleben in unserem Alltag Situationen des Unfriedens, der Gewalt, der Absicherung von Interessen, Besitz, Informationen durch Waffen/Massenvernichtungsmittel.

Wir kennen aber auch Beispiele überzeugender Friedensarbeit, Dienste der Versöhnung und Gewaltfreiheit. Wir reden miteinander über die Situation in Europa und tauschen unserer Erfahrungen aus.

2. „Wir bekennen unsere Beteiligung und Schuld, aber auch unsere Hoffnung, unseren Glauben."

Zu diesen Fragen schlagen wir eine kurze Zeit der Besinnung und Einzelarbeit vor. Jeder kann sich persönliche oder gesellschaftliche Verstrickung (auch der Kirchen/Gemeinden) in Situationen des Unfriedens und der Gewalt notieren – und dazu einen Hoffnungs- oder „Glaubenssatz" schreiben. Die Hoffnungs- und Glaubens-Aussagen sollen in der Gruppe zusammengefasst werden.

3. Vorbereitung des Bundesschlusses und praktische Folgerungen:

„Wir verpflichten uns, fordern von den Verantwortlichen in Kirche und Gesellschaft …

Wir rufen zu Gott …"

Wir sammeln Möglichkeiten praktischer, konkreter Verpflichtungen und persönlicher Folgerungen. Wir diskutieren sie im Hinblick auf Realisierbarkeit und Angemessenheit; und wir entscheiden uns für eine dieser Folgerungen, die wir als Gruppe ziehen wollen/oder Verpflichtung, die jeder eingehen mag.

Wir formulieren als Zusammenfassung des Gesprächs ein Gebet und schließen mit einem Lied.

12.15 Uhr Mittagssingen/Mittagsgebet (Abteikirche S. Pietro)

**Mittwoch, 10. August 1988. Tagesthema:
Bewahrung der Schöpfung**

9.00 Uhr Morgengottesdienst in den Affinity-Groups oder im „Amfiteatro" (Verlauf: siehe „Struktur für jeden Tag")

An diesem Tag verstarb 1974 Tito de Alencar, brasilianischer Dominikaner, gefoltert, bis er sich selbst das Leben nahm.

Liedvorschlag: „Veni Creator Spiritus"

Bibeltext: Gen/1.Mos 1,31 und Apg 21,1; 22,1–2;
„Gott sah alles an, was er gemacht hatte: Es war sehr gut. Es wurde Abend, und es wurde Morgen: der sechste Tag."
„Dann sah ich einen neuen Himmel und eine neue Erde; denn der erste Himmel und die erste Erde sind vergangen, auch das Meer ist nicht mehr.
Und er zeigte mir einen Strom, das Wasser des Lebens, klar wie Kristall; er geht vom Thron Gottes und des Lammes aus. Zwischen der Straße der Stadt und dem Strom, diesseits und jenseits, stehen Bäume des Lebens. Zwölfmal tragen sie Früchte, jeden Monat einmal; und die Blätter der Bäume dienen zur Heilung der Völker."

Es geht um die gute und neue Schöpfung zur „Heilung der Völker".

9.30 Uhr Gespräch in der Gruppe

1. „Wir lesen in der Bibel, im Leben von Franziskus und Klara, wir erleben in unserem Alltag …"

Es ist praktisch und nützlich, zwischen „Mensch" und „Natur" zu unterscheiden. Aber es ist auch gefährlich. Viele Menschen sehen sich als Herrscher über die Natur, die „gezähmt", „besiegt" werden muß. Die Folgen sind Ausbeutung und Zerstörung der Lebensgrundlagen.

Die Schöpfung ist in der Bibel der Zusammenhang allen Lebens. Menschen, Pflanzen und Tiere, der ganze Kosmos sind Geschöpfe Gottes. Sie sind seinem „Atem"-Rhythmus unterworfen, dem Rhythmus von Werden und Vergehen:

> „… Sie alle warten auf dich,
> daß du ihnen Speise gibst zur rechten Zeit.
> Gibst du ihnen, dann sammeln sie ein;
> öffnest du deine Hand, werden sie satt an Gutem.
> Verbirgst du dein Gesicht, sind sie verstört;
> nimmst du ihnen den Atem, so schwinden sie hin
> und kehren zurück zum Staub der Erde.
> Sendest du deinen Geist aus,
> so werden sie alle erschaffen
> und du erneuerst das Antlitz der Erde." (Ps 104)

Gottes Absicht mit der Schöpfung ist ein Paradies, am Anfang als Garten, am Ende der Bibel als Stadt beschrieben. Die Verantwortung des Menschen ist, sich und die Welt in den Grenzen der Endlichkeit zu gestalten und nicht größenwahnsinnigen technischen Utopien nachzujagen.

Jesus Christus zeigt uns den Weg der Solidarität und Versöhnung:

Wir sollen uns von der Zerstörung durch die Sünde und den Tod befreien lassen – und befreien! (Röm 8,21)

Frage(n) für das Gespräch:

Welches „Weltbild" zeigen uns die biblischen Texte und vor welche Folgerungen stellen sie uns?

Der Inhalt vieler Geschichten über Franziskus von Assisi und Klara ist die Versöhnung des Menschen mit der Natur, dem Kosmos und mit sich selbst, mit seiner Kränkbarkeit und Sterblichkeit. Die franziskanische Geste ist die Umarmung. Franziskus und Klara umarmen in Wort, Tat und Gebet alle: die Aussätzigen, die Bettler, die Brüder und Schwestern, den Wolf, die Bäume, den Bruder Tod.

> „Gepriesen seist du, mein Herr,
> durch jene, die verzeihen um deiner Liebe willen
> und Schwachheit ertragen und Drangsal.
> Selig jene, die solches ertragen in Frieden,
> denn von dir, Erhabenster, werden sie gekrönt.
> Gepriesen seist du, mein Herr,
> durch unseren Bruder, den leiblichen Tod;

ihm kann kein Mensch lebend entrinnen …"
(Sonnengesang des hl. Franziskus)

Frage(n) zum Gespräch:

Was sagen diese Texte zur Präsenz und Wirkkraft Gottes in der Schöpfung? Welche Grundsatzentscheidung zeigen sie uns?

Noch ein Beispiel:

„Eines Tages kam der Arzt mit einem glühenden Eisen, um die Augenkrankheit des Franziskus zu behandeln. Der selige Franz wollte sich Mut machen und sagte zum Feuer, wie um die Furcht zu beschwichtigen: „Mein Bruder Feuer, du bist edel und nützlich unter Gottes Geschöpfen – sei jetzt recht artig zu mir, ich habe dich immer geliebt und werde dich lieben um dessentwillen, der dich geschaffen hat. Und ich bitte auch unseren Schöpfer, er möge deine Hitze so kühlen, daß ich's ertragen kann."

Nach diesem Zuspruch machte er über das Feuer das Kreuzzeichen. Als die Brennkur vorüber war, war der Arzt vom Ganzen mächtig erstaunt und sagte: „Meine Brüder … ich sage euch: er hat sich nicht bewegt und nicht das geringste Zeichen von Schmerz gegeben."

Es waren ihm alle Adern vom Ohr bis zur Augenbraue angebrannt worden. Geholfen hat es ihm freilich nichts.

Kein Wunder, daß das Feuer und andere Geschöpfe ihre Ehrfurcht vor ihm zeigten; denn wir, die wir mit ihm zusammenlebten, haben oft gesehen, wie er sie innig liebte und Freude an ihnen hatte und wie er ihretwegen von zartem Mitleid gerührt war, wenn er mitansehen mußte, daß man sie grob behandelte. Er pflegte mit ihnen in sichtbarer Herzensfreude zu reden, als würden sie Gott empfinden, verstehen und von ihm reden, und oft ward er bei solchem Anlaß in Gott entrückt." (Spec. Perf.)

Wir erleben in unserem Alltag die Zerstörung der Lebensgrundlagen in vielen Bereichen, aber auch Schritte zu ihrer Bewahrung. Wir reden miteinander über die Situation in Europa und tauschen unsere Erfahrungen aus.

2. „Wir bekennen unsere Beteiligung und Schuld, aber auch unsere Hoffnung, unseren Glauben."

Zu diesen Fragen schlagen wir eine kurze Zeit der Besinnung und Einzelarbeit vor. Jeder kann sich persönliche oder gesellschaftliche Verstrickung (auch der Kirchen/Gemeinden) in die Zerstörung der Lebensgrundlagen, der Schöpfung notieren und dazu eine Hoffnung oder einen „Glaubenssatz" schreiben. Die Hoffnungs- und Glaubens-Aussagen sollen in der Gruppe zusammengefasst werden.

3. Vorbereitung des Bundesschlusses und praktische Folgerungen:

„Wir verpflichten uns, fordern von den Kirchen, Politikern, Verantwortlichen ...

Wir rufen zu Gott ..."

Wir sammeln Möglichkeiten praktischer, konkreter Verpflichtungen und persönlicher Folgerungen. Wir diskutieren sie im Hinblick auf Realisierbarkeit und Angemessenheit; und wir entscheiden uns für eine dieser Folgerungen, die wir als Gruppe ziehen wollen/oder Verpflichtung, die jeder eingehen mag.

Wir formulieren als Zusammenfassung des Gesprächs ein Gebet und schließen mit einem Lied.

12.15 Uhr Mittagssingen/Mittagsgebet (Abteikirche S. Pietro)

21.00 Uhr (nach dem Abendessen)

An diesem Abend ist vorgesehen, die Arbeit in den Affinity-Groups abzuschließen. Vielleicht ist es möglich, kurz auf den Verlauf, die Atmosphäre und die Inhalte zurückzublicken, eine Zusammenfassung für den Donnerstag Vormittag vorzubereiten, einen gemeinsamen Spaziergang zu machen, ein einfaches, kleines Fest zu feiern ...

Bedenken Sie: Was einen Abschied schwer macht, ist das, was man nicht gesagt hat!

Donnerstag, 11. August 1988. Abschluss und Bundesschluss

9.00 Uhr Morgengottesdienst im „Amfiteatro" (bei Regen im „Teatro")

Heute feiert man das Fest der hl. Klara von Assisi, † 11.8.1253 in S. Damiano/Assisi,

In Assisi wird dieses Fest seit alters erst am 12. August gefeiert.

Liedvorschlag: „Confitemini Domino"

Bibeltext: Hosea 2,14–25 (Prophetischer Bund)

Andere Möglichkeiten: Gen 9,1–17 (Noah), Gen 17,1–8 (Abraham), Ex 19,1–20,17 (Sinai), Jer 31,31–34 (der Neue Bund), Luk 10,21–24 (der Lobpreis Jesu), Luk 22,19–20 (Jesus, der Neue Bund), 2. Kor 3,1–6 (Träger des Neuen Bundes)

(Verlauf: siehe Struktur für jeden Tag)

9.30 Uhr Zusammenfassung der Gespräche der Affninity-Groups

Je drei Affinity-Groups treffen sich heute morgen zu einem Teilplenum zur Formulierung einer Zusammenfassung ihrer Erfahrungen und Ergebnisse. Die Zusammenfassung wird in einen Text mit dem Titel „Botschaft aus Assisi" aufgenommen, der in der Dokumentation veröffentlicht wird. Diese Botschaft wendet sich an die Gruppen und Menschen daheim ebenso wie an die Kirchenleitungen und die Europäische Versammlung in Basel, Pfingsten 1989.

Die „Botschaft" wird drei Teile haben:

A. Einleitung
(formuliert von den Gruppen, die nach Assisi eingeladen haben: Pax Christi, die Franziskaner/innen, Church and Peace und IFOR. Inhalt: Der „konziliare Weg für Gerechtigkeit, Frieden und Bewahrung der Schöpfung" ist ein Glaubenszeugnis. Das Glaubenszeugnis wird nicht nur von offiziellen Kirchen-Delegationen gegeben, sondern von allen, die sich engagieren. In Assisi führen wir einen Dialog unter Engagierten und Betroffenen.)

B. Hauptteil
Die Erfahrungen (1), Zeugnisse (2), Verpflichtungen (3), Forderungen (4), Hoffnungen (5) aus den Affinity-Groups. (Hier ist der Raum für die Weitergabe Ihrer Gedanken und Anregungen!)

C. Schlussteil
(wieder formuliert von den einladenden Gruppen …)

Erfahrungen oder Ergebnisse der Affinity-Groups sollen in den Schlussgottesdienst mitgebracht werden. Folgende Elemente können gewählt werden:
– Ein Gedenken der Schuld (der eigenen, des jeweiligen Volkes, der jeweiligen Kirche …)
– Fürbitten
– Dankrufe
– Gedenken von verstorbenen oder lebenden Zeugen der Gerechtigkeit, des Friedens, der Bewahrung der Schöpfung
– ein in Assisi entstandenes oder erneuertes Zeugnis der gegenseitigen Verpflichtung (Bundeserneuerung)

12.15 Uhr Mittagssingen/Mittagsgebet (Abteikirche S. Pietro)

16.30 Uhr Schweigezeit/Mahnwache vor S. Francesco, S. Chiara und S. Maria degli Angeli.

17.30 Uhr Schlußgottesdienst in S. Maria degli Angeli.

Laudato si
nach dem Sonnengesang des Franz von Assisi

Kehrvers

Lau - da - to si, o mio Signor, lau - da - to si, o mio Signor, lau - da - to si, o mio Signor!

Strophe

1. Sei gepriesen, du hast die Welt erschaffen! Sei gepriesen für Sonne, Mond und Sterne! Sei gepriesen für Meer und Kontinente! Sei gepriesen, denn du bist wunderbar, Herr!

nach dem letzten Kehrvers

A - men.

2. Sei gepriesen für Licht und Dunkelheiten!
Sei gepriesen für Nächte und für Tage!
Sei gepriesen für Jahre und Gezeiten!
Sei gepriesen, denn du bist wunderbar, Herr!

3. Sei gepriesen für Wolken, Wind und Regen!
Sei gepriesen, du läßt die Quellen springen!
Sei gepriesen, du läßt die Felder reifen!
Sei gepriesen, denn du bist wunderbar, Herr!

4. Sei gepriesen für deine hohen Berge!
Sei gepriesen für Feld und Wald und Täler!
Sei gepriesen für deiner Bäume Schatten!
Sei gepriesen, denn du bist wunderbar, Herr!

5. Sei gepriesen, du läßt die Vögel singen!
Sei gepriesen, du läßt die Fische spielen!
Sei gepriesen für alle deine Tiere!
Sei gepriesen, denn du bist wunderbar, Herr!

6. Sei gepriesen, denn du, Herr, schufst den Menschen!
Sei gepriesen, er ist dein Bild der Liebe!
Sei gepriesen für jedes Volk der Erde!
Sei gepriesen, denn du bist wunderbar, Herr!

7. Sei gepriesen, du bist selbst Mensch geworden!
Sei gepriesen für Jesus, unsern Bruder!
Sei gepriesen, wir tragen seinen Namen!
Sei gepriesen, denn du bist wunderbar, Herr!

8. Sei gepriesen, er hat zu uns gesprochen!
Sei gepriesen, er ist für uns gestorben!
Sei gepriesen, er ist vom Tod erstanden!
Sei gepriesen, denn du bist wunderbar, Herr!

9. Sei gepriesen, o Herr, für Tod und Leben!
Sei gepriesen, du öffnest uns die Zukunft!
Sei gepriesen, in Ewigkeit gepriesen!
Sei gepriesen, denn du bist wunderbar, Herr!

Gedenken der Toten

Gütiger Gott, Du bist barmherzig. Du willst das Leben der Menschen. Gedenke all derer, die starben als Opfer menschlicher Gewalt. Nimm sie auf in die himmlischen Wohnungen und schenke uns, daß wir ihrer nicht vergessen.

Gedenke auch derer, die töteten und vergilt ihnen nicht nach ihren Taten.

O Gott, du liebst die Menschen. Du hast dir aus allen Völkern ein Volk gerufen, das deiner Liebe verbunden ist.

Gedenke heute all derer, die in der Nachfolge deines Sohnes getötet wurden und werden. Ja, schließe sie ein in deine tröstenden Arme, da sie von Menschen getötet wurden, die glaubten, damit demselben Christus zu dienen. Rufe auch jene zu dir, die töten, und zeige ihnen die unerschöpfliche Kraft deiner Versöhnung in demselben Geist, zu dem sie auf Erden nicht gelangten.

Gedenken der Zeugen

O Dio della vita. Con gratitudine ricordiamo la innumerevole schiera di coloro che vissero nella forza del Tuo amore e che, come Gesu Cristo, furono pronti a pagare il prezzo della loro vita:

    Padre Damian de Veuster
    Bartolomeo de las Casas
    Dietrich Bonhoeffer
    Dag Hammarskjöld
    Etty Hillesum
    Margret Fell
    Maksymilian Kolbe
    Padre Rufino S. Niccacci
    Don Sirio Politi
    Ioannes Hus
    Simone Weil …

Vorträge im Plenum

Der ökumenische Dialog in Europa – historische und aktuelle Perspektiven
Joachim Garstecki (Berlin/DDR)

Wir sind zusammengekommen zu einem europäischen ökumenischen Dialog für Gerechtigkeit, Frieden und Bewahrung der Schöpfung. Obwohl die meisten von uns sich hier das erste Mal begegnen und wir uns in manchem noch fremd sind, vereint uns dreierlei: Wir sind weitgehend Europäer, wir sind (fast) alle Christen, und wir sind mit Sicherheit alle Betroffene – betroffen von weltweit wachsender Ungerechtigkeit, Friedlosigkeit und Naturzerstörung.

Unsere Zusammengehörigkeit in Christus, unser gemeinsames Wohnen in dem einen europäischen Haus und unsere Unruhe über den schlimmen Zustand unserer Welt – das ist die dreifache Basis, auf der wir das Gespräch miteinander suchen. Diese Basis dürfte stark genug sein, um die spannungsreiche Begegnung der verschiedenen Sprachen, nationalen Identitäten, kulturellen Werte und kirchlichen Traditionen, die Vielfalt der Spiritualitäten und den Kontrast der Meinungen auszuhalten. Was uns unterscheidet, muß uns nicht trennen; es ist vielmehr Voraussetzung und Einladung zum Dialog.

I.

Was aber ist der Kontext, in dem unsere Begegnung stattfindet? Ich sehe drei große, wenn auch verschiedene Zusammenhänge, die sich berühren und zum Teil überschneiden. An ihnen dürfen wir nicht vorbeisehen, wenn unser Dialog einen Ort im Ganzen der gegenwärtigen Leiden und Kämpfe, Hoffnungen und Erwartungen der Menschen in Europa und darüber hinaus weltweit haben soll. In diesen drei Kontexten erkennen wir den „Kairos", in dem uns Gott anspricht und auf den er unsere Antwort erwartet.

1. Der konziliare Prozeß
Unser Dialog ist Teil des konziliaren Prozesses der ökumenischen Gemeinschaft der Kirchen. Für viele von uns ist der konziliare Prozeß die deutlichste Herausforderung zum grenzüberschreitenden Gespräch

geworden. Einige von uns kommen aus Ländern, in denen zur Zeit nationale ökumenische Versammlungen der Kirchen stattfinden, so in den Niederlanden, in der Bundesrepublik und in der DDR.

Konziliarer Prozeß – das heißt Bewegung in unseren Kirchen mit dem Ziel, die Kirchen für mehr Klarheit, Eindeutigkeit und Verbindlichkeit im Reden und Tun zu öffnen. Das geschieht nicht aus einem ethischen Rigorismus, der alles normieren möchte, sondern aus einer neuen Hellhörigkeit für das Evangelium und einer hohen Sensibilität für die „Zeichen der Zeit" (Mt 16,3). Ziel des Prozesses ist ein gemeinsames Zeugnis, das uns selbst bindet und verpflichtet – und dann vielleicht auch ein Wort an die Menschen findet, das Ausdruck unserer eigenen Veränderung ist. Nur durch ein solches Zeugnis können die christlichen Kirchen „ein Zeichen der zukünftigen Einheit der Menschheit" sein (ÖRK Uppsala 1968).

Deshalb brauchen wir die Vision eines universalen Konzils der heute noch getrennten christlichen Kirchen (auch wenn wir wissen, daß diese Vision sich nicht heute und morgen erfüllen wird), und als ihre realistische Handlungsperspektive den konziliaren Prozeß. Der konziliare Prozeß verbindet das Ziel der Einheit mit dem Weg zum Ziel. Er ist ein gemeinsamer Weg, den wir gehen sollen, um so der erhofften Einheit aller Menschen zu dienen. Die Einheit der Kirchen könnte ein Geschenk auf diesem Wege sein. Konziliarer Prozeß heißt die Brücke, die die Wirklichkeit von heute mit den Möglichkeiten von morgen verbindet.

Wir können das Wort „konziliarer Prozeß" vernachlässigen – es ist nur die komplizierte Beschreibung einer sehr elementaren Sehnsucht nach verbindlicher Gemeinschaft, die wir in viel einfacheren Bildern ausdrücken: sich verbinden, einen Kreis bilden, einen Baum pflanzen, gemeinsam ein Haus bauen. Was wir als erstes brauchen, ist nicht die Klugheit professioneller Ökumeniker, sondern die Einfachheit der Begegnung von Mensch zu Mensch, die Sprache der Betroffenheit und das Eingeständnis, daß wir selber der Erneuerung bedürfen, wenn wir unsere Kirchen und Gesellschaften verändern wollen. „Der konziliare Prozeß findet überall statt, wo Christen (und Nichtchristen), Frauen und Männer, Laien und Theologen/innen verschiedener Konfession und Herkunft Grenzen überschreiten, miteinander reden, aufeinander hören und sich gemeinsam engagieren. Es geht letztlich um das Werden und die Gestaltung von neuen (oder ganz alten) Formen der Gemeinschaft von Frauen, Männern und Kindern mit der ganzen

Schöpfung – eine Welt, in der es leichter sein wird zu lieben" (Marga Bührig).

2. Die politischen Veränderungen in Europa
Viele Anzeichen sprechen dafür, daß wir es in Europa gegenwärtig mit einem Prozeß der ideologischen und politischen Entkrampfung zu tun haben. Jahrzehntelang im Osten wie im Westen gepflegte Vorurteile und Klischees wirken plötzlich verstaubt und antiquiert. Selbst „unverdächtige" Vertreter abendländisch-westlicher Freiheiten müssen zugeben, daß die Reformpolitik Gorbatschows in der Sowjetunion ein Vorgang von gesamteuropäischer Bedeutung ist, der die Ost-West-Beziehungen tiefgreifend verändern und alle europäischen Staaten und Gesellschaften beeinflussen wird.

Ich komme aus der DDR und sage letzteres mit einem bitteren Beigeschmack von Resignation, aber auch mit einem gehörigen Maß an Hoffnung. Denn mein Land ist jenes unter den Ländern des „realen Sozialismus", dessen Führung sich bislang am hartnäckigsten gegen die gesellschaftlichen Konsequenzen des neuen politischen Denkens und Handelns wehrt. Es ist schwer, geduldig zu sein, wenn man weiß, daß „die Zeit drängt". Sie drängt auch in der DDR, wenn auch auf andere Weise als an den Brennpunkten der sozialen und politischen Konflikte unserer Erde.

Die atmosphärischen Veränderungen der europäischen Großwetterlage sind heute überall spürbar. Sie berühren auch die letzten ideologischen Bastionen der beiden verfeindeten Weltanschauungslager. Die „Leipziger Volkszeitung" vom 26. September 1987 erschien mit der unkonventionellen Schlagzeile „Mit Marx und Jesus für die Welt". Kurz zuvor waren Christen gemeinsam mit Marxisten drei Tage lang auf dem „Olof-Palme-Friedensmarsch" durch die DDR unterwegs – eine Wiedergewinnung alter christlicher Pilgererfahrung in Tuchfühlung zu marxistischen Weg-Genossen. Der Marxismus-Professor Olof Klohr erklärte vor wenigen Wochen auf einem Podium des Rostocker Kirchentages, ein gelungener Kirchentag sei „keine Niederlage für den Sozialismus"; Motto der Veranstaltung war „Brücken bauen".

Der orthodoxe Patriarch Pimen I. von Rußland wird von Alceste Santini, Chefredakteur der kommunistischen „L'Unita", interviewt, und die deutsche Ausgabe dieses Interviews erscheint in einem Verlag der katholischen Focolare-Bewegung. Der Chor der Roten Armee singt für den Papst auf italienisch das „Ave Maria" von Schubert, und der Papst bedankt sich auf russisch.

Die Beispiele zeigen, daß unsere traditionellen Wahrnehmungsgewohnheiten bezüglich des weltanschaulich-ideologischen Gegensatzes zwischen Ost und West nicht mehr den Realitäten entsprechen. Aber es gibt substantiellere Veränderungen, die tief in die politischen Beziehungen der Staaten Europas hineinreichen. Wenn der sowjetische Außenminister kürzlich erklärte, daß die Verkopplung der Politik der friedlichen Koexistenz mit der Doktrin des Klassenkampfes ein schwerer politischer Fehler gewesen sei, dann brechen die sich gegenseitig stabilisierenden Feindbilder in Ost und West wie Kartenhäuser in sich zusammen. Ich bin davon überzeugt, daß die fortschreitende ideologische Entschlackung des Sozialismus auch den Anachronismus der Mauer in der DDR so offenkundig machen wird, daß ihr politischer Schaden ihren zweifelhaften ökonomischen Nutzen bei weitem überwiegen wird. Ich frage uns alle aber auch, welche Konsequenzen die überfällige Öffnung des Sozialismus in Osteuropa in den Staaten Westeuropas haben muß. Können Westeuropäer den politischen Veränderungen in der Sowjetunion applaudieren (falls sie ihnen überhaupt Glauben schenken), ohne ernsthaft auch an die Veränderungen ihrer eigenen Gesellschaften zu denken? Worin besteht das Paradigma der Reformpolitik Gorbatschows für das ganze europäische Haus – und nicht nur für die sozialistische Etage?

Es wäre leichtfertig und falsch, wollten Bewegungen wie IFOR oder PAX CHRISTI, die viel für die Verständigung zwischen West und Ost getan haben, die Wasser der Umgestaltung ausschließlich auf die eigenen Mühlen leiten. Unsere Aufgabe in diesem Prozeß ist anspruchsvoller.

„Glasnost" und „Perestroika" sind originäre Phänomene sozialistischer Erneuerung. Ihre innere Dynamik ist gegenwärtig so atemberaubend, daß sie unsere eigene Beweglichkeit herausfordern. Was der konziliare Prozeß für die Christenheit bedeutet, bedeutet das „neue Denken" für den Sozialismus: eine Anfrage an ihre Erneuerungsfähigkeit aus ihren je eigenen Quellen. Für unseren Dialog wäre wichtig, über das wechselseitige Verhältnis zwischen geistlicher Erneuerung aus unseren christlichen Traditionen und säkularen, politischen Reformbemühungen in Europa nachzudenken. Nicht Selbstbehauptung, sondern Suche nach Zusammenhängen und Aufweis von Gemeinsamkeiten ist gefragt.

3. Die franziskanische Spiritualität

Wir treffen uns in Assisi, einem Ort, der wie kaum ein anderer in Europa durch das Beispiel einer im Evangelium begründeten, radikalen Offenheit für Gott, die Menschen und die Schöpfung geheiligt ist. Das Lebenszeugnis von Franziskus und Klara ist in der ganzen Christenheit über Jahrhunderte hin so prägend für diesen Ort geblieben, daß „nach Assisi gehen" gleichbedeutend geworden ist mit „sich der eigenen Wurzeln bewußt werden". Ich bin nicht sicher, wie weit uns diese Annäherung gelingt – wir haben eine Differenz von mehr als 700 Jahren zu überwinden und müssen durch die äußere Hülle zum inneren Kern vorstoßen. Mindestens in dreierlei Hinsicht kann die franziskanische Spiritualität eine erkenntnisfördernde Bedeutung für unseren Dialog haben:

Sie stellt uns die Einheit von Gott, Mensch und Natur vor Augen, die uns in neuzeitlicher Weltbemächtigung verlorengegangen ist und die wir in unserem Einsatz für Gerechtigkeit, Frieden und Bewahrung der Schöpfung von neuem suchen. Die schwierige Frage nach dem inneren Zusammenhang der drei großen Themen könnte im Lichte franziskanischer Spiritualität leichter beantwortet werden als im Rahmen einer rein problem-analytischen Sachdebatte.

Franziskanische Spiritualität hilft uns, die Realität der Welt aus der Perspektive einer ursprünglichen Gottesbeziehung zu sehen. Diese Perspektive gibt unserem Sprechen ein hohes Maß an Authentizität. Der wirkliche Zustand der Welt wird nicht durch die Sonde des Experten-Urteils betrachtet, sondern in „Zeugnissen der Betroffenheit" (Ökumenische Versammlung Dresden) offengelegt. Im Aussprechen (und nicht im „Drumherum"- oder „Drüberweg-Reden") unserer Erfahrungen geschieht Wieder-Erkennen der Wirklichkeit: Ja, so ist es!

Das franziskanische Charisma lebt ganz von der Erneuerung aus dem Geist Jesu. Wir folgen deshalb nicht einer magischen Anziehung von Orten oder Personen, wenn wir uns in Assisi treffen. Wir öffnen uns vielmehr dem geistlichen Ruf zur Nachfolge. Im Lebenszeugnis von Franziskus und Klara erkennen wir exemplarisch Umkehr in die Nachfolge Jesu. Wir fragen, was ihr Beispiel für unsere Kämpfe und Niederlagen, unsere Hoffnungen und unsere Ohnmacht bedeutet.

Aus dem tiefen inneren Zusammenhang von Gott und Welt, von Glauben und Lieben, von Schöpfung und Frieden kann eine Inspiration für unseren Dialog erwachsen. Je besser es uns gelingt, dieser

Inspiration zu folgen, um so nachhaltiger wird unser Gespräch den konziliaren Prozeß bereichern und qualifizieren.

II.

4. Ein gemeinsames europäisches Erbe?
Einen ökumenischen Dialog in Europa und in Bezug auf Europa führen heißt, unseren Ort im Ganzen der Welt genauer zu bestimmen. Eine wirkliche ökumenische Betrachtungsweise offenbart, daß Europas Rolle in den weltweiten Aufbrüchen zu einem gerechten Frieden eher zweitrangig ist. Die wirklich innovativen Impulse und Bewegungen kommen heute aus der Zwei-Drittel-Welt. Denken wir nur an die Theologie und Praxis der Befreiung als einer neuen Beziehung von Evangelium und gesellschaftlicher Wirklichkeit oder an das Kairos-Dokument aus Südafrika als richtungsweisenden Versuch einer umfassenden Gesellschaftsanalyse im Licht des christlichen Glaubens. Europa hat nichts Vergleichbares vorzuweisen.

Die europäische Geschichte ist voll von Gewalttätigkeiten, Spaltungen, Glaubenskriegen und Feindschaften, die unsere Einheit zerstört haben und die wir bis in die Gegenwart hinein in andere Teile der Welt exportieren. Nachdem wir die Völker der Zwei-Drittel-Welt zu Opfern unserer Gegensätze gemacht haben, blicken wir fasziniert auf ihre Versuche, sich aus unserer Bevormundung durch eine neue, ganzheitliche Theologie, Spiritualität und Praxis zu befreien. Die Täter beginnen von den Opfern zu lernen, wie eine neue Einheit der Gegensätze, eine neue Ganzheit von Glauben und Handeln, von Bewahren und Verändern aussehen kann.

Eine unmittelbare Anknüpfung an ein gemeinsames europäisches Erbe, sei es in Gestalt des Christentums, der bürgerlich-humanistischen Aufklärung oder der Idee des Sozialismus, ist uns durch unsere Geschichte nicht möglich. Die Christenheit ist gespalten, die Aufklärung hat uns in die tiefe Ambivalenz des Fortschritts entlassen, und der Sozialismus krankt noch immer an seinem Demokratie-Defizit. Wir müssen auf der Suche nach einem gemeinsamen europäischen Bewußtsein den Umweg machen über die Bruchstellen in unserer eigenen Geschichte; wir müssen den Beitrag unserer verschiedenen Traditionen an der konfessionellen, ideologischen und politischen Teilung Europas in feindliche Lager erkennen. Und wir müssen schließlich unseren Anteil an der Aufteilung der Welt in Reiche und Arme, in Herrschende und Unterdrückte, in Gläubige und „Gottlose", in „Gute" und „Böse" schuldhaft bekennen. Nur so können wir einen ehrlichen Dialog führen, der auch für andere ein Hoffnungszeichen ist.

5. Bekehrung zueinander

Am Anfang unseres Nachdenkens steht somit die ernüchternde Erkenntnis: Unsere kulturellen, religiösen und politischen Traditionen sind nicht als gegenseitig bereichernde Vielfalt in das gemeinsame Haus Europa eingezogen, sondern als einander ausschließende Ansprüche, die das Zusammenleben in diesem Haus unerträglich gemacht haben. Wir haben es nicht verstanden, unsere Vielfalt als konstitutives Element unserer Einheit zu leben. Im allgemeinen haben unsere Kirchen die bestehenden gesellschaftlichen und politischen Gegensätze in Europa noch einmal reproduziert, statt sie im Wissen um den Unterschied von „Letztem" und „Vorletztem" zu transzendieren.

Was wir deshalb vor allem brauchen, ist eine „Bekehrung zueinander" (Ferdinand Kerstiens). Der biblische Umkehr-Gedanke qualifiziert die Vorstellung eines konziliaren Lernweges unserer Kirchen – er gibt die einzig mögliche Richtung des Weges an. Nur die vollzogene Abkehr aus den Irrwegen der eigenen Geschichte macht uns zu verläßlichen Partnern des gemeinsamen Weges. Bekehrung zueinander bedeutet, in Selbstverständnis und Praxis des anderen genau den Teil der Wahrheit zu entdecken, der meiner eigenen Identität fehlt, um voll mit ihr versöhnt zu sein. In der Bekehrung zueinander erfahren wir unsere gegenseitige Angewiesenheit als Evangelische, Katholische und Freikirchliche, als Westeuropäer und Osteuropäer, als Frauen und Männer, als „Laien" und Kleriker. Die Bekehrung zueinander stellt unsere zerbrochene Einheit wieder her.

Was das bedeutet, zeigt sich erst im Dialog unserer Bewegungen und Gruppen über wichtige Sachfragen. Bekehrung zueinander müßte heißen, daß sich Zeugen franziskanischer Einfachheit und Verfechter politischer Lösungen in der Schlüsselfrage eines überlebensgerechten Finanz- und Weltwirtschaftssystems miteinander verständigen, oder daß die pazifistische Position von IFOR in einen geschwisterlichen Dialog mit dem situationsbedingten Ethos der Verweigerung des Kriegsdienstes bei PAX CHRISTI tritt. Am Naturrecht geschulte Kategorien des ethischen Urteilens über die Abschreckung kommen ins Gespräch mit einer am biblischen Zeugnis orientierten Sprache des Bekennens. In solchem Hören aufeinander wird unser Dialog zur konziliaren Umkehr-Bewegung.

6. Umkehr als Prozeß

Umkehr in die Gerechtigkeit, den Frieden und die Schöpfungsverantwortung ist die „gemeinsame ökumenische Zeitansage" (Heino Falcke), die wir als Teil der Weltchristenheit heute hören. Weil die Gottesherrschaft nahegekommen ist, ist Umkehr notwendig und möglich. Aber diese Umkehr ist weder eine bloße persönliche Bekehrung, noch ist sie ein einmaliges, herausgehobenes Ereignis. Die Wende von der Ungerechtigkeit hin zu mehr Gerechtigkeit, von kriegerischer Gewalt zum Frieden, von der Ausbeutung der Natur zur Partnerschaft mit ihr ist ein langer, mühsamer Prozeß, der aus einer Abfolge von vielen kleinen Schritten besteht. Umkehr geschieht im Ablauf der Zeit, und sie braucht auch Zeit, um zu gelingen. Nicht zufällig spricht die Bibel im Gleichnis vom Feigenbaum (Lk 13,6–9) von einer zeitlichen Frist, Frucht zu bringen und darin die erhoffte Umkehr zu beweisen.

Umkehr ist nur möglich „als allmähliche Wandlung in alltäglicher Bemühung" (Achim Battke). Sie ist selber ein Lernprozeß, der bei uns selbst beginnen muß, ehe er die Strukturen und Institutionen erreicht. Im Zeichen der Gottesherrschaft wird Umkehr „zur Einkehr ins Leben, zum Gewinn von Zukunft" (Heino Falcke). „Umkehr führt weiter" hieß deshalb das Leitwort der Kirchentage im Juni 1988 in der DDR. Solche Umkehr geschieht, wenn Gott in uns Macht gewinnt gegen die Mächte des Geldes, gegen die Herrschaft über Menschen und gegen unsere Schöpfungsvergessenheit. Veränderung wirkt die heilende Kraft der Liebe, die aus der Bewegung der Umkehr folgt.

In einem zweifachen Sinn ist dieser Gedanke für unseren Dialog wichtig. Er zeigt zum einen, daß die persönliche Umkehr eines jeden einzelnen von uns in die Solidargemeinschaft der Umkehrenden hineingestellt ist. Keiner lebt für sich allein: wir brauchen uns gegenseitig, wir brauchen die Ermutigung aller Umkehr-Bedürftigen, wenn Leben gelingen soll. Unsere Bewegungen und Gruppen sind die Netzwerke, in die hinein der Faden der Umkehr eines jeden einzelnen geknüpft wird. Daß unsere Kirchen jemals zu Umkehr-Bewegungen werden könnten, ist eine Hoffnung, die sich aus dieser Erfahrung nährt. Alle Reformen der Kirche begannen in Bewegungen.

Auch im konziliaren Prozeß ist Umkehr an die Erfahrung eines gemeinsamen Weges gebunden. Sie wird erlebbar im Vorgang des Suchens und Sich-Befragens, des Entscheidens und Sich-Verpflichtens. Wir gewinnen daraus eine wichtige Einsicht für unsere Beteiligung an diesem Prozeß. Regionale ökumenische Foren und Versammlungen sind wichtig, weil sie dem Umkehr-Prozeß in unseren Kirchen eine faßbare Struktur geben. Wir müssen aber der Tendenz widerstehen, diese Versammlungen mit einem Exklusivitäts-Anspruch zu versehen und sie damit aus dem Kontext einer breiten konziliaren Basis-Bewegung herauszulösen. Was diese Versammlungen sagen und tun, muß eingebunden bleiben in den größeren Kontext des konziliaren Prozesses in Gemeinden und Gruppen. Wir können keine ökumenischen Konsense formulieren, ehe wir die bestehenden Dissense nicht ausdiskutiert haben. Ökumenische Gipfel-Ereignisse leben von ökumenischer Alltagsarbeit – auch im konziliaren Prozeß.

III.
Wir fragen nach Gerechtigkeit, Frieden und Bewahrung der Schöpfung in bezug auf Europa und im Bewußtsein unserer Verantwortung für das gemeinsame europäische Haus. Werden wir etwas spezifisch „Europäisches" sagen können, auch im Hinblick auf die europäische ökumenische Versammlung 1989 in Basel? Oder besteht das spezifisch Europäische gerade darin, die Fenster und Türen des Europäischen Hauses weit zu öffnen für das, was von außen auf uns zukommt? Welche gemeinsamen Schritte können wir als Europäer gehen?

Ich will unserem Gespräch in dieser Frage nicht vorgreifen. Keine der anwesenden Bewegungen beginnt hier am „Punkt Null". Aber ich möchte aus meiner begrenzten Perspektive wenigstens zwei Aspekte erwähnen, die bei einem europäischen ökumenischen Dialog nicht unbeachtet bleiben sollten.

7. Europa ist mehr als die „Europäische Gemeinschaft"
Europäische Identität (wenn schon so anspruchsvoll geredet werden soll) ist nicht unter Westeuropäern allein zu gewinnen; europäische Integration muß mehr bedeuten als die Schaffung eines westeuropäischen Binnenmarktes. Die Völker Osteuropas mit dem Reichtum ihrer kulturellen und religiösen Traditionen müssen in unserem Dialog präsent sein, auch wenn sie hier nicht alle vertreten sein können.

„Zieht den Kreis nicht zu klein" – das ist eine Mahnung gegen westeuropäischen Provinzialismus.

Der konziliare Prozeß sollte unter uns das Bewußtsein für eine wirklich europäische Zusammengehörigkeit stärken, die die Verschiedenheit unserer unterschiedlichen Werte und Traditionen akzeptiert. Ein Basis-Treffen von Christen aus Ungarn, den Niederlanden, der Bundesrepublik und der DDR, das im Mai in Budapest stattfand, hat das Zusammenkommen von Menschen aus Ost und West als das wichtigste Anliegen des konziliaren Prozesses bezeichnet. Das gilt in einem doppelten Sinn. Einmal fördert solche Kommunikation die gegenseitige Verständigung, mit dem Ziel, einander wirklich zu verstehen. Zum anderen – und das scheint mir noch wichtiger – ist sie die Voraussetzung für die Übernahme gemeinsamer Verantwortung für einen Frieden in Gerechtigkeit vor allem in der Zwei-Drittel-Welt. Die europäischen Völker aus Ost und West müssen zu einer Verantwortungsgemeinschaft zusammenwachsen, um gemeinsam verursachte Ungerechtigkeit in gemeinsamer Anstrengung wenigstens abzumildern, Schaden zu begrenzen und gerechtere Verhältnisse zu ermöglichen. Solche Verantwortungsgemeinschaft ist notwendig, weil keine Gesellschaft und keines der beiden Systeme heute eine wirksame Lösung für die globalen Probleme anzubieten hat. Weil wir gemeinsam gebraucht werden, brauchen wir einander. Darin sehe ich den auch politisch anspruchsvollen Zweck unseres Dialogs.

8. Die Militarisierung Europas überwinden

Trotz hoffnungsvoller Teilschritte in Richtung Abrüstung und eines wieder entspannteren Klimas in den Ost-West-Beziehungen ist Europa noch immer der am meisten militarisierte Kontinent. 70 % der weltweiten Militärausgaben entfallen auf Europa; nirgendwo in der Welt gibt es eine so starke Konzentration an Streitkräften und Waffen aller Art wie an der deutsch-deutschen Grenze, die Europa in zwei feindliche Blöcke teilt. Diese Militarisierung ist selber zu einem Faktor der europäischen Teilung geworden. Sie erzeugt ständig neues Mißtrauen und entfremdet uns von unserer elementaren menschlichen Zusammengehörigkeit. Unerträglich und unverantwortlich ist die militärische Konfrontation in Europa vor allem deshalb, weil sie den Menschen in der Zwei-Drittel-Welt das zum Überleben Notwendige entzieht. Täglich verhungern Menschen, weil unsere Staaten ihre Sicherheits-Bedürfnisse mit militärischen Mitteln befriedigen und die Kosten dafür ständig steigen.

Wir müssen diesen Zustand als Sünde gegen den Heiligen Geist denunzieren. Nicht nur mit dem persönlichen Zeugnis der Gewaltfreiheit, sondern auch mit allen verfügbaren politischen Mitteln müssen wir dafür arbeiten, daß der Teufelskreis der Militarisierung unserer Gesellschaften durchbrochen wird. Dabei ist auch zu prüfen, ob neue alternative militärische Sicherheitskonzepte (Defensiv-Struktur der Streitkräfte, strukturelle Nicht-Angriffsfähigkeit) nicht zu einer noch stärkeren Militarisierung des öffentlichen Lebens führen als die herkömmlichen Konzepte. Die angestrebte militärische Integration Westeuropas würde vermutlich nicht nur weitere Abrüstungsschritte blockieren, sondern die Teilung Europas vertiefen und einen gemeinsamen europäischen Beitrag für weltweite soziale Gerechtigkeit unmöglich machen.

Es ist deshalb dringlich, daß an die Stelle des Systems der Abschreckung mit Massenvernichtungsmitteln ein durchgängiges, „demokratisiertes" Konzept gemeinsamer Sicherheit in Europa tritt, das politische, militärische, wirtschaftliche, kulturelle und zwischenmenschliche Strukturelemente in sich vereinigt. Ein solches Konzept wäre der umfassendste politische Ausdruck dafür, daß wir aus unserer Geschichte gelernt haben und gemeinsam das Leben wählen (vgl. Dt 30,19).

9. Feindbilder abbauen und Feindschaft beenden

Versöhnung mit Gott und untereinander bedeutet Überwindung von Feindschaft und Beginn neuer Gemeinschaft. Der Abbau der wechselseitigen Feindbilder in Ost und West ist notwendig, weil sie verhindern, das menschliche Gesicht des anderen zu entdecken. In ihm erkennen wir uns selbst wieder als Kinder des einen himmlischen Vaters, der alle Menschen liebt.

Der Prozeß der politischen Öffnung in Europa arbeitet selbst gegen das Denken in Stereotypen und Feindbildern. Wir können diesen Prozeß von unseren eigenen Voraussetzungen her fördern, indem wir für die Anerkennung und grundsätzliche Bejahung des Rechts aller Völker eintreten, ihren Wertvorstellungen gemäß zu leben. Wir sollten alle ideologisch-politischen Absolutheitsansprüche an Menschen zurückweisen und für eine konsequente Erziehung zum Frieden als ständige Aufgabe unserer Gesellschaften, einschließlich der Kirchen, eintreten.

Unser Dialog kann selber einen Beitrag zur Entfeindung leisten. Er kann die faktische Identifizierung von christlichen Werten und westlichem Liberalismus als subtile Form von Abgrenzung entlarven und dagegen ein ökumenisches Bewußtsein fördern, das nicht an Systemgrenzen Halt macht. Als grenzüberschreitendes Ereignis sollte unser Dialog sich gegen jegliche Abgrenzungen in Europa aussprechen und eine lebendige Kultur des Streitens praktizieren. Wir können damit einen Beitrag zum Gelingen ökumenischer Kommunikation leisten.

IV.

Die Qualität unseres Dialogs wird von der Bereitschaft eines jeden einzelnen abhängen, eigene Grenzen zu überschreiten und sich der Wahrheit des anderen zu öffnen. Um wirklicher Konziliarität willen suchen wir nach Aussagen, die größtmögliche Klarheit in der Sache mit größtmöglicher Gemeinsamkeit im Sprechen und Handeln verbinden. Ich sehe vier Probleme, auf die wir dabei stoßen und mit denen wir uns beschäftigen müssen.

10. Unsere Gemeinschaft in Christus

Auf der Suche nach einem gemeinsamen Zeugnis werden wir mit unseren Kirchen über die gegenwärtigen Trennungen hinausgeführt. Im Sich-Verständigen und Eins-Werden über die fundamentalen Lebensfragen der Menschheit entdecken wir auf ganz neue Weise unsere bereits bestehende Einheit in Christus. Wir entdecken sie im Maß unseres Gehens. Christus heilt unsere Zerrissenheit, indem wir uns in seinem Bund neu als Verbündete entdecken. Die fundamentale Gemeinsamkeit des neuen Bundes, der in Christus mit Gott geschlossen ist und in dem wir uns alle bereits vorfinden, reicht tiefer als unsere klassischen Trennungen.

So ist unsere Gemeinschaft in Christus bereits größer als die sichtbare Einheit unserer Kirchen. Diese Erfahrung machen heute Christen quer durch die verschiedenen Konfessionen und Traditionen. Wie vermitteln wir diese Erfahrung in unseren Kirchen, damit sie nicht ökumenische Berührungsängste vermehrt, sondern ökumenische Lernbereitschaft fördert?

11. Die Einheit des Zeugnisses in der Vielfalt der Zeugnisse

Das Zeugnis der Christenheit ist ein gemeinsames im Blick auf den Prozeß der Umkehr, ist aber verschieden in bezug auf die Herausforderungen, die zur Umkehr rufen. Zu einem gemeinsamen Zeugnis werden wir fähig sein, wenn wir die unterschiedlichen Herausforderungen nebeneinander gelten lassen, ohne sie in einer Prioritäten-Skala zu „bewerten".

In einem wirklich ökumenischen Horizont wiegen die sozialen Folgen der Migration südeuropäischer Arbeiter ebenso schwer wie die Verelendung der rumänischen Bevölkerung; wirkt die Arbeitslosigkeit in Mittelengland genauso demoralisierend wie die gesellschaftliche Stagnation in der DDR. Die Forderung nach mehr sozialer Gerechtigkeit weltweit macht die Forderung nach mehr Partizipation in den sozialistischen Ländern Europas nicht zweitrangig. Was wir brauchen, ist die „Übersetzung" unserer sehr verschiedenen Erfahrungen in ein solidarisches ökumenisches Problembewußtsein. Das geschieht durch eine geistliche und nicht durch eine strukturelle Verknüpfung unserer Kontexte. Sie fragt nicht, was alle überall tun müssen, sondern was in den einzelnen, ganz verschiedenen Situationen unser Zeugnis für das Evangelium ist. „Ökumenisch" heißt nicht, den kleinsten gemeinsamen Nenner aller Probleme zu formulieren, sondern in der Vielfalt der Zeugnisse die Einheit des Zeugnisses zu erkennen.

12. Der Vorrang ökumenischer Solidarität

Wir werden unvermeidlich auf das Problem stoßen, wie sich unsere partikularen konfessionellen, nationalen und Gruppen-Loyalitäten zu unserem gemeinsamen Auftrag verhalten. Was wir im ökumenischen Horizont als vor Gott geboten erkennen, stößt allzu schnell an die Grenzen von politischer Macht, wird dem eigenen Prestige geopfert oder scheitert an der Angst vor unbequemen Folgen. Wenn wir aber wirklich ernst machen mit unserer Einheit in Christus, dann bekommen unsere partikularen Loyalitäten ein anderes Gewicht als vorher. Denn diese Einheit ist mit der Taufe gegeben und gründet in unserer seinshaften Verbundenheit „in Christus".

Müßte daraus für unser Zeugnis nicht der Vorrang unserer ökumenischen Solidarität vor unserer nationalstaatlichen Loyalität folgen? Wir sollten prüfen, was eine solche Option bedeutet: für unsere Identität als Bürger von Staaten, für deren Recht auf Verteidigung, für die Existenz von zwei militärischen Blocksystemen in Europa. Welche

Chancen sehen wir, einen ökumenischen Friedensdienst an die Stelle des nationalen Kriegsdienstes zu setzen? Ist die ökumenische Solidarität unserer Bewegung stark genug, eine solche Frage nicht nur auszusprechen, sondern auch auszuhalten – und zu beantworten?

13. Notwendige Entäußerung

In unseren Bewegungen sind Begriffe wie „Umkehr", „Zeugnis" oder „Gemeinschaft" durch die biblisch-christliche Tradition geprägt. Aber die Bewegung der Umkehr betrifft nicht nur Christen, sondern alle Menschen, die erkennen, daß unsere bisherige Praxis, Gerechtigkeit zu verweigern, Frieden zu sichern oder die Natur zu mißbrauchen, zukunftslos für die Menschheit und gnadenlos für die Schöpfung ist. Deshalb betete der Papst im Oktober 1986 hier in Assisi gemeinsam mit den Vertretern der Weltreligionen für Gerechtigkeit und Frieden.

Doch müssen wir unseren Horizont noch weiter öffnen. In der DDR haben zum Beispiel auch Nicht-Glaubende Vorschläge und Erwartungen an die Ökumenische Versammlung der Kirchen gerichtet. Das zeigt: der konziliare Prozeß benennt Fragen säkularer Überlebens-Vernunft, die alle Menschen angehen. Wir dürfen diese Fragen nicht im „Arkanum" unserer Kirchen verhandeln oder in der Spiritualität unserer Bewegungen festhalten. Die Dringlichkeit der Sache gebietet es, unsere Glaubenserkenntnis in vernünftige, säkulare Argumentation zu „übersetzen", sie zu entäußern in „menschliche Überlebensvernunft" (Christoph Hinz). Dadurch werden wir offen für die Kooperation mit Trägern anderer Überzeugungen. Die Umkehr, die uns aus unseren Quellen möglich ist, kann für andere zur Einladung werden, ebenfalls umzukehren.

Doch dazu müssen wir uns ihnen verständlich machen. Der Vorgang der Entäußerung macht es möglich, unsere spezifische Spiritualität in die Sprache säkularer Vernunft zu übersetzen, ohne sie zu verraten. Feindesliebe und Gewaltfreiheit suchen in diesem Übersetzungsvorgang nach ihren säkularen Zwillingsschwestern Vertrauensbildung und Abrüstung. Es kann nicht darum gehen, die Wege der politischen Vernunft als verkehrt oder entfremdet aus unserem Denken und Handeln zu streichen; es muß vielmehr darum gehen, sie von Glauben, Hoffnung und Liebe her neu zu betreten. Nur so öffnen wir die christliche Ökumene hin zur Schöpfungsökumene aller Menschen.

Was hat uns bewogen, gerade nach Assisi zu gehen? Die Einladung der Franziskaner? Die Sehnsucht nach einer heilen Welt? Wir hätten ebenso nach Auschwitz, Dresden oder Sellafield gehen können, an Orte tiefster Entfremdung des Menschen von Gott, von sich selbst und von der Schöpfung, um umzukehren ins Leben. Aber auch Assisi war alles andere als „heil", als Franziskus und Klara hier ihre Bekehrung erlebten. Vielleicht sind wir hier, weil wir in den Widersprüchen, Leiden und Kämpfen dieser Zeit das Beispiel gelungenen menschlichen Lebens suchen. Um es miteinander zu teilen, damit alle Leben haben.

Gerechtigkeit
Jean Carpentier (Lille)

Theologe bin ich nicht, sondern ein einfacher Mitchrist, und hier möchte ich als Zeuge zur Verfügung stehen. Wenn ich Ihnen von dem erzähle, was wir als Liller christliche Gemeinschaft – Communauté Chrétienne de Lille – erleben, dann tue ich das nicht, um uns als Beispiel herauszustellen, sondern nur dazu, um all denen als Ermutigung zu dienen, die darum kämpfen, daß in der Welt Gerechtigkeit geschehe.

Ich komme aus Lille, einer Großstadt mit – rechnet man die Vororte ein – etwa einer Million Einwohnern im Norden Frankreichs. Die Gemeinschaft von Lille ist noch sehr jung; sie besteht seit dreizehn Jahren. Unsere Berufung: Christen der Straße zu werden. Wir haben es als einen Ruf Gottes und der auf der Straße Leidenden empfunden, daß es Christen geben muß, die in Alarmbereitschaft leben und alles hinter sich lassen: ihren Komfort, ihre Selbstsucht, ihre gebahnten Wege, um auf der Straße leben und für die dasein zu können, deren Leben nur noch wie an einem Faden hängt.

Wie so vielen anderen christlichen Kommunitäten, so war es auch uns ein großes Anliegen, zu den Quellen zurückzukehren. Gebannt schauten wir wieder und wieder auf den Bericht der Apostelgeschichte über das Leben der ersten Christen. Die, die an einem Ort waren, führten ein gemeinsames Leben, sie teilten alles miteinander und waren ein Herz und eine Seele. Überaus liebe ich jenen Satz des Franziskus von Assisi: „Sobald wir beginnen, irgend etwas zu besitzen, brauchen wir auch Waffen, um es zu verteidigen." In der vom Evangelium vorgezeichneten Haltung versuchen wir, alles in einer solchen Weise miteinander zu haben, daß der Überfluß der einen den Mangel der anderen ausgleicht.

Das Engagement zum Dienst an den Ärmsten auf der Straße und zum gemeinsamen Leben, das es uns möglich macht, andere gerne aufzunehmen, hat eine Baptistengemeinde entstehen lassen. (Der bekannteste Baptistenpastor übrigens, Martin Luther King, ist uns eine starke Verpflichtung im Blick auf seine Gewaltfreiheit, seine kreativen Methoden, mit denen er, vom Evangelium inspiriert, gegen

Ungerechtigkeit und Rassismus kämpfte.) Wir gehören dem Französischen Protestantischen Kirchenbund an.

Dieses Engagement ist auf ganz natürliche Weise gewachsen. Zusammen mit den fünfzehn bis zwanzig Personen, die „von ferne kommen" und die wir jeweils aufgenommen haben, sind wir heute etwa siebzig Leute. Wir leben verteilt auf fünf verschiedene Niederlassungen – vier Lebens- und Aufnahmegemeinschaften in Lille und einen Bauernhof in der Ardèche, wo wir Suchtkranke aufnehmen. In Lille gibt es Kilometer um Kilometer Sozialsiedlungen, wo Tausende und Abertausende in billigen Wohnungen zusammengepfercht sind. Mehr schlecht als recht existieren sie dort. Sehr oft handelt es sich um eine alleinerziehende Frau mit vielen Kindern, die eine Wohnung bevölkern. Diese Frauen sind völlig überlastet.

In jenen Stadtvierteln ist alles verkommen; nicht nur die Gebäude sind heruntergekommen, sondern auch die Einstellungen und Verhaltensweisen der Leute. Da gibt es Gewalt, Kriminalität und Rassismus. Daß aus freier Entscheidung in diesen Vierteln, die jeder hinter sich zu lassen sucht, christliche Gemeinschaften auf der Grundlage des Evangeliums leben wollen, bedeutet schon in sich das Aufleuchten einer neuen Hoffnung.

Wir leben alles andere als abgeschottet; die Tür ist fast immer offen, das Telefon läutet häufig, und die Leute sehen, daß es bei uns keinen Klassenkampf gibt; sie erleben einen Arzt, der zusammen mit Arbeitslosen in derselben Gruppe lebt, mit Arbeitern und Studenten. Sie sehen, daß da Algerier und Zairer in Gemeinschaft mit Franzosen leben und daß Leute mit völlig verschiedenem Charakter es schaffen, sich zu verständigen.

Welche Hoffnung: Hoffnung leuchtet auf besonders für die, die wir aufnehmen. Dabei wollen wir im Blick auf die Frage, wer aufgenommen wird, keine Selektion und keine Ausgrenzung zulassen.

Wir wollen zuallererst für die da sein, mit denen niemand etwas zu tun haben möchte. Wir sind dahin geführt worden, daß wir Leute aufnehmen, die aus der Psychiatrie kommen, politische Flüchtlinge, die sich in besonders großen Schwierigkeiten befinden, Clochards, Marginale, Suchtkranke, die in Gefahr sind, völlig abzudriften. Für sie alle, so verschieden sie sind, bedeutet die Tatsache, in Kommunitätsfamilien, also unseren kommunitären Großfamilien, rundum aufgenommen zu werden, selbst schon die halbe Heilung oder Problemlösung; denn das Problem Nr. 1 ist ja dies, ohne Familie zu existieren.

Im Laufe der Jahre hat unser gemeinsames Leben seine Struktur gewonnen. Es gibt heute mehrere unter uns, die sich auf Lebenszeit verpflichtet haben. Diese Verpflichtung findet nach einer Postulats- und einer Noviziatszeit statt.

Unsere mit Leidenschaft wahrgenommene Berufung – die der Begegnung mit den Menschen in der Fußgängerzone, da, wo die Menge ist und wo sich auch die bunte Gesellschaft der Marginalen befindet – hat sich ebenfalls strukturiert.

Schon seit einigen Jahren haben wir mehrmals pro Woche – und dies das ganze Jahr hindurch – den sogenannten „Autobus rencontre" („Begegnung") geöffnet. Es handelt sich um einen für den Aufnahme- und Beratungsdienst hergerichteten Doppelstockbus, der die Stätte eines mannigfachen Austausches geworden ist. Es sind Tausende, die dorthin kommen, um sich anderen anzuvertrauen. Für viele ist dies der Ort, da man ihnen zuhört, und der Bus ist so für sie zur Schwelle in ein neues Leben hinein geworden. Niemand kann ahnen, wie viele Menschen es sind, die sich gewissermaßen in der Menge der Fußgängerzone ertränken, nur um ihre Einsamkeit zu ertränken. Aber sie erreichen ihr Ziel nicht. Da brauchen sie jene paar Christen, die ihnen eine Hand reichen, um eine Begegnung auszulösen und den Bann zu brechen, der sonst das Miteinanderteilen verhindert. Und dann fängt das Abenteuer der Freundschaft an, das weitreichende Folgen haben kann.

Nach den letzten Jahren sehen wir uns einem Problem gegenüber, das uns buchstäblich die Luft abzudrücken scheint: Die Armutsphänomene vervielfachen sich mit schwindelerregender Beschleunigung. Wenn man sich vor zwölf oder dreizehn Jahren auf der Straße nach denen umschaute, die nichts mehr haben, dann handelte es sich vor allem um Clochards oder um „zonards", Randsiedler der Gesellschaft. Im Laufe der Jahre jedoch sind die sogenannten „neuen Armen" hinzugekommen. Sie werden immer zahlreicher. Sie sind Opfer der wirtschaftlichen Krise. Früher hatten sie einmal Beruf und Familie, aber plötzlich tritt irgend etwas ein, was sie aus der Bahn wirft, und schon stehen sie da ohne Wohnung, ohne Mittel, ohne Freunde, ohne Hoffnung. Sie haben nichts mehr. Mehr schlecht als recht versuchen sie, ihre Würde zu wahren; aber wie die übrigen Nichtseßhaften müssen sie draußen übernachten. Sie überleben. Man kann sie gut verstehen, wenn zum Überleben sehr bald hinzugehört, daß sie Mittel suchen, alles zu vergessen. Zur Tragödie der Arbeitslosigkeit gesellt sich jene des Alkohols, der Droge. Und dann „geht man auf Grund", wie es so heißt.

Deshalb wollen wir gemeinsam mit anderen Verbänden, gemeinsam mit anderen Christen und mit Menschen guten Willens die Stimme derer ohne Stimme sein und Alarm auslösen: Die Armen werden auch in unseren europäischen Ländern immer zahlreicher. Die Wirtschaftskrise läßt sie ins Hintertreffen geraten. Was wird denn ihre Zukunft sein? ... Zwei Zahlen sprechen für sich selbst: Es gibt in Frankreich zweieinhalb Millionen Arbeitslose, und die Zahl steigt Jahr um Jahr. Es ist ja bekannt, daß bei Menschen, die die Arbeit verloren haben, alles sehr schnell in sich zusammenbrechen kann; ein Drama führt rasch das andere herauf. Nach den Informationen unserer Bekannten vom Banque Alimentaire hat von hundert Franzosen einer nichts zu essen; jeder hundertste Franzose stirbt den Hungertod. Und ich denke, in den übrigen europäischen Ländern wird es nicht viel anders stehen. Wir, die wir Zeugen des Evangeliums unter den Leuten der Straße hatten sein wollen, sahen uns also diesem neuen Phänomen gegenüber. Wir waren in die Ecke geraten – oder wir befanden uns vor einer Herausforderung. Ja, die Armen stellen für uns eine Herausforderung dar. Nur die Entscheidung für diese Tatsache konnte uns vor einer fatalistischen Einstellung bewahren. Wir Gewaltfreie werden bis zum Äußersten dafür kämpfen, daß das, was viele als reines Verhängnis betrachten, kein Verhängnis mehr sei. Ja, es gibt Lösungen – es muß Lösungen geben. Wir wurden uns darüber klar, daß wir unsere schöpferische Vorstellungskraft in Gang zu setzen hatten; und wenn unsere Existenz ein glaubwürdiges Zeugnis der Liebe Gottes sein sollte, dann mußte das Ergebnis der Größe der Aufgabe entsprechen. Es waren Taten gefordert, die ebenso weit gingen, wie das Elend groß war, dem wir begegneten.

So kamen wir vor ein paar Jahren auf den Gedanken, einen zweiten Bus zu schaffen. Neben dem „Begegnungs-Bus" wurde der Bus „Aufnahme" („Accueil") eröffnet. Wenn Sie auf dem Bahnhof von Lille ankommen, sehen Sie das ganze Jahr hindurch gegenüber einen englischen Bus. Er ist ziemlich modern und hat Telefonanschluß. Daneben stehen ein paar Bungalowgebäude, so daß sich ein ganzes kleines Dorf ergibt: „Accueil de Jour", „Aufnahme für den Tag". Es ist ganzjährig acht Stunden pro Tag offen für die, die nichts mehr haben. Das Bahnhofsviertel ist dort der Bezirk der Armen, der Enterbten, derer, die in besonders verschärfter Weise verelendet sind – wie es in allen Großstädten der Welt der Fall ist. Dort findet sich auch die meiste Prostitution, zu der ebenso wie zum Diebstahl und zum Betteln viele unserer Freundinnen und Freunde von der Straße um des Überlebens willen Zuflucht nehmen müssen. Und dort, in ihrem eigenen Bezirk, wollen wir ihnen zur Verfügung stehen.

Im letzten Halbjahr diente der Bus „Aufnahme" etwa siebenhundert Personen. Er ist für sie ein wenig zum Nothafen geworden. Wir wollten aus ihm einen Ort machen, wo man sich nach Leib und Seele aufwärmen kann. Ich vermute, es handelt sich um einen der ganz wenigen Orte in der Stadt, wo die Gestrandeten bei ihrer Aufnahme als die Menschen respektiert werden, die sie sind. Sie begegnen keinen neuen Forderungen; die Probleme des Lebens drücken sie ja schon genug zu Boden, man braucht sie nicht noch mit einem weiteren Formular zu verschärfen. Wir bieten ihnen eine Mahlzeit und nichtalkoholische Getränke an und dann unsere Freundschaft, wenn sie auf sie eingehen wollen. Sie können, wenn sie wollen, den ganzen Tag bleiben, essen und trinken und Zeitung lesen: sie sind freie Menschen, sie sind dort zu Hause. Und nach und nach klinkt etwas ein. Das Klima der Geschwisterlichkeit läßt etwas Hoffnung zurückkehren. Es hat in der Kirche und unter den Christen immer die Berufung gegeben, sich den ganz Armen, den Ausgeschlossenen, zur Verfügung zu stellen und diese Berufung ist die unsere.

Ist erst einmal etwas Hoffnung zurückgekehrt, so haben die Freunde auch Lust, sich an die übrigen Dienste zu wenden, die wir ihnen im Bus und in den benachbarten Bungalows anbieten. So gibt es dort eine ärztliche Straßenpraxis. Drei Ärzte kümmern sich im Schichtdienst kostenlos um die, deren Gesundheit das Straßenleben in einen traurigen Zustand hat geraten lassen. Es handelt sich etwa um Hautprobleme, Geschlechtskrankheiten oder Aids. Diese Praxis versucht, die Verbindung zu den Krankenhäusern herzustellen.

Nebenan gibt es einen Sozialdienst. Sozialarbeiterinnen tun dort nacheinander als Freiwillige Dienst bei den Freunden von der Straße. Wenn sie versuchen, die Vergangenheit zu klären, finden sie oftmals Ansatzpunkte für Unterstützungen, die die Normalisierung der Situation einleiten und einen Prozeß der Wiedereingliederung ermöglichen können.

Wir haben einen Hauptamtlichen des ökumenischen Hilfsdienstes „CIMADE" angefordert, der all unseren ausländischen Freunden helfen kann. Immer mehr politische Flüchtlinge wenden sich an uns; ihre Situation ist kritisch und kann sich dramatisch zuspitzen, wenn sie nicht augenblicklich Beistand erhalten.

Für den Bus hat uns auch ein Freund vom Arbeitsamt seinen Dienst angeboten. Mit seiner Hilfe haben nur in den vergangenen sechs Monaten fünfundfünfzig Personen einen Arbeitsplatz gefunden.

Mehrere Team-Mitglieder bieten einen Wohnungsdienst an. Im vergangenen Halbjahr konnte neunundneunzig Personen eine Wohnung vermittelt werden. Dabei spreche ich nicht von einer Heimunterkunft oder von der Aufnahme in der einen oder anderen Gemeinschaft, sondern von richtigen Privatwohnungen, wo die Freunde ihre Selbständigkeit wiedererhalten.

Ein weiterer Bungalow neben dem Bus dient als Sanitärgebäude. Dort kann man sich duschen und rasieren, sich die Haare schneiden und neue Kleider geben lassen, um bei der Arbeitssuche einen annehmbaren Eindruck zu machen. Vom Bus schwärmen mehrere Team-Mitglieder als Streetworker aus, um die Marginalsten der Marginalen aufzusuchen, diejenigen, die schon so lange auf der Straße leben, daß sie beginnen, den Sinn für die Wirklichkeit zu verlieren, daß sie nicht mehr auf den Gedanken kommen, zum Bus zu gehen, und sich in größter Gefahr befinden. Sie sind es, die im Winter erfrieren – obwohl der Ausdruck „erfrieren" eigentlich nicht stimmt; denn sie sterben nicht nur an der Kälte, sondern vor allem an unserer Gleichgültigkeit. Damit so etwas nicht wieder passiert, gehen diese Mitarbeiter zu ihnen; sie schließen Freundschaft mit ihnen, und es kommt vor, daß sich Menschen auf den Weg machen und hervorkommen.

Strafentlassenen wird ein besonderer Dienst angeboten, damit auch die eine Hoffnung gewinnen können, die aus dem Gefängnis kommen.

Einige von uns stehen als öffentliche Schreiber(innen) zur Verfügung; denn es gibt da viele Analphabeten, was die Wiedereingliederung sehr erschwert.

Eine weitere spannende Seite unserer Arbeit besteht in Folgendem. Sehr bald haben wir uns an die Kirchengemeinden und an alle Menschen guten Willens in der Gegend gewandt. Dabei ist etwas sehr Schönes zu beobachten. Die ökumenische Einstellung macht Fortschritte, weil sie sich hier auf einem Gebiet praktischer Arbeit bewähren kann. Wir sind davon überzeugt, daß die ökumenische Arbeit Gesprächsrunden, Tagungen und Seminare braucht. Aber damit sich das nicht im Kreise dreht, sollte man sehr bald auch etwas Praktisches miteinander tun. Und der gemeinsame Dienst am Armen ist solch eine praktische Arbeit an der Einheit. Unter uns etwa einhundertzwanzig freiwilligen Helfern kann man sich keine größere Verschiedenheit vorstellen, und doch sind wir eines Sinnes. Wenn wir zum Bus kommen, wollen wir ja keine theologischen Gespräche führen; es eilt, es gibt Dringenderes zu tun. Wenn man dann gemeinsam versucht, Freundschaft mit einem Drogenkranken, einem politischen Flüchtling oder einem Nichtseßhaften zu schließen, die unseres Beistands bedürfen, dann wächst die Gemeinsamkeit auch in unserem Inneren. Ja, es ist der Arme, der uns eins werden läßt. Wiederum: der Arme, unsere Herausforderung. In unserem Team gibt es Franziskaner, Dominikaner, Priester, Ordensschwestern, katholische Laien, Evangelische, Baptisten, Mennoniten, Evangelikale. Niemand kümmert sich darum, wer was ist; der Arme kümmert sich auch nicht darum. Was für ihn zählt, ist die menschgewordene Liebe Christi, gleich, ob das Herz dahinter katholisch oder protestantisch ist – wenn nur die Taten Christi sichtbar werden.

Weiterhin gibt es da die erstaunliche Gruppe der Senioren, der Ruheständler, der jungen Leute. Auch unter ihnen gibt es keine Abschottung von Gruppe zu Gruppe. Selbstverständlich erwarten wir von allen, die mitarbeiten, die Zustimmung zu einem bestimmten Grundverständnis des Aufnahmedienstes. Wir wollen keinen Paternalismus haben und ohne Frage keine Betreuungsmentalität. Es ist unsere Aufgabe, mit unseren Freunden von der Straße in Beziehungen von gleich zu gleich zu leben. Es kommt nicht in Frage, daß wir aus ihnen rundum Betreute machen. Mit uns gemeinsam sollen sie Partner ihrer eigenen Wiedereingliederung werden. Und dabei erleben wir Wunder.

Ja, wir erleben Wunder. Eines haben wir uns versprochen: Nie wieder wollen wir irgend jemand, wer es auch sei, das Etikett „hoffnungslos" anheften. Dazu haben wir uns verpflichtet. Es passiert so schnell, daß man jemand dieses Etikett anhängt! Ich denke etwa an Edmond, den schlimmsten Clochard von Lille. Nichtseßhaft seit dreißig Jahren. Seit Jahren kam er zum Bus „Rencontre" – immer betrunken. Ich glaube, auch in seinen eigenen Augen war er ein hoffnungsloser Fall.

Wir haben uns diese Einstellung jedoch verboten. Als wir schon seit Jahren Freunde waren, kam er eines Tages schreiend an und gab sein SOS-Signal. Das war vor fast vier Jahren, und in Lille ist jedermann Zeuge, daß Edmond, der König der Clochards, ein neuer Mensch geworden ist, vollständig wiedereingegliedert. Und wissen Sie, was ihm – nach seinem Bericht von dreißig Jahren Straßenleben – den Schock versetzt hat? Er sagte uns, eines Wintertages, als es sehr kalt war, fand er niemand, der ihn aufgenommen hätte. Wohin flüchtete er sich, um nicht zu erfrieren? Der einzige Ort in der Stadt Lille, der ihn nicht abwies, war ein großer Müllcontainer. Er räumte den Schnee darauf weg, hob den Deckel und schlief im Müllbehälter, der alleine ihn vor dem Erfrierungstod, vor dem Sterben an unser aller Gleichgültigkeit bewahrte.

Wir erleben Wunder. Wenn ich das sage, denke ich an Martine, drogensüchtig seit sieben Jahren, drogensüchtig auch während ihrer Schwangerschaft. Ihr Kind hatte schon bei der Geburt Entzugserscheinungen; die Ärzte mußten es mit der Droge versorgen. Vor einigen Monaten ist Martine von der Droge völlig freigeworden, von einem Tag zum andern. Das zehn Monate alte Kind blüht auf, daß man es sehen kann. Nicht nur ist sie, die Unverbesserliche, freigeworden, sondern nachdem sie den Glauben gefunden hat, will sie sich selbst auf den Weg machen, anderen Hilfestellung zu geben.

Im Bus haben wir uns versprochen, immer und immer noch einmal eine Chance zu geben, immer wieder Vertrauen zu schenken, und auch dabei erleben wir Wunder. Wir haben es tatsächlich gesehen, wie aus Wölfen Lämmer wurden. Ich denke dabei an drei junge Straffällige, Herumtreiber, die ständig bewaffnet waren und denen wir deshalb den Zutritt zum Aufnahme-Bus untersagen mußten. Dennoch haben wir ihnen die Tür nicht verschlossen. Da wir ihnen, die zu verzweifelter Gewalt fähig waren, aufs Neue Vertrauen schenkten, ging das Gewitter des ersten Unmuts vorüber; wir ließen sie wieder in den Bus ein, jedoch ohne ihre Revolver und ohne ihre Handschellen. So erlebten wir das Wunder. Aus den Drei-Sterne-Kriminellen wurden neue, vertrauenswürdige Menschen.

In dieser ganzen Arbeit der Tagesaufnahme steckt jedoch noch ein anderes Geheimnis: ein ganzes Netz von Kommunitäten, Klöstern, von Christen aus ganz Frankreich, die sich verpflichtet haben, täglich für uns zu beten. Was sich daraus ergibt, kann man sehen.

Eine schöne Erfahrung ist auch die Eigendynamik, die das alles ausgelöst hat. Je zahlreicher die Armen in dieser großen Stadt sind, um so zahlreicher sind auch die, die sich in den Dienst rufen lassen. Die Christen unter ihnen bilden ein wahrhaftiges Netz zusammen mit den Sozialarbeitern, mit der Stadtverwaltung und selbst mit der Regierung. Ein Satz eines befreundeten Priesters, Gefängnispfarrer in Lille, hat mich sehr beeindruckt: „Wenn man um Christi willen mit den Reichen arbeitet und lebt, vernehmen die Armen nichts. Aber wenn man um Christi willen mit den Armen lebt und arbeitet, dann vernehmen die Reichen, die Großen etwas davon."

Nachdem wir mit nichts als unserem Glauben und unserem Auftrag begonnen hatten, bewilligte uns schon im folgenden Jahr die Regierung eine Unterstützung. Die Stadtverwaltung zahlt vor allem für den Wohnungsdienst, damit wir die Kautionen und die ersten Monatsmieten der Wiedereingegliederten hinterlegen können. Diese Vergünstigung ist beim Versuch der Seßhaftmachung unentbehrlich; wir verpflichten uns, die Betroffenen zu begleiten, solange es nötig ist. Unsere Erfahrung ist von einigen Ministerien als Pionierdienst und Pilotprojekt bezeichnet worden. Presse und Fernsehen kamen, und das unterstreicht einen anderen Aspekt: Will man den Armen dienen, so muß man verstehen, wie wichtig es im Kampf für die Gerechtigkeit ist, öffentlich Position zu beziehen, notwendigenfalls die Massenmedien herbeizurufen, damit Gerechtigkeit geschieht. Leider gibt es viele Situationen, in denen erst dann etwas zu geschehen beginnt, wenn man diese Machtmittel einsetzt. Wir sind Zeugen, daß einigen Freunden von der Straße von den zuständigen Sozialarbeitern erst dann endlich geholfen wurde, als wir damit drohten, die Presse zu alarmieren. Das ist ein Skandal, der gar nicht so selten ist.

Skandal – da muß ich an Didier denken, einen Freund von der Straße, langjährigen Clochard, der geisteskrank geworden war, den aber auch die Psychiater und die Krankenhäuser nicht mehr haben wollten. Letzten Winter ist er umgekommen, gestorben an der Kälte und an unserer Gleichgültigkeit. Der größte Skandal war der, daß man am folgenden Tag ein paar dürftige Zeilen über den Tod unseres Freundes lesen konnte, während mindestens ein Drittel der Zeitungsseite daneben Brigitte Bardot gewidmet war, die einer Katze das Leben gerettet hatte.

Da muß man etwas tun; im Namen des Evangeliums müssen wir Stellung beziehen. Wir müssen als Gewaltfreie dafür kämpfen, daß

Gerechtigkeit geschehe. Dabei denke ich an Amar und Cécile, zwei drogensüchtige Freunde, die in ihrem Elendsquartier verbrannt sind. Wir hatten sie seit langem gekannt, sie auch monatelang in einer unserer Gemeinschaften beherbergt, mit ihnen Freundschaft geschlossen – und doch waren sie auf die Straße zurückgekehrt, die ihr Element war, ihre fallenreiche Freiheit. Sie sind verbrannt – sie hatten Lösungsmittel, Trichloräthylen, geschnüffelt und dann geraucht. Im Nu stand alles in Flammen. Ihr Tod hat uns in Aufruhr und in Niedergeschlagenheit zugleich versetzt. Wir haben darüber gesprochen, wir haben gebetet, wir haben uns wieder gefaßt, und wir haben gesagt: Wenn ihr Tod wenigstens dazu dienen könnte, daß ähnliche Tode vermieden werden! In den Tagen darauf haben wir ein öffentliches Totengedenken für Amar und Cécile organisiert, die hatten sterben müssen, weil die Chancen so ungleich verteilt sind. Wir haben Position bezogen. Das war vor einem Jahr. Damals schlugen einige Politiker am äußeren Rand vor, das Drogenproblem durch Repression zu lösen. Drogen und Kriminalität – sie wollten diese Probleme mit dem Bau neuer Gefängnisse lösen, mit der Einrichtung zahlreicher Privatgefängnisse. Als wir für unsere toten drogensüchtigen Freunde jenes öffentliche Gedenken organisierten, die um der Chancenungleichheit willen umgekommen waren, da wollten wir es hinausschreien: Es ist viel dringender und viel klüger, in die Arbeit auf der Straße zu investieren als in die Gefängnisse. Wenn man sich um unsere Freunde Amar und Cécile gekümmert hätte, als es noch Zeit war, sie wären jetzt nicht tot.

Wollen wir als gewaltfreie Christen die Ungerechtigkeit in die Schranken weisen, so müssen wir bereit sein, uns auch an die Seite der politischen Flüchtlinge zu stellen. Auch da denke ich an Wunder und an Tragödien. Ich denke an ein zairisches Ehepaar – da war kein Christ, der sich um sie gekümmert hätte. Das Ehepaar wurde ausgewiesen und sofort bei seiner Rückkehr umgebracht. Überläßt man die Flüchtlinge sich selbst, so werden sie mit Sicherheit ausgewiesen. Es ist dringend, sich ihrer anzunehmen, sie aufzunehmen und auch ihnen das Recht zu lassen, wieder einmal Atem zu holen in unserem Land, dessen Ruf als „Insel der Zuflucht" in diesen unseren Zeiten recht fraglich zu werden scheint.

Mit vielen anderen wollen wir uns auch für das Recht auf ein garantiertes Mindesteinkommen einsetzen. Diese Sache macht Fortschritte. Wir glauben, daß man sich um der Menschenwürde willen im Namen des Evangeliums für Mindestgarantien für alle einsetzen muß, etwa für das Recht auf Wohnung für alle. Solange in unseren großen Städten Leute draußen schlafen müssen, während die Allgemeine Erklärung der Menschenrechte von einem Recht aller auf Wohnung spricht, solange müssen wir weiterhin kämpfen. Mit anderen wollen wir uns dafür einsetzen, daß unsere europäischen Länder – um erst einmal nur von ihnen zu sprechen – nicht zu Gesellschaften werden, in denen in zwei verschiedenen „Gängen" gelebt wird – in der Gesellschaft der „Normalen" und der der „Marginalen". Als Christen können wir die modische Losung „Vorfahrt den Gewinnern", „Vorfahrt den Entschlossenen" nicht ertragen. Die Verkehrsordnung des Evangeliums in uns schreit dagegen: Vorfahrt den Ausgeschlossenen, damit die Letzten nicht die Letzten bleiben, sondern die Ersten werden, die Ersten in unseren Vorhaben, in unseren Gebeten, bei der Festlegung unserer Prioritäten. Es ist unsere Aufgabe, den Geist des Evangeliums weiterzuvermitteln.

Danke.

Werkzeug des Friedens

Hildegard Goss-Mayr (Wien)

Die Menschheit als Ebenbild des Dreieinigen Gottes – Urbild und Ziel des Friedenswirkens.
Am heutigen Tag stellen wir uns dem zentralen Kern der Offenbarung des Heils und Befreiungsweges des lebendigen Gottes, seinem Friedensweg, zu dessen Zeugen und Instrumenten er uns berufen hat.

Wir Menschen sind erschaffen als Ebenbild Gottes.
Gott ist Gemeinschaft des Vaters, Sohnes und Geistes, Gemeinschaft gleichwertiger Personen, die EINS sind in Wahrheit, Gerechtigkeit, schöpferischer Kraft, Freude, Harmonie im Bande unermeßlicher sich hinschenkender Liebe. Solches Glück, solche Teilhabe am göttlichen Leben, in Liebe miteinander und mit Gott SEIN, will Gott für uns als Person, als Frau und Mann in Partnerschaft, als Familie, Staat, Rasse, Nation, als Menschenfamilie.

Wir haben diese Liebesbeziehung zerbrochen, wir haben Besitzen-wollen (Gott, die Mitmenschen, die Güter) anstelle des Miteinander-in-Liebe-seins gesetzt. Aus diesem Bruch stammt alles Un-heil: unsere Urangst, unsere Gewalt, Egoismus, Unterdrückung, Haß, Lüge, Krieg ...

Doch Gottes Antwort auf unsere Revolte ist nicht Zerstörung des Menschen; vielmehr enthüllt er darin seine grenzenlose Liebe für jeden Einzelnen und alle. Er beruft ein Volk mit dem Auftrag, Künder und Träger seines Heils und Befreiungsweges in der Geschichte der Menschen zu sein. Schritt für Schritt führt er durch dieses Volk hin zur Überwindung aller Gewalt und Sünde, in Jesus, dem Christus, zur endgültigen Versöhnung, zum erfüllten Leben als Söhne und Töchter Gottes.

Auf diesem Weg des Exodus, des Auszugs des Volkes Gottes aus Sünde und Gewalt, offenbart sich Gott als Emmanuel, als Gott, der mit dem Volk unterwegs ist, als liebende, sorgende, schützende Gegenwart. So hilft er ihm, die Urangst zu überwinden: frei zu werden von Verteidigungshaltungen und -mechanismen; vielmehr zu leben und kämpfen aus der Kraft des Lebendigen Gottes (die Trompeten von Jericho; David und Goliath etc.).

Hildegard Goss-Mayr beim Vortrag.

Im Schalom (Frieden zwischen Menschen, Gott, Natur) kündet und fordert der Lebendige Gott eine erste Stufe der befreienden Liebe: die Nächstenliebe, konkretisiert in der Geschichte einer Volksgemeinschaft. Der Schalom fordert Metanoia, radikale Umkehr des Einzelnen und gleichzeitig radikal neue Beziehungen innerhalb der Gesellschaft. Dieses neue Leben fordert: Bruch mit allem Götzendienst, der Unterwerfung unter Diktatoren, militärische Macht, Reichtum – vielmehr nur den EINEN Gott, Gott der Wahrheit und Liebe anzubeten. Schalom fordert, das Leben des Menschen heilig und unantastbar zu erachten: Du sollst nicht töten! Schalom fordert die vorrangige Option für die Armen und Schwachen in der Gesellschaft sowie gerechtes Teilen der Güter, die Geschenke Gottes an alle sind. Ein Jubeljahr der Vergebung, Versöhnung und Neuverteilung des Besitzes soll in jeder Generation gefeiert werden. Der Schalom der konkreten Nächstenliebe, ein begrenztes und doch ungeheuer forderndes Friedensverständnis, findet seine Ausweitung und Vollendung in Jesus, dem Gottesknecht, der uns eine Dimension der Liebe Gottes schenkt, die allein alle Sünde zu überwinden und Versöhnung und Frieden aufzurichten vermag. Jesus offenbart und verwirklicht diese Dimension.

Die Feindesliebe, die Jesus offenbart, durchbricht endgültig die Spirale der Gewalt und stellt die zerbrochene Einheit der Menschheit wieder her: „Ihr habt gehört, daß gesagt wurde, ‚Aug um Auge, Zahn um Zahn.' Ich aber sage euch: Liebet eure Feinde, tut Gutes denen, die euch hassen ... Überwindet das Böse durch das Gute" (Bergpredigt): Die Einheit der Menschheit ist wieder hergestellt. Auch der Feind, der Übeltäter, der Unterdrücker ist Geschöpf Gottes, von ihm geliebt und befreiungsbedürftig. Deshalb ist jeder Mensch in absoluter Weise zu achten, auch wenn er sich ungerecht und gewalttätig verhält. Der Bruch innerhalb der Menschheit ist in Jesus Feindesliebe überwunden!

Jesus kündet und lebt die einzig wahre und echte Revolution der Menschheitsgeschichte, in dem er uns den radikal neuen Weg echter Unrechtsbewältigung durch die aktive, befreiende, heilende Gewaltlosigkeit kündet und diesen vorlebt. Die Spirale des Unrechts wird durchbrochen, Gewalt wird nicht länger mit Gewalt beantwortet, sondern als Kampfmittel mit aller Entschiedenheit zurückgewiesen. Der Kampf um die Überwindung des Bösen wird aus der Kraft der Wahrheit, der Gerechtigkeit und Liebe als aktiver Angriff auf das Gewissen des Übeltäters geführt, um dieses aufzuschließen, um Umkehr herauszufordern. Das Unrecht wird so aus geistiger Kraft an seinem Ursprung, im Gewissen und Herzen der Menschen überwunden, d. h. an jenem Ort, an dem die Entscheidungen über die Strukturen fallen. Im Hinhalten der anderen Wange, im Beispiel des Mantels und des Lastträgers zeigt Jesus in der Bergpredigt konkrete Beispiele gewaltlosen, befreienden Handelns aus der Perspektive des unterworfenen jüdischen Volkes auf: Aus der Kraft der Wahrheit und Liebe wird der Unterdrückte und der Unterdrücker in den Befreiungsprozeß hineingenommen, um zu neuem Leben, zu Versöhnung zu finden.

Wir wollen von Franziskus, dem größten, gewaltfreien Propheten Europas sprechen, bevor wir uns den drei Dimensionen der Gottesliebe als Weg der Versöhnung zuwenden. Gewalt, Krieg, Machthunger, Materialismus, soziales Elend, sittlicher Verfall kennzeichneten nicht nur die Wende vom 12. zum 13. Jahrhundert, sie kennzeichnen auch jene vom 20. zum 21. Jahrhundert. Franziskus ist Prophet und Friedenszeuge auch für unsere Zeit. Wie kaum ein anderer Christ Europas hat er die Feindesliebe, die aktive Gewaltfreiheit als Kern der Botschaft Jesu erkannt und in seinem persönlichen Leben, wie in der geschichtlichen Situation verwirklicht.

Zwei Beispiele sollen uns helfen, das Friedenswirken des Franziskus für uns fruchtbar zu machen:

a) Inmitten der Kreuzzüge, als die Christenheit überzeugt war, Jerusalem mit Waffengewalt vor dem Islam schützen zu müssen und mit tragischer Brutalität geraubt, zerstört, getötet wurde, bezeugte Franziskus, daß das Evangelium einen radikal anderen Weg weist, den gewaltfreien Weg der geistigen Auseinandersetzung. Waffenlos geht er zu den Kreuzfahrern, um sein Vorhaben mitzuteilen, wird verlacht, verspottet, verjagt. Waffenlos geht er ins Lager des Sultans von Ägypten. Seine offenen Hände, seine Armut und Liebe entwaffnen Angst und Haß: Er führt Gespräche mit dem Sultan, die in der ägyptischen islamischen Tradition bis heute nicht vergessen sind (vgl. Louis Massignon).

b) *Die Geschichte des Wolfes von Gubbio* symbolisiert in prophetischer Weise die Aufgabe des Friedensarbeiters auch für unsere Zeit. Der ungeheuerliche Wolf bedroht die befestigte Stadt. Vom Hunger gequält, überfällt er Tiere und Menschen. Alle Verteidigungsbemühungen der angsterfüllten Bürger sind umsonst: der Wolf wird verteufelt, wird Symbol des Bösen. In dieser Situation wendet man sich an den waffenlosen, den schwachen, den „heiligen" Mann. Franziskus stellt sich der Situation und erkennt sie in ihrem Wesenskern. Er nennt das Ungeheuer bei seinem wahren Namen: „Bruder Wolf", Geschöpf Gottes mit Bedürfnissen, Rechten, Ängsten und Gewalt. Gerüstet mit der Kraft der Wahrheit und Liebe geht er auf das Ungeheuer zu, durchbricht die Kette der Gewalt, knüpft den Dialog an, stellt Gerechtigkeit her. Ein Pakt, der beide Seiten engagiert (der Wolf erhält Nahrung und respektiert das Leben der Bürger), schafft die Möglichkeit, die Angst zu überwinden, das Feindbild abzubauen, ein Miteinander in Frieden zu sichern.

In diesen Beispielen weist Franziskus uns den Weg zu unseren Aufgaben als Werkzeuge des Friedens in unserer Zeit.

- Radikale und permanente innere Umkehr zur Kraft der gewaltfreien Liebe, die unsere Angst überwindet und Gottes Kraft durch uns wirksam macht.
- Franziskus erkennt die Gewaltsituationen und stellt sich ihnen. Dies bedeutet für uns, tiefgreifende, objektive Analysen aller Unrechtssituationen und den Mut, diese öffentlich zu verurteilen, anzuprangern.

- Franziskus zeigt die Nutzlosigkeit, den Irrsinn von Rüstung, Gewalt und Krieg auf und weist sie radikal als „anti-evangelisch" zurück. Er fordert uns auf zu unermüdlichem Einsatz gegen Rüstung, Waffenhandel und Feindbilder, gegen ungerechte Flüchtlings- und Wirtschaftspolitik, zum zivilen Ungehorsam in Situationen, die Menschenrechte schwer verletzen.
- Doch Franziskus ist schöpferischer Friedensarbeiter: Das Feindbild wird von innen her überwunden, Gerechtigkeit hergestellt, so daß Vertrauen und friedliches Leben gelingen kann auf beiden Seiten. Dies ist eine der größten Herausforderungen für Friedensarbeit in Europa heute: an der Schwelle zum geeinten „Klein-Europa" Pionierarbeit für das geeinte „Groß-Europa" leisten. Ost-West-Vergebungs- und Versöhnungsarbeit leisten, damit Partnerschaft und Abrüstung ermöglicht, Europa zur Friedenskraft in der Welt wird, die sich gleichzeitig mit aller Kraft für gerechte Nord-Süd-Beziehungen einsetzt.

„Geh nach Rom, Franziskus!" Unsere Kirchen als aktive Träger der Friedensverantwortung.

Doch Franziskus ist, so wie wir, aufgefordert, die Friedensverantwortung über die kleine Gruppe hinauszutragen. Franziskus zögert, doch hört er auf die Stimme, die ihn drängt, vor Papst Innozenz III., am Höhepunkt kirchlicher Macht, das Zeugnis der Armut und Politik aus der Perspektive der Bergpredigt zu geben.

Politik des Dienstes und der Gewaltfreiheit, über die Jesus mit Nikodemus sprach. Mit Franziskus sind wir uns bewußt, daß die Verantwortlichen in den Staaten und Kirchen nicht umdenken können, wenn das Zeugnis nicht gegeben, der Dialog nicht stattfindet, wenn wir nicht daran glauben, daß unsere Kirchen an ihrer Spitze wie im gesamten Volk zu verantwortlichen Trägern der Friedensarbeit werden können. Mit Franziskus glauben wir, daß unsere Kirchen bereit werden können, Gewaltlosigkeit als vorrangige Option anzunehmen, um die Welt vor Zerstörung zu retten!

In einem Traum, so wird berichtet, sah Franziskus, wie das mächtige Gebäude der Kirche einzustürzen droht.
Da erhebt sich kraftvoll ein Pfeiler, der sich dem Unheil entgegenstellt, gestützt auf die schmalen, scheinbar machtlosen Schultern eines Bettelmönches (vgl. Reinhold Schneider, Innozenz und Franziskus). So

wie damals ist heute eine historische Stunde der Herausforderung für die Kirchen Europas: Werden sie die geistige Kraft finden, sich abzuwenden von der Unterstützung der Gewaltpolitik atomarer Abschrekkung, damit stattdessen eine dialogische, drohfreie Unterstützung in Europa Wirklichkeit werden kann? Deshalb wenden wir uns, wie Franziskus, in fester Glaubenskraft an unsere Kirchen mit dem Appell, eine vorrangige Option für die gewaltfreie Friedensbotschaft Jesu zu treffen und über Erklärungen hinaus sich zu verpflichten, die Friedensarbeit tatkräftig und engagiert zu fördern, so wie die Nachfolger Papst Innozenz' durch päpstliche Bullen die Wehrdienstverweigerer der franziskanischen Laienbewegung schützten und stützten.

Kirchen Europas als Träger des Friedensauftrages Jesu
Ein solches Friedensengagement der Kirchen erfordert in der gesamten Pastoralarbeit die friedensschaffende Kraft der Gewaltlosigkeit Jesu zu verkünden, durch Seminare dem Volk Gottes darin geistige und praktische Erfahrung zu vermitteln und für diese Aufgaben die Mittel zur Ausbildung für hauptamtliche Friedensarbeiter zur Verfügung zu stellen; gewaltfreie Friedensbrigaden beispielhaft in Konfliktgebieten und -situationen einzusetzen und an Hand von Beispielen, wie jenem von Martin Luther King, Gandhi und dem gewaltfreien Widerstand des philippinischen Volkes gegen die Diktatur aus der Kraft des Gebetes, der Feindesliebe und der Einigkeit der gewaltfreien Bewältigung struktureller Gewalt den Weg zu bahnen, und schließlich das gläubige Volk darauf vorzubereiten, schweren Menschenrechtsverletzungen gegenüber zivilen Ungehorsam zu leisten. Wir glauben daran, daß unsere Kirchen wahre Friedenskirchen, „Licht auf dem Berge" werden können, die aus dem Tal des Todes zur größeren Gerechtigkeit, mehr Frieden und Sorgen der Bewahrung der Schöpfung werden können.

Die letzte Dimension der göttlichen Liebe: für den „Anderen" am Kreuz freiwillig den Preis zu bezahlen.
Die letzte Dimension der Liebe Gottes enthüllt uns Jesus bei der Abschiedsrede (Johannes 13–17), am Abend bevor er selbst als Konsequenz seines Sprechens der Wahrheit freiwillig sein göttliches Leben als Preis für die Überwindung der Sünde aller Zeiten hingibt: „Ich gebe euch ein neues Gesetz: Liebet einander, so wie ich euch geliebt habe … Mit derselben Liebe, mit der der Vater mich liebt … Es gibt

keine größere Liebe als die, sein Leben hinzuschenken für die, die man liebt" (und Gott liebt jeden Menschen, Freund und Feind in gleicher Weise). Jesus ruft uns auf, mit der göttlichen Liebe zu lieben, die bereit ist, durch Hingabe des eigenen Lebens den Preis zur Überwindung von Gewalt und Unrecht zu bezahlen, so wie es der Gottesknecht Erzbischof Oscar Romero und Tausende Armer und Unbekannter in der Dritten Welt tun, so wie Hunderttausende russischer Christen durch Opfer und Leiden die geistige Voraussetzung für Glasnost und Perestroika geschaffen haben.

Ohne die Bereitschaft, selbst den Preis für die Überwindung von Unrecht zu zahlen, können wir nicht Werkzeuge des Friedens sein.
Mit Jesus, der in diesem Kampf direkt konfrontiert mit den Mächten des Bösen, Blut schwitzt, wissen wir, daß unser Kampf, so Paulus, „sich nicht gegen Fleisch und Blut richtet", sondern gegen die Mächte und Gewalten des Unheils, die für uns Menschen Versöhnung, Geborgenheit in Gott, Frieden und Gerechtigkeit, Leben als Töchter und Söhne Gottes verhindern wollen.

- Franziskus ist zutiefst in dieses Ringen hineingenommen. An Leib und Seele trägt er seine Spuren. So intensiv trägt er mit Jesus den Kampf gegen Sünde, Gewalt und Leid seiner Zeit, daß das Kreuz Jesu in Wundmalen (Stigmata) aus ihm zu leuchten beginnt.
- Der Unschuldige, der freiwillig den Preis für die Befreiung bezahlt, das Samenkorn, das in die Erde fällt und stirbt, setzt die Kräfte frei, die Umkehr, Neu-werden, stärkere Verwirklichung des Reiches Gottes und mehr Politik aus der Perspektive der Bergpredigt bewirken können.

Unsere Kirchen als befreiende Gottesknechte.
Franziskus ruft uns auf, uns selbst, so wie er es tat, täglich in Frage zu stellen, wie weit wir uns der Gewaltlosigkeit Jesu nähern und bereiter werden, den Preis für das ungeheure Unrecht unserer Zeit zu zahlen: durch Fasten und Gebet in den kontemplativen Gemeinschaften, durch ein wachsendes Zeugnis der Wahrheit, das unweigerlich zur Konfrontation mit den hedonistisch-ausbeuterischen und gewalttätigen Mächten unserer Gesellschaft führt. Solcher Einsatz grenzt aus der Wohlstandsgesellschaft aus, wird zum Kreuz-Weg.

Die Aufforderung Jesu, mit ihm das Kreuz unserer Zeit zu tragen, richtet sich jedoch nicht nur an einige wenige, sondern an das ganze Volk

Gottes, an unsere europäischen Kirchen. So wie zahlreiche Ortskirchen in der Dritten Welt sind auch unsere Kirchen aufgerufen, im Einsatz für Gerechtigkeit, Leben, Abrüstung und Frieden, leidende Gottesknechte zu werden, aus den Sicherungen unserer Wohlstandsgesellschaft herauszutreten, Künder und Kämpfer des Friedensweges Gottes zu werden. Nur dann, wenn wir als europäisches Volk Gottes bereit werden, das Kreuz des Friedenswirkens auf uns zu nehmen und für die Überwindung der Todeskräfte unserer Zeit zu leiden, können wir für unsere Kinder und die künftigen Generationen menschenwürdiges Leben zurückgewinnen; Leben, das wir in tausendfacher Weise ihnen verweigert und zerstört haben.

Die Frucht der gewaltfreien Liebe: Vom Tod zur Auferstehung des neuen Gottesvolkes.
Jesus starb in äußerster Verlassenheit am Kreuz. Franziskus' Experiment mit der radikalen Liebe Gottes schien am Ende seines Lebens gescheitert. Doch Jesus konnte nicht im Tod bleiben. Durch seine Treue zu der sich hinschenkenden Liebe des Vaters überwand er Sünde und Tod, versöhnte er die Menschheit mit Gott und pflanzte das neue Reich Gottes der Gerechtigkeit und Liebe in die Welt ein. Auch Franziskus' radikale Armut und Liebe in der Nachfolge Jesu war unbesiegbar. Als Prophet der immer wieder versuchten Neugestaltung Europas aus der Tiefe der Gewaltlosigkeit Jesu ist er lebendig mitten unter uns, um uns in dieser entscheidenden Stunde Europas den Weg zu weisen.

Hildegard Goss-Mayr nach Assisi:
„*Assisi '88 war ein sehr entscheidendes Treffen, das die Engagierten der verschiedenen christlichen Friedensbewegungen in einer breiten Friedensökumene zusammenführte. Diese Bindung ist im Wesentlichen erhalten geblieben und ist Stütze und Ermutigung in schweren Zeiten in unseren Kirchen wie in der Weltpolitik und Weltverantwortung.*"

Erstgeborene der ganzen Schöpfung

Pierre Parodi (Le Bousquet d'Orb)

Brüder und Schwestern, wie andere vor mir, so möchte auch ich meine Freude darüber zum Ausdruck bringen, an einem solchen Treffen teilnehmen zu können, bei dem sich Christinnen und Christen aus allen Konfessionsfamilien vereinen, um miteinander zu beten, nachzudenken und zu handeln. Wenn wir miteinander eins werden, beschenkt uns der Geist mit seinen Gnadengaben, damit wir uns gegenseitig an ihnen Anteil geben und sie voneinander empfangen.

Man hat mich gebeten, eine theologische Einführung zum Thema dieses Nachmittags zu geben: „Der Erstgeborene der ganzen Schöpfung".

Zwar bin ich kein Theologe, aber die Gruppe, der ich angehöre, hat sich mit Lanza del Vasto, einem christlichen Schüler Gandhis, seit über vierzig Jahren auf die drei Anliegen verpflichtet, die uns hier zusammenführen.

Diese Themen bilden eine unauflösliche Einheit, und es ist wichtig, daß sie miteinander behandelt werden. Das Universum – sein Name deutet es an – ist eines. Diese Einheit hat ihren Ursprung in dem Wort, das es geschaffen hat: „... durch welches alles gemacht ist, und nichts von dem, was gemacht ist, ist ohne es gemacht" (Joh. 1,3). Zerstört man einen Teil dieses Ganzen, so hat das Ganze miteinander die Folgen zu erleiden. Alles ist miteinander verbunden: die mineralische Dimension, die pflanzliche und die der Tiere sowie die des Menschen. Wird der Mensch durch Strukturen der Unterdrückung und der Ungerechtigkeit zunichte gemacht, so wird das schließlich die gesamte Erde berühren; die Vernichtung des Pflanzlichen und der Tiere führt schicksalhafterweise zur Vernichtung der Menschheit.

So gibt es im Universum eine Einheit des Ursprungs, eine Einheit des Endes, eine Einheit der Struktur, des Sinns und des Wertes: Franz von Assisi schaute die gesamte Schöpfung als Symbol des Fleisch gewordenen Gottes, als Fingerzeig auf ihn hin.

Man kann nur darüber staunen, wie diese Einheit im „Sonnengesang" zum Ausdruck kommt, den wir alle kennen. Von ihr spricht gleichermaßen das folgende schöne Gedicht Gregors von Nazianz:

> … Alle Wesen sind da, um dich zu feiern –
> die mit Sprache begabten ebenso wie die stummen.
> Alle bringen sie dir Ehrerbietung dar –
> jene, die denken, und jene, die ohne die Gabe des Denkens sind.
> Das all-eine Verlangen, das Seufzen aller
> richtet sich auf dich.
> Alles Existierende betet dich an und betet zu dir,
> alles Seiende, das dein Universum entziffern kann,
> läßt eine Hymne des Schweigens zu dir sich erheben.
> Alles Bleibende bleibt alleine in dir.
> Alle Bewegung des Universums bricht sich in dir.
> Denn alles Seienden – bist du Ziel.
> …

Wie Franziskus und wie Gregor von Nazianz es erspürt haben, besteht die Einheit also auch im dargebrachten Lob. Jegliches Wesen vereint sich – auf seiner Ebene und seiner Natur entsprechend – mit dem schönen Wort der Clara von Assisi in ihrer Todesstunde: „Wie ich dich lobpreise, Herr, daß du mich geschaffen hast!"

Ich möchte Ihnen in Einfalt etwas von den Quellen mitteilen, aus denen sich unser Geist speisen läßt, und dabei vor allem auf zwei prophetische Gestalten zu sprechen kommen: Noah und Johannes den Täufer.

Sie wurden Sprachrohr Gottes, um die Menschen zu warnen und die Schöpfung zu retten, der eine von der Katastrophe des Wassers, der andere von der des Feuers. Ihr Ruf ist universell und durchtönt die Jahrhunderte, klingt in verschiedenen Traditionen auf und bewegt das Gewissen aller bis zu uns heute und hier.

Danach werde ich von zwei exemplarischen Zeugen sprechen, die im Verlauf der Menschheitsgeschichte eine Antwort auf das Rufen jener Propheten und ihres Herrn gefunden haben. Von welcher Großmut zeugt ihre Antwort! Der eine befindet sich in der christlichen Tradition: Franziskus von Assisi; der andere findet sich unter den Nichtchristen: Mohandas Gandhi.

Die gesamte Schöpfung – die materielle, unbeseelte Welt ebenso wie die der Lebewesen – wird in die Verherrlichung einbezogen werden, die der menschliche Leib im auferstandenen Christus erfährt (Röm. 8,29), des „Erstgeborenen unter allen Geschöpfen" (Kol. 1,15). Dann werden „ein neuer Himmel und eine neue Erde" sein, „in denen

Gerechtigkeit herrscht" (2. Petr. 3,13). Das ganze Universum ächzt in den Schmerzen dieser Niederkunft (Röm. 8,22).

Christus gleichgestaltet zu sein, das bedeutet für uns auch, an seinem Erstgeburtsrecht teilzuhaben; wir können uns also als die älteren Geschwister der anderen Geschöpfe betrachten, die ihnen gegenüber eine „Autorität" besitzen. Wir haben ihnen Wachstum zu ermöglichen (Autorität kommt von „augere", wachsen lassen), sie zu beschützen, für ihre Schönheit Sorge zu tragen. Sie sind uns anvertraut worden, daß wir für ihr Wachstum einstehen, nicht aber ihre Zerstörung zulassen.

Franz von Assisi betrachtete alle Geschöpfe als Brüder und Schwestern; denn sie haben mit ihm gemeinsam:
– den Ursprung,
– die Gabe der Existenz und des Ziels,
– die Tatsache, Abbild Christi zu sein.

Wie die Erde an der Herrlichkeit des Erstgeborenen teilhaben wird, so unterliegt sie jedoch auch den Folgen der Sünde (Gen. 3,17).

Die Genesis zeigt uns, wie das anwachsende Übermaß an Ungerechtigkeit, Unordnung und Gewalttat dazu führt, daß die Erde und alles, was auf ihr lebt, von der Sintflut verschlungen werden.

Auch diejenige Vernichtung, die wir heute konstatieren, steht in direktem Zusammenhang mit der – individuellen oder kollektiven – Sünde, mit der Sünde „dieser" Welt, der Welt, die im Geist der Habsucht, der Machtgier und des Profits besessen ist. Diese Sünde leitet sich unmittelbar von der Ursünde her, sie nimmt sichtbare Gestalt an in den Strukturen aller Zivilisationen, und wir sind dermaßen in sie eingetaucht, daß sie uns geradezu unbewußt geworden ist – es bedarf eines Offenbarungsgeschehens, wenn wir sie wahrnehmen sollen. Es geht dabei auch nicht einfach um eine moralische Verfehlung, ist sie doch zunächst eine Sache der Gerechten, der ehrenwerten Leute mit reinem Gewissen; sie sind es – wir sind es, an die sich die Fragen zuerst richten sollten.

Wir, die Gerechten, sind es, die die Privilegien des Wissens, der Macht und des Reichtums aufhäufen, und wir verteidigen sie erbittert mit Waffengewalt und um den Preis von Millionen geopferter Menschenleben, immer in dem Gedanken, es handle sich um nichts als die rechtmäßige Selbstverteidigung oder einen gerechten Krieg. Die ungeheuerlichen Summen, die für nichts als die Bereitstellung solcher mörderischer Systeme veruntreut werden, fügen den Armen Schaden in einer Weise zu, die nicht hingenommen werden darf und fehlen für die Verwirklichung der Maßnahmen, die für die Erhaltung der Schöpfung erforderlich wären.

Besitz, Herrschaft und Rüstung sind drei Abgötter geworden, die immer miteinander erscheinen, sich gegenseitig stützen und ständig voranschreiten unter der Maske der Legalität, der Moral und zuweilen auch der Religion. Sie sind Mammon, Moloch und Belial, aber sie tragen die Hörner des Lammes.

Aber das ist noch nicht alles. Wie es zu Noahs Zeiten war, so erhebt sich unsere Zivilisation über uns wie eine Sintflut:
– Millionen von Menschen, Erwachsene und Kinder, sterben Jahr um Jahr an den Folgen von Ungerechtigkeit, Elend, Krankheit und Krieg;
– mit immer geringerem Abstand voneinander sterben Tier- und Pflanzenarten aus: Zu Beginn unserer Zeitrechnung handelte es sich um eine Art auf tausend Jahre, zu Beginn des Jahrhunderts verschwand eine Art alle hundert Jahre, in den fünfziger Jahren war es eine Art auf zehn Jahre, heute stirbt jedes Jahr eine Art aus.
– Die Wüsten breiten sich aus, die Wälder sterben, Luft und Gewässer verderben.
– Die großen Städte wie Henoch (Gen. 4,17) werden immer zahlreicher.

Ja, die Sintfluterzählung berichtet auch unsere eigene Geschichte, und die Wege des Heils, die uns angeboten werden, sind dieselben wie die damals verheißenen.

Gott in seiner Fürsorglichkeit schlägt dem Menschen einen Bundesschluß nach dem anderen vor, um Menschen und Gesamtschöpfung zu retten. Vor einem jeden dieser Bundesschlüsse beruft er einen Propheten, der die Menschen ermahnt und der den Weg des Heils bereitet und aufzeigt. Gott seinerseits schiebt die Katastrophe, die natürliche Folge der Sünde, auf und verzögert sie, um den Menschen Zeit zur Umkehr zu lassen (2. Petr. 3,9).

So wird vor dem den Kosmos betreffenden Bundesschluß und der Sintflut Noah berufen, der „Prediger der Gerechtigkeit" (2. Petr. 2,4), der den Auftrag erhält, das Leben zu beschützen. So ist es vor dem Neuen Bund, da „schon die Axt dem Baum an die Wurzel gelegt" ist und es schon entschieden zu sein scheint, daß der Baum ins Feuer geworfen werden soll, Johannes der Täufer, der „den Weg der Gerechtigkeit lehrt" (Matth. 21,32), der die Buße predigt, zum Miteinanderteilen aufruft und die Wege des Herrn bereitet.

Der erstere empfing die Verheißungen der Treue Gottes, der seine Schöpfung durch die Gesetze des Kosmos erhalten will, Verheißungen, die allen Menschen und allen Zeiten gelten sollen.

Dem letzteren wurde die Gnade zuteil, denjenigen im Namen der Gesamtheit der Menschen zu empfangen und ihn zu taufen, durch den und in dem die gesamte Schöpfung erneuert werden wird.

Beide praktizieren die Gastfreundschaft im tiefsten Sinne des Wortes: Noah nimmt in der Arche die ihm Anbefohlenen auf, die sich retten lassen wollen, ohne zu richten oder auszuwählen – und auch die Tiere, reine ebenso wie unreine. Johannes der Täufer nimmt im Namen und in Stellvertretung aller Menschen den auf, der „zu den Seinen kam, aber die Seinen nahmen ihn nicht auf". Denen jedoch, die ihn aufnahmen – oder denen, die „einen von diesen Geringsten" aufnahmen, wird es gegeben, Kind Gottes zu werden.

Was die Propheten ankündigten – die drohende Vernichtung durch die Sintflut des Wassers oder die des Feuers – erscheint uns aktueller denn je. Dasselbe gilt für die Forderungen, die sie mit höchster Dringlichkeit vorbrachten: daß alle ihr Leben ändern und sich im Rahmen der von Gott gestifteten Bundesschlüsse neu auf Gott einlassen. Von den Propheten, diesen unseren älteren Brüdern, werden alle Menschen inständig um einen ersten Schritt gebeten, um ein Zeichen des guten Willens: für die Gerechtigkeit Zeugnis abzulegen, mit den Enterbten zu teilen, den Fremden zu beherbergen und sich gegenseitig aufzunehmen, Umkehr zu tun – das heißt: sich von den Irrtümern abzuwenden, von der verrückten Jagd nach Reichtum und Macht, in der Stille, in der Wüste die Quelle des Lebens zu suchen und sich wieder Gott, dem Herrn, zuzuwenden – und Archen des Friedens zu bauen, die aus Männern und Frauen bestehen, die geeint sind durch die Bande des gegenseitigen Sichdienens, des Miteinanderteilens und des gemeinsamen Lobes, die also Stätten schaffen, an denen die Schöpfung und das Leben Schutz genießen.

Schreiten wir voran auf diesem Wege, wer wir auch seien und welcher Art auch unser Glaube sei – der Erstgeborene und Herr der ganzen Schöpfung wird seiner Verheißung treu sein, er wird uns erscheinen, um uns zu begegnen, er wird sich unser annehmen, und so werden sich trotz unseres Ungenügens und unserer Schwachheit für alles neue Möglichkeiten auftun.

Zum Abschluß meines Beitrags möchte ich zwei Zeugen anführen, die sich im Verlauf der menschlichen Geschichte auf jenen Wegen der Gerechtigkeit und des Schutzes für das Leben mehr als andere vorangewagt haben: Franziskus von Assisi und Gandhi.

Vom ersteren brauche ich nicht viel zu sagen; er ist uns zumal in dieser Versammlung hier vertraut. Ohne Zweifel hat er im Blick auf die Themen, die uns heute hier zusammenführen, besser als irgend jemand sonst die Botschaft in die Tat umgesetzt. Durch sein Einssein mit Christus in der Nachfolge wurde er in denkbar gänzlicher Weise der gesamten Schöpfung ein älterer Bruder.

Vom letzteren möchte ich dies sagen: In großer Kraft und in großer Demut zugleich hat er uns gezeigt, welche Mittel wir im Kampf für die Gerechtigkeit verwenden können, wenn es uns darauf ankommt, dem Leben und der Schöpfung Schutz zu bieten. Darin liegt eine umfassende Antwort auf die drei Themen unserer Versammlung. Es handelt sich um den gewaltfreien Kampf, den er „satyagraha" – Kraft der Wahrheit – nennt und der exakt dem entspricht, was Paulus im 2. Korintherbrief (6,7) als „die Angriffs- und Verteidigungswaffen der Gerechtigkeit" bezeichnet. Alle Begriffe, die der Apostel zu ihrer Definition benutzt, finden ihre Abbildung im Leben und in den Kämpfen Gandhis: das Wort der Wahrheit, die Beständigkeit in den Anfechtungen, Fasten, Schläge, Gefangenschaft, Lauterkeit und so weiter. Dieser Waffen, sagt Paulus, gilt es sich zu bedienen, wenn man sich der Kraft der Versöhnung zur Verfügung stellen will, die von Gott ausgeht.

Im Blick auf alles das hat uns Gandhi für unsere Epoche aufgezeigt, daß sich hierin ein gangbarer Weg auftut, welche Werte in ihm wirksam werden und daß auf diesem Weg etwas Konkretes auszurichten ist. Warum dann leugnen wir Christen unseren Glauben an die Verheißungen Gottes, warum setzen wir unser Vertrauen in Terrorwaffen, die die gesamte Erde mit einer Feuersintflut bedrohen?

Gandhi legte von Wahrheit und Gerechtigkeit Zeugnis ab. Er lebte in einer immer neuen Bewegung der Umkehr. Er arbeitete für das gegenseitige Sichaufnehmen von Hindus und Muslims. Er weigerte sich, sich irgend jemand gegenüber abzuschließen und auszugrenzen. Er führte ein Leben der Einfachheit. Er engagierte sich an der Seite der Armen und Enterbten. Er war von tiefer Ehrfurcht vor allem Leben und vor der Schöpfung erfüllt. Er hat schließlich sein Leben gegeben.

So ist er einer von denen geworden, die nach Johannes dem Täufer und Franziskus von Assisi die Wege des Herrn bereiten.

So könnten wir in allen Traditionen ältere Brüder und Schwestern entdecken. Wenn wir ihr Wort vernehmen und ihr Leben betrachten, gewinnen wir eine vertrauenswürdige Grundlage für geschwisterlichen Austausch und für die gemeinsame Verpflichtung für die Bewahrung der Schöpfung und die Verteidigung der Gerechtigkeit auf dem Weg der Gewaltfreiheit.

Möge es uns gegeben werden, in Gemeinschaft mit unseren Kirchen Schritt um Schritt auf jenem Weg der Gerechtigkeit voranzugehen, auf dem der Erstgeborene uns mit seiner Kraft antun will, in der wir den einzigen wahrhaft gerechten und heiligen Kampf führen werden und auf dem uns das Geschenk des Friedens und der Freude erwartet.

Unsere äußere und innere Verfassung
Rosemary Lynch (Las Vegas)

(Sr. Rosemary, Franziskanerin, arbeitete viele Jahre in der Leitung ihrer Ordensgemeinschaft und in der vatikanischen Kommission „Justitia et Pax". Seit 1977 lebt sie in einem Armenviertel in Las Vegas und gründete 1984 die „Nevada Desert Experience", eine Organisation des gewaltfreien Widerstands gegen das seit 1945 bestehende Atomwaffen-Testgelände „Nevada Test Site" in der Wüste von Nevada, 120 km nordwestlich von Las Vegas.)

Ich habe diesem Vortrag zwei Titel gegeben: 1. „Unser kleiner leuchtender blauer Planet" – das ist der romantische Name. Der eigentliche Titel heißt: „Die Schöpfung und unsere geistige Verfassung".

Wenn ich von unserer geistigen Verfassung oder unserem seelischen Zustand spreche, dann möchte ich keinen Gegensatz zwischen Körper und Geist behaupten. Ich denke, ihr werdet verstehen, was ich ausdrücken möchte.

Als die Astronauten vom Weltall aus zum allerersten Mal unsere Erde sahen, da erschien sie ihnen wie eine leuchtende blaue Kugel in der gähnenden Leere und Dunkelheit des Alls. Und das einzige, was sie sagen konnten, war: „Wie schön ist sie!"

Aber wenn wir uns diesem erstaunlichen Wunder von Leben und Energie nähern, entdecken wir viele traurige Szenen. Ich möchte nicht nochmal alles aufzählen, was bereits erwähnt wurde, aber wir haben z. B. weitverbreitete atomare Strahlung. Bevor die Amerikaner 1945 damit begannen, Atombomben einzusetzen – denken wir an die Gedächtnisfeier des Jahrestages von Nagasaki gestern Abend –, war das unvorstellbar. Außerdem gibt es neue, bösartige Krankheiten, die das menschliche Immunsystem angreifen, und ich frage mich, ob sie nicht auch unser geistiges „Immunsystem" zerstören. Wir haben gleichzeitig eine ungeheure Verschwendung menschlicher Talente zu verzeichnen, menschlicher Entfaltungskraft. Und zugleich steckt die Jugend überall in der Welt in einer Krise. Viele Menschen sind aufgrund des Analphabetismus von jeder Entwicklung ausgeschlossen. Und dann wissen wir auch vom Tod des Öko-Systems.

Aber gleichzeitig finden wir überall bewußt lebende, sensible Menschen, die wegen ihrer Einsichten beginnen, darüber nachzudenken, wie angesichts dieser Situation Abhilfe geschaffen werden kann. Ich denke, unser Treffen hier ist ein wunderbarer Beweis dafür.

Ich würde sagen, in unserem – vielleicht sollte ich mich beschränken und sagen, in meinem korrupten Land haben wir unsere Heiligen und unsere Propheten, – und wie sehr gebrauchen wir sie! Wir brauchen unsere Dichter. Vor kurzem beggenete ich einer liebenswürdigen jungen Dichterin namens Caroline Farshey, die in El Salvador mit den vier amerikanischen Kirchenfrauen zusammenarbeitete, die später ermordet wurden. Und sie kannte auch Monsignore Romero. Sie verließ El Salvador damals kurz vor seinem Tode, und sie besuchte ihn ein letztes Mal mit der Frage, was er ihr raten würde, was sie nach ihrer Rückkehr nach Amerika tun solle, und er sagte: „Oh, schreiben Sie weiterhin Gedichte!"

Wir brauchen unsere Philosophen und Denker, und wir brauchen Heilige, wir brauchen Menschen mit dem Geist des Heiligen Franziskus von Assisi. Wir haben in diesen Tagen soviel über Franziskus gesprochen, und ich muß immer wieder an dieses großartige kosmische Verstehen denken, das ihm eigen war, und wie die Pflanzen und die Tiere ihn umgekehrt auch verstanden. Die Tiere verstanden ihn nicht, weil er ein großer Zoologe gewesen wäre, und das war auch nicht der Grund, weshalb er sie verstehen konnte. Ebensowenig war er ein großer Botaniker und Astronom. Er war ein Heiliger, er war ein heiliger Mensch, und das ist der Grund.

In den frühen siebziger Jahren sagte der „Club of Rome" bevorstehende Katastrophen voraus, große Hungersnöte, große Überschwemmungen etc. Aber später korrigierten sie ihre Meinung und sagten, all das sei Teil ein- und desselben Phänomens, des modernen Lebensstils. So müssen wir vielleicht diesen genauer ins Auge fassen. Ich möchte euch ein Beispiel nennen: Ich lebe in dem Land „Neve Segovia". Vielleicht habt ihr noch nie von diesem Land gehört. Es ist fast identisch mit dem heutigen Bundesstaat Nevada im Südwesten der USA. „Neve Segovia" ist der ursprüngliche Name des Landes der Chochoni-Indianer, die immer noch einen gültigen, legalen Besitzanspruch auf dieses Land haben. Das Wort bedeutet „Mutter Erde". Der Stamm der Western-Chochoni ist nicht sehr bekannt. Er ist weniger bekannt als die Apachen oder die Sioux. Es war kein kriegerischer Stamm. Und deshalb war er wahrscheinlich auch nicht so bekannt. Dieser Stamm betrieb Landwirtschaft.

Und im Norden dieses Landes, das jetzt „Nevada" heißt, gibt es wunderschöne Berge und Flüsse, die im südlichen Teil dieses Landes in eine große Wüste münden. Dort lebe ich mit anderen Franziskanern. Dieses Gebiet ist umringt von Bergen. Es ist nicht so eine Wüste wie die Sahara. Unsere Wüste hat auch sandigen Boden. Aber er ist bedeckt mit wunderbaren Pflanzen, Kakteen, Moos, Fetthenne – ein Strauch mit fettigen Blättern, Salbei, eine lieblich aromatische Pflanze und alle möglichen Arten wirklich aufregender Pflanzen. Einige haben sogenannte „Wachstumshemmer". Sie entwickeln sich nur dann, wenn sie zu einer ganz bestimmten Zeit Wasser erhalten. Sie können jahrelang ruhen, und wenn es zur rechten Zeit regnet, wie in diesem Jahr, dann blühen sie auf. In diesem Jahr habe ich seit vielen Jahren zum ersten Mal wieder den Kaktus gesehen, der nur in der Nacht blüht. Es ist eine aufregende Pflanze! Die Blüte öffnet sich in der Nacht. Und dann mußt Du dasein, denn morgens ist die Blüte nicht mehr zu sehen.

Ich gehöre zu den Menschen, die nie aufhören, sich darüber zu wundern, wie die Sonnenblume ihr Gesicht immer nach der Sonne dreht. Das sind herrliche Wunder!

In der Wüste ist unsere Schwester Wasser ziemlich unberechenbar. Es gibt viele unterirdische Quellen und Flüsse. Aber wenn es regnet, dann ballt sich die Kraft des Wassers zusammen und überschwemmt die Wüste und erzeugt Schwemmland, das etwas gefährlich sein kann.

Dort leben alle möglichen Tiere, kleine Füchse, Coyoten, Kaninchen, alle möglichen Reptilienarten, es ist wirklich eine lebende Wüste.

Bei uns in der Nähe gibt es ein Gebiet, das heißt „Iaka-Berge". Es ist ursprünglich der Friedhof der Western-Chochoni. Für sie ist dieser Ort heilig. Und es ist auch das Gebiet, in dem viele ihrer Heilpflanzen wachsen. Aber nicht dieses Land „Neve Segovia" gehört den Western-Chochoni, sondern sie sagen: Unser Land ist das einzige, zu dem wir gehören. Ebenso wie die übrigen nordamerikanischen Indianerstämme vertreten sie die Auffassung, daß alles Geschenk ist, die Luft, das Wasser, das Land. Alles ist Geschenk. Sie verstehen nicht, wie wir die Dinge kaufen und verkaufen können. Wir benutzen Begriffe wie „Allgemeingut", aber sie verstehen das in einem sehr tiefen Sinn. Es ist für sie ein natürliches Prinzip. Alle Segenswünsche dieser Menschen schließen die Natur ein. Sie segnen sich mit den Himmelsrichtungen, mit duftendem Weihrauch, der aus Pflanzen und Blättern hergestellt wird, die sie in der Wüste sammeln.

Sie sind auch im Besitz eines Vertrages, des Vertrages von „Ruby Valley" von 1863. Dieser Vertrag beinhaltet, daß die USA die Western-Chochoni als rechtmäßige Eigentümer des Landes anerkennen.

Aber der Grund, warum ich das alles euch heute erzähle ist, daß dieses Land jetzt zum großen Teil als „Nevada Test Site" genutzt wird. Es ist der Ort, an dem die Vereinigten Staaten, meiner Meinung nach illegal, Land beschlagnahmt haben, um dort ihre Atomwaffen zu testen.

Dieses Testgelände ist für mein Empfinden eine Art Beleg für die Krise jener Systeme, die zur Zerstörung von Tieren, Pflanzen und auch Menschen führen, – all die Dinge, über die wir gesprochen haben.

Wenn ich überlege, wie viele Dollars dort jährlich ausgegeben werden, dann denke ich, all dieses Geld wird den Armen gestohlen. Das ist in unserem Land so und sicherlich auch in anderen Ländern. Diese Dollars sind gestohlen. Und soweit es den Frieden betrifft, bin ich sicher, daß die Atomwaffentests der Motor sind, der den Rüstungswettlauf in Gang hält. Wenn wir ein umfassendes Atomwaffentest-Verbot erreichen könnten, das vertraglich festgelegt wird, dann wäre das ein konkreter politischer Schritt zur Abrüstung.

Wenn man über die Bewahrung der Schöpfung nachdenkt, dann kann man den Schaden kaum noch ermessen, der hier der „Mutter Erde" angetan wurde. Dieses Land ist die wahrscheinlich am meisten verletzte Stelle dieser Erde. Sie mußte mehr als 700 Atomexplosionen erleiden, – stellt euch vor, was das heißt! In den fünfziger Jahren wurden die Atombomben in der freien Luft gezündet. Die Radioaktivität strömte in die Atmosphäre, der Atompilz stieg auf, die atomaren Teilchen verteilten sich über hunderte und tausende von Kilometern. Die Auswirkungen für Menschen, Tiere und Pflanzen waren fürchterlich. Damals wechselten die Vereinigten Staaten mit den Atomwaffen-Versuchen zwischen der Nevada-Wüste und dem Pazifik ab. Dort gibt es Inseln, die einmal wunderschöne tropische Inseln waren, mit blauem Wasser, Palmen, gesunden Bewohnern mit einfachem Lebensstil. Einige dieser Inseln sind heutzutage für immer tot. Für immer!

Weil den USA dieses Testgelände zur Verfügung stand, konnten sie fortwährend neue Bomben entwickeln und ausprobieren, verbessern und sie immer schneller und perfekter konstruieren. Und das geht weiter. Kürzlich erst gab es vier Atomtests in einer Woche! Die Vergiftung des Bodens ist sehr schlimm. Es gibt Gebiete in dem Nevada-Testgelände, insbesondere ein Gebiet, – ich habe das von dem verantwortlichen Leiter des Testgeländes selbst gehört – das für immer und alle Zeit unter Bewachung bleiben muß. Man kann nicht absehen, ob das Gebiet jemals wieder unbewacht bleiben kann. Kein menschliches Wesen kann diese Stelle jemals wieder betreten, so sehr vergiftet ist es mit Plutonium. Die Opfer sind zahlreich. Die Opfer sind Tiere, Pflanzen und die Menschen. Es gibt Ärzte, die glauben, daß das menschliche Erbgut irreparable Schaden erlitten hat. Ich frage mich, wieviel geistige und psychologische Schäden es gibt. Die Ideologie ist unverändert. Die Grundgedanken werden nicht in Frage gestellt. Die Verschmutzung der Schöpfung Gottes führt zu einer Verschmutzung unseres Geistes.

Um das Testgelände aufrecht zu erhalten, brauchen wir einen Feind, wir brauchen unser leistungsbesessenes, chauvinistisches Erziehungssystem, wir müssen eine zerstörerische Einstellung haben, eine Einstellung des Herzens und des Geistes, die uns zutiefst entmenschlicht. Uns werden verzerrte Feindbilder gezeigt, damit Verbrechen leicht befohlen und befolgt werden können. Wir alle wissen über den Vietnam-Krieg Bescheid. Es gibt immer noch unauslöschliche Bilder von diesem Krieg: Ein kleines Kind, von Napalm verbrannt, läuft nackt aus einem brennenden Dorf davon. Das sind, so möchte ich sagen, Sünden, derer wir uns noch nicht angeklagt haben.

Jetzt möchte ich für einen Augenblick zur Wüste zurückkehren. Sie birgt so viele aktuelle und symbolische Bedeutungen. Sie ist ein Ort des Hungers und des Überflusses einerseits, aber sie ist auch ein Ort der Wildnis und Furcht. Jesus versteckte sich in der Wüste. Oft war sie ein Ort, an dem Neues zum Durchbruch kam. Und das ist unsere große Hoffnung für unsere Wüste in Nevada. Es war immer ein Ort der Reinigung und Freude für viele Menschen, und ich muß sagen, für mich trifft das sicherlich auch zu. Vor allem war die Wüste schon immer ein Ort der Prüfungen (Tests). Heute wird mein Land geprüft und vielleicht auch andere Länder. Vielleicht werden wir als Individuen getestet. Die frühen Kirchen-Mütter und -Väter wurden dort geprüft und aus diesen Prüfungen erwuchsen große Zeugnisse der frühen christlichen Kirche von der Schönheit des Lebens. Die große Versuchung Jesu fand statt, als Satan ihm alle Königreiche dieser Erde zeigte und sagte: „All dies soll dir gehören, wenn du auf die Knie fällst und mich anbetest." Und heute erleiden wir genau dieselbe Versuchung. Auch wir können alle Königreiche dieser Erde besitzen mit unserer Bombe. Aber der Preis ist sehr hoch. Wir müssen die Idole anbeten, die Pierre Parodi erwähnte. Er sprach von dem verrückten Jagen nach Besitz und Macht. Und ich habe aufgeschrieben: ... die alte klassische Versuchung von Stolz, Macht und Herrschaft, – die Herrschaft über alles Leben. Und nun greifen wir sogar nach den Sternen, nach dem Weltall, in dem unser kleiner leuchtender Planet schwebt.

So sieht unsere große Versuchung aus; aber die Frage ist, ob wir die schrecklichen Wunden, die unserer Mutter Erde zugefügt wurden, heilen können. Der Psychologe Rollo May sagte: „Zuallererst müssen wir uns unserer Mitschuld bewußt werden. Wir sind angewiesen auf Gnade." Im Lateinischen klingt dieses Wort wunderbar: Misericordia, mit „cor" in der Mitte, dem Begriff für „Herz". Dies Bewußtsein unserer Mitschuld kam man in zweierlei Richtungen betrachten: einmal die Mitschuld an der Sünde, aber auch die Mitschuld der gesamten Natur gegenüber, die versucht, alles wieder gutzumachen. Wenn uns diese „Misericordia" bewegt, wird sie uns menschlicher machen und vielleicht uns retten können.

Seit elf Jahren habe ich das große Privileg, in der Wüste von Nevada zu arbeiten. Wir haben viele Stunden im Gebet und mit Fasten verbracht, und wir haben in der Wüste unsere Umkehr gesucht. Ich glaube, was immer unsere Wüste sein mag, wir haben unsere Symbole der Hoffnung dort. Ein Hoffnungszeichen für uns in der Wüste von Nevada war das Pflanzen von Kakteen. Die Wüste hat bereits viele Kakteen, und manchmal waren wir versucht, einfach einen Kaktus zu verpflanzen und in unseren Garten zu setzen. Wir haben dieser Versuchung widerstanden und haben statt dessen einen Kaktus im Gewächshaus gekauft und ihn in die Wüste gepflanzt. Es ist unsere Sprache, mit der wir der Mutter Erde sagen möchten: „Es tut uns so leid", und auch: „Wir glauben an das Leben, wir glauben an die Hoffnung!"

Wir glauben an Heilung.
Wir glauben an Vergebung.
Wir glauben daran, daß alles Leben miteinander verbunden ist.
Wir glauben an die unzertrennbare Einheit von Vergangenheit,

Gegenwart und Zukunft, von Höhen und Tiefen der gesamten Menschheitsfamilie, des gesamten Universums, des ganzen Kosmos.

Und mit dieser Hoffnung gehen wir von dieser Konferenz weg. Ich danke euch allen von Herzen!

Die Auslandsverschuldung Brasiliens

Dom Claudio Hummes (São Paulo)

Es wird auf der Welt keinen Frieden geben, bis das Problem der Gerechtigkeit zwischen Nord und Süd gelöst ist. Mit gutem Grund hat sich Europa – in seiner Sorge um den Frieden in der Welt – immer sehr um die Beziehungen zwischen Ost und West gekümmert, wo sich die beiden Supermächte – USA und UdSSR – gegenüberstehen. Jedoch wächst momentan weltweit die Gewißheit, daß es nicht genügt, die Beziehungen zwischen Ost und West zu regeln, um den Weltfrieden zu sichern. Wie gut auch immer die persönlichen Beziehungen zwischen Reagan und Gorbatschow sein mögen, wenn das Nord-Süd-Problem nicht auch geregelt wird, bleibt der Friede unerreichbar fern. „Friede ist die Frucht der Gerechtigkeit." Das Nord-Süd-Problem ist grundsätzlich eine Frage der Gerechtigkeit.

Wie Papst Johannes Paul II. in Puebla sagte, geht es um die Tatsache, daß „die Reichen immer reicher und die Armen immer ärmer werden" (Eröffnungsansprache III,3). Das ist das eigentliche Problem zwischen Nord und Süd, und somit auch ein zutiefst ethisches Problem. Der Papst ging sehr ausführlich in seiner wichtigen Botschaft zum Welttag des Friedens, am 1. Januar 1986, auf dieses Thema ein.

Die Auslandsverschuldung der Dritte-Welt-Länder ist zum deutlichsten Kennzeichen der ungerechten Beziehungen zwischen Nord und Süd geworden. Über dieses Schuldenproblem möchte ich ein wenig mit Ihnen reflektieren. Zunächst wollen wir den Ursachen dieser monströsen Schuldenlast nachgehen.

I. Die Ursachen der Verschuldung

a) Einige der internationalen Ursachen der Verschuldung in der Dritten Welt

Nach dem Ende des 2. Weltkrieges entschlossen sich die USA, die vom Krieg verwüsteten Länder wieder aufzubauen, vor allem Europa und Japan. So begannen sie, große Geldmengen in diese Länder hineinzupumpen. Danach nahmen sie sich vor, die Entwicklung von Dritte-Welt-Ländern zu unterstützen und lenkten unheimlich viele Dollars auch dorthin. Gleichzeitig entwickelte sich in den Vereinigten Staaten ein äußerst verschwenderischer Lebensstil. Die USA mischten sich in teure Regionalkriege ein, deren längster und teuerster der Vietnamkrieg war.

Folglich verlor der Dollar, der internationale Grundwährung geblieben war, ständig an realem Wert. Tatsächlich gaben die USA im In- und Ausland viel mehr aus, als sie einnahmen bzw. produzierten. Die Goldreserven in den USA waren nicht mehr ausreichend, um die riesige Dollarflut, die in der ganzen Welt herumkreiste, zu decken. Somit wurde das amerikanische Defizit immer größer.

Damals schlug der Internationale Währungsfond (IWF) vor, eine Art internationale Währung – an Stelle des Dollars – einzusetzen. Natürlich widersetzten die Amerikaner sich, um die finanzielle Vorherrschaft in der Welt nicht zu verlieren. Aber auch die europäischen Regierungen und Banken waren dagegen, denn sie quollen über vor Dollars und wollten das Risiko nicht laufen, benachteiligt zu werden. Es ging um die sogenannten „Eurodollars". In dieser Situation, es war um 1971, entschloß Präsident Nixon sich, den Dollar von der Bindung an die Goldreserven abzukoppeln. So konnte der Dollar mit seinen Zinsen frei fluktuieren, ohne die Verpflichtung, sich mit den vorhandenen Goldreserven zu decken. Dieser Vorgang regte die Dollar-Spekulationen erheblich an und verschlimmerte die internationale Finanzkrise. Auf internationaler Ebene gab es ein Übermaß an flüssigem Geld; und alle, die Dollarreserven besaßen, waren bemüht, ihr Geld gewinnbringend anzulegen. Schon fing die Welt an, in steigendem Maße für das amerikanische Defizit bezahlen zu müssen.

Ende 1973 kam neuer Brennstoff hinzu mit der Einführung des „Petro-Dollars". Von einem Tag zum anderen vervierfachte sich damals der Preis des Petroleums. Das führte zu einem entsprechenden Dollarüberfluß in den Petroleum exportierenden Ländern, da der Preis des Petroleums international an die Dollarwährung gebunden war. Diese Länder wußten nicht, wo sie so viel Geld investieren konnten und warfen haufenweise Dollars auf den internationalen Börsenmarkt, der seinerseits versuchte, das Geld überall auf der Welt anzulegen, um beachtliche Verluste zu vermeiden.

Was konnte mit einer so enormen Menge an verfügbaren Dollars am besten getan werden? Wo und wie sollte sie angelegt werden? Im selben Augenblick, als der Dollar frei zu fluktuieren begann, erfanden die Banken das System der flexiblen Zinssätze und setzten es auch durch. Es ist ein System, das sich später als ein perverser Wuchermechanismus für unkontrollierbare Gewinne herausstellen sollte.

Wo wurde es angewandt? An diesem Punkt treten die Dritte-Welt-Länder entscheidend auf den Plan, da bei ihnen der Wunsch nach einer raschen Entwicklung und auch die Notwendigkeit dazu wuchsen. Sie wurden von den großen europäischen und amerikanischen Banken, die Zugang zu den Dollars hatten, überredet und verführt. Aber das war eine Falle, wie wir heute feststellen können. Das grundlegende Element, das deren Angebote zu einer Falle machte, war eben das neue System der flexiblen Zinssätze; denn damit schützen die internationalen Geldgeber sich vor den Risiken des unbeständigen Finanzmarktes. Die Schuldnerländer hingegen müssen die Kosten für alle Risiken, die zur bitteren Wirklichkeit wurden, bezahlen.

b.) Einige der internen Ursachen der brasilianischen Auslandsverschuldung

Auf dem Höhepunkt der Diktatur träumte die brasilianische Militärregierung davon, Brasilien zu einer großen Weltmacht zu machen. Durch einen Putsch war das Militär 1964 zur Macht gekommen. In seinen Machtträumen griff es nach den Dollars, die ihm auf verführerische Weise angeboten wurden. Da verwirklichte die Militärregierung – in den Jahren 1969–1973 – das sogenannte „brasilianische Wirtschaftswunder"; es war jedoch ein Wunder, das auf Kosten einer Auslandsverschuldung zustande kam, die damals schon von 4 auf 13 Milliarden Dollar anwuchs.

So kam man bis 1974, als die finanzielle Weltkrise sich infolge der Petroleumkrise noch verschärfte. Aber „das brasilianische Wirtschaftswunder" hatte den Mythos erfunden, Brasilien würde – trotz der sich verschlimmernden Weltlage – „eine Insel des Wohlstands" bleiben. Damit waren die Voraussetzungen geschaffen, durch die die Verschuldung Brasiliens auf schwindelerregende Weise anwuchs. Einerseits bot Brasilien nämlich eine Wirtschaft an, die sich im Wachstum befand, bei gleichzeitiger politischer und sozialer Stabilität, die von den sich gegenseitig ablösenden Militärregimen mit Gewalt durchgesetzt wurde. Das waren glänzende Vorbedingungen für internationale Geldanlagen! Andererseits sahen europäische und nordamerikanische Banken, die über überschüssige Dollars verfügten, in Brasilien eine günstige Investitionsgelegenheit.

Kurz darauf erarbeitete die brasilianische Militärregierung einen phantastischen „Nationalen Entwicklungsplan" (es war der zweite!), mit fabelhaften Projekten, die durch Dollaranleihen aus dem Ausland finanziert werden sollten. Da fing die Verschuldung an, monströs zu wachsen. 1973 betrug sie, wie gesagt, etwa 13 Milliarden Dollar; von 1974 bis 1978 stieg sie auf 52 Milliarden an, von 1979 bis 1984 auf 102 Milliarden und von 1985 bis 1987 auf 120 Milliarden Dollar. Aber es kam gar nicht dazu, daß dieses ganze Geld überhaupt in Brasilien angelegt wurde, denn ein immer größerer Teil davon bestand aus Neuanleihen, um die ausstehenden Zinsschulden und Amortisierungen zu begleichen. Und da kam die Falle mit den flexiblen Zinssätzen ins Spiel.

Die Zinsen, die 1973 noch bei 6,66% gestanden hatten, wuchsen – durch das System der flexiblen Zinssätze – bis 1981 auf 20,5% an. Das bedeutete damals für Brasilien einen Verlust von 34,5 Milliarden Dollar.

Allein im Zeitraum von 1970 bis 1986 war es nötig, eine Anleihe von 199 Milliarden zu machen. Davon hielten die Gläubiger jedoch 184 Milliarden gleich zurück, um die Zinsschulden zu decken. Im besten Fall, wenn man die Kapitalflucht aus dem Lande nicht in Betracht zieht, blieben Brasilien tatsächlich nur 15 von diesen 199 Milliarden Dollar. Und der Grundstock der Anleihen, in Höhe von 109 Milliarden, war noch immer zu bezahlen. Wenn das so weitergeht, wird Brasilien – nach Berechnungen von Finanzsachverständigen – bis 1991 das Doppelte der Grundanleihe an Zinsgeldern bezahlt haben. Es handelt sich somit um einen perversen, erpresserischen und kolonialistischen Mechanismus, der sich automatisch – gleichsam in geometrischer Progression – selbst multipliziert.

Hauptverantwortlicher für die Auslandsverschuldung in Brasilien war die Militärdiktatur, die keine politische Legitimität besaß und die die Nation, den Nationalkongreß, die Gewerkschaften, die Presse, die politische Opposition usw. unter Zwang zum Schweigen brachte, ganz abgesehen davon, daß sie keiner Instanz Rechenschaft über ihr Vorgehen ablegte. Dieser Regierung liehen die europäischen und nordamerikanischen Banken in unverantwortlicher Weise und mit erpresserischem und kolonialistischem Wucher fantastische Dollarsummen. Die brasilianische Militärregierung akzeptierte damals das System der flexiblen Zinssätze und die Kontrolle durch den Internationalen Währungsfonds. Damit opferte sie die nationale Souveränität, vor allem auf wirtschaftlichem Gebiet. Und es ist wichtig, darauf hinzuweisen, daß jede wirtschaftliche Abhängigkeit eine politische Abhängigkeit nach sich zieht.

II. Die Folgen der Auslandsverschuldung Brasiliens
Bis heute wurde das brasilianische Volk nicht genügend darüber informiert, wieviel Geld tatsächlich ins Land gekommen ist und wozu es verwandt wurde. Bisher wurde noch keine ernsthafte, umfassende, öffentliche, freie und unparteiische Untersuchung – mit direkter Beteiligung der Zivilgesellschaft – gemacht, um die dunkle Schuldenfrage aufzuklären.

Im Maße, wie die Zinsen anwuchsen, mußte und muß Brasilien auch weiterhin neue Anleihen aufnehmen, einfach um die astronomischen Zinsen zu bezahlen, die sich momentan auf 12 Milliarden Dollar im Jahr belaufen. Aber wieviel Geld nun tatsächlich investiert wurde, wo es investiert wurde und mit welchen positiven Resultaten, darüber gibt es nur wenig Informationen. Die nachteiligen Folgen dieser Situation sind jedoch mehr als evident.

In Brasilien nahm – außer der Regierung und der öffentlichen Hand – auch der Privatsektor Anleihen auf. Die Regierung mit ihren wahrhaft pharaonischen Projekten, und die staatlichen Unternehmen machten 65 % der Schulden. Auf dem Privatsektor (Industrie, Banken usw.) waren es sowohl nationale wie internationale Privatunternehmer, die die restlichen 35 % Schulden aufnahmen. Davon entfällt der Hauptanteil auf multinationale Firmen.

Innerhalb dieses Sachverhaltes muß es außerdem viel Korruption und Kapitalflucht gegeben haben. Fachleute behaupten, nur ein Drittel der Anleihen sei wirklich in Brasilien investiert worden. Das mag übertrieben sein, aber ganz gewiß kam es zu einer großen Kapitalflucht.

Einige der Projekte mit pharaonischem Ausmaß, die Milliarden von Dollars nutzlos verschlangen, waren u. a. die geplante Eisenbahnlinie für den Stahltransport, die dann gänzlich zusammenbrach und aufgegeben wurde; die Kernkraftwerke, die zum größten Teil unbenutzbar sind; und die „Transamazonica", die wieder dem Urwald überlassen wurde, usw.

Andererseits kam es tatsächlich zu einer gewissen Modernisierung und zum Ausbau der brasilianischen Industrie. Aber dabei waren es hauptsächlich multinationale Unternehmen, die in all den Jahren riesige Gewinne machten und den Großteil davon an ihre Ursprungsländer überwiesen.

Zwar kam es – dank der Auslandsanleihen – zur wirtschaftlichen und industriellen Entwicklung, jedoch fehlte es gleichzeitig an einer entsprechenden sozialen Entwicklung. Im Gegenteil verschlimmerte sich die soziale Lage in Brasilien ungeheuer, und die wirtschaftliche Entwicklung lief ernstlich Gefahr zu explodieren, da das Land unfähig war, seine Zinsschulden zu zahlen. Das hat die nationale Wirtschaft in einen ausweglosen Sumpf gebracht. Ein Beweis für diese Situation sind die dauernden Wechsel von Ministern und Plänen auf dem Wirtschaftssektor; die Unternehmer sind desorientiert und haben Angst, Anlagen in den Produktionsmitteln zu machen. Dazu kommt die Inflation und ein Wirtschaftsmodell, das zugunsten der Exporte funktioniert, mit unannehmbaren Opfern für den Binnenmarkt.

Die sozialen Folgen sind sehr negativ. Inflation bringt wirtschaftliche Rezession mit sich, ein Ansteigen der Arbeitslosigkeit und Unterbeschäftigung, das Einfrieren von Gehältern und Löhnen. Das bedeutet mit anderen Worten: Hunger, Mangel an Wohngelegenheiten, an Gesundheitsfürsorge und Schulen.

In der Öffentlichkeit wachsen Zynismus, Selbstsucht und eine Lebenspraxis nach der Regel: „Rette sich, wer kann!" Die Korruption der Großen, die Verbitterung des geopferten Volkes und der Mißkredit der ganzen Institution nehmen zu.

Hier sind ein paar Anzeichen für die verschlechterte soziale Lage:

a) Die Gehälter und Löhne
Der brasilianische Mindestlohn – einer der niedrigsten auf der Welt, sogar niedriger als in Paraguay – besitzt nur noch 35 % des Realwertes von 1964, als die Militärs die Macht ergriffen. Der augenblickliche Mindestlohn entspricht etwa 55 Dollar im Monat. Nach Finanzberechnungen braucht eine Familie von vier Personen (Eltern und zwei Kinder) normalerweise fünf Mindestlöhne, um ihre Grundbedürfnisse zu decken. Fünf Löhne! Dabei erhalten 61 % der Arbeiter nur zwei Mindestlöhne und noch weniger. 85 % der Gesamtbevölkerung erhalten weniger als fünf Mindestlöhne.

b) Die Verteilung des Nationaleinkommens
In Brasilien hat es niemals eine richtige Verteilung des Nationaleinkommens gegeben, sondern eher das Gegenteil. Aber in diesen Jahren der anwachsenden Auslandsverschuldung und der Wirtschaftsentwicklung ist die Verteilung noch ungleicher geworden.

Laut der letzten offiziellen Angaben der Regierung (IGBE) aus dem Jahr 1985 haben 50 % der ärmsten Bevölkerung nur Zugang zu 13 %

des nationalen Bruttosozialprodukts, während 1 % der Reichsten – für sich allein – über 14,3 % verfügt. Folglich häuft das eine Prozent der Reichen mehr Einnahmen für sich an, als die ärmste Hälfte der Bevölkerung. Von damals bis heute hat die Situation sich nicht gebessert.

c) Die Kindersterblichkeit
Wegen der allgemeinen Verarmung der Mehrheit der Bevölkerung ist die Kindersterblichkeit in unserem Land sehr hoch. Durchschnittlich sterben täglich etwa tausend Kinder an Unterernährung. Wir sprechen von den Folgen der Auslandsverschuldung für das brasilianische Volk: neben allem, was bisher erwähnt wurde, ist die schlimmste Folge, daß Brasilien jährlich etwa 12 Milliarden Dollar an Zinsschulden an die internationalen Gläubiger zahlen muß. Das bedeutet eine Ausfuhr von flüssigem Geld ohne Rückkehr! Eine geradezu astronomische und unbezahlbare Summe! Es gibt auf der ganzen Welt kein Land, von dem verlangt wird, jährlich so viel an fremde Gläubiger zu bezahlen. Es ist wirklich eine neue Form des Kolonialismus!

Mit diesen 12 Milliarden könnte unser Land jährlich:
– eine Agrarreform durchführen, die 2 Millionen Familien zugute käme;
– für 8 Millionen Arbeiter neue Arbeitsplätze schaffen;
– oder bequeme Siedlungshäuser für 12 Millionen Menschen bauen usw.

Und wie werden die politischen Konsequenzen dieser Situation aussehen? Eine solche Wirtschafts- und Sozialkrise, wie Brasilien sie heute durchmacht, kann unmöglich positive politische Folgen haben. Das wird deutlich beim jetzigen politischen Übergang von der Militärdiktatur zu einer demokratischen Staatsordnung. Wenn die Dinge sich noch verschlimmern, wird die kaum in die Wege geleitete Redemokratisierung schwere Risiken laufen.

III. Die Haltung der Kirche
Die wichtigste Erklärung der Kirche zur Auslandsverschuldung war – auf Weltebene – das Dokument der Päpstlichen Kommission „Justitia et Pax" vom 27. Dezember 1986. Der Papst seinerseits bezog sich mehrmals auf dieses Problem, vor allem in seiner kürzlich veröffentlichten Enzyklika „Sollicitudo rei socialis".

Es wäre zu lang, hier an den Inhalt dieser Erklärung zu erinnern und sie zu analysieren. Darum beschränke ich mich auf das, was die brasilianische Kirche zur Auslandsverschuldung gesagt hat.

Auf ihrer letzten Jahresversammlung im April dieses Jahres erarbeitete und verabschiedete die Brasilianische Bischofskonferenz ein Pastoraldokument, das u. a. Stellung zur Auslandsverschuldung Brasiliens nimmt. Ich zitiere einiges, was die Bischöfe in diesem Dokument gesagt haben:

„Zweifellos ist die Auslandsverschuldung heute eine der Hauptursachen für die ungerechte Situation, in der unsere Arbeiter leben, und für die wachsende und unannehmbare Verarmung des Volkes. Sie stellt eine moderne Form des Tributes dar, wie ihn früher die Metropolen von ihren Kolonien einzogen. Die Milliarden Dollar, die jährlich als flüssiges Geld exportiert werden, um ausländische Gläubiger zu bezahlen, entsprechen dem, was das Land investieren müßte, um das Volk aus dem Elend zu ziehen und für die neue Generation Arbeitsplätze zu schaffen." (Nr. 146)

„Auf internationaler Ebene sollten Unabhängigkeit und Gleichheit der Völker durch Solidarität und nicht durch Ausnutzung der schwächeren durch die mächtigeren Nationen gekennzeichnet sein. Die Auslandsverschuldung, die den armen Ländern angeblich zur Entwicklung verhelfen sollte, hat sich in einen kontraproduktiven Mechanismus verwandelt, der stattdessen zum Hindernis wurde und in manchen Fällen die Unterentwicklung noch verschärft, wie der Papst in seiner Enzyklika „Sollicitudo rei socialis" feststellt. Die Auslandsverschuldung weist in sich ein schweres ethisches Problem auf, weil sie konkret die Ursachen der Armut bei den verschuldeten Völkern noch zuspitzt und verschlimmert. Die Begleichung der Auslandsschuld, die heutzutage durch Exporte von Milliarden von Dollar in flüssigem Geld gedeckt wird, welche größtenteils aus den Exporteinnahmen für eine riesige Menge von Rohstoffen zu niedrigsten Preisen stammen, müßte hinter der Aufrechterhaltung der Souveränität und der Lebensbedingungen der Schuldnernation zurückgestellt werden. Was heute entscheidend sein sollte, sind nicht die Konten der internationalen Kreditgeber, sondern das Leben von Millionen von Menschen, die nicht unter dauernder Drohung wirtschaftlicher Rezession, Inflation und Arbeitslosigkeit leben sollten, deren Folgen Elend und Tod sind. Wir können die Regierung jedoch nicht von ihrer Verantwortung lossprechen, weil sie die Situation durch Neuanleihen für verfehlte Programme noch erschwert, wie z. B. für Atomkraftwerke, für die Eisenbahnlinie des Stahles u. a. m., denn Finanzen müssen der Ethik untergeordnet sein." (Nr. 162)

„Darum schlagen wir vor, daß die Auslandsschulden einer öffentlichen Untersuchung unterzogen werden, mit Beteiligung der Staatsmacht und repräsentativer Organismen der Zivilgesellschaft, damit die wahre Zusammensetzung der Schulden identifiziert wird; angefangen von der Verantwortung für ihre Aufnahme und für ihre Anwendung. Von dieser Untersuchung und von der bisher bezahlten Gesamtsumme muß Klarheit über die Legitimität der Schuldenlast geschaffen werden. Jedenfalls besteht die Kirche auf dem Prinzip, daß die Wirtschaft der Ethik unterstellt sein muß und es deshalb nicht zulässig ist, die Schulden auf Kosten von Hunger, Elend und Unterentwicklung unseres Volkes zu zahlen." (Nr. 180 in: CNBB, „Kirche, Kommunion und Mission bei der Evangelisierung der Völker, der Welt der Arbeit, der Politik und der Kultur", Dokument Nr. 40, 1988).

Außer diesen Erklärungen nahm unsere Bischofskonferenz auch an einem ökumenischen Seminar über die Auslandsverschuldung teil, das im vorigen Jahr in St. Augustin/Bonn, Bundesrepublik Deutschland, stattfand.

Zum Abschluß seiner Arbeit veröffentlichte dieses Seminar einen Brief, in dem die teilnehmenden Kirchen u. a. folgende Erklärung ablegen:

1. Die Kirchen haben die Pflicht, das menschliche Leben zu verteidigen. Darum bestehen sie auf einer neuen Art und Weise, die Frage der Auslandsverschuldung anzugehen.

2. Die Auslandsverschuldung steht im Zusammenhang mit dem Kontext der Geschichte Lateinamerikas, welche von Abhängigkeit und Ausnutzung gezeichnet ist.

3. Die Güter der Erde sind eine Gabe Gottes; sie werden jedoch zum Fluch, wenn sie schlecht verteilt oder mißbraucht werden, indem die einen Völker andere zu unterwerfen versuchen.

4. Eine neue wirtschaftliche und soziale Weltordnung ist dringend notwendig; sowie eine neue Art des Denkens und Handelns, die auf Gerechtigkeit beruht.

5. Die Gerechtigkeit Gottes ist wesentlich barmherzig. Gerechtigkeit muß so verstanden werden! Das ist – für die internationalen Schuldenkrise – von äußerster Wichtigkeit.

6. Die Industriestaaten sind mitverantwortlich für die Auslandsverschuldung in der Dritten Welt, weil ihre Banken den armen Ländern den Zugang zu Krediten erleichtert haben, jedoch anschließend durch vorbeugende Maßnahmen hohe Zinsraten erheben, aber den Schuldnerländern den Zugang zu ihren Binnenmärkten durch Protektionismus verwehren. So ließen sie Anleihen für Projekte machen, die dem Volk nicht dienen, und durch Regierungen, die nicht rechtmäßig gewählt waren.

7. Selbstverständlich sind auch die Regierungen der Schuldnerländer mitverantwortlich, denn sie haben sich die Anleihen auf unverantwortliche Weise verschafft. Da es – zusätzlich – Einvernehmen zwischen der wirtschaftlichen und politischen Elite dieser Länder und den Eliten der Gläubigerländern gibt, geht die bereits seit Jahrhunderten bestehende Korruption weiter, wie auch der Mangel an vorbeugenden Maßnahmen, eine unfähige Bürokratie und häufig sogar noch Feudalstrukturen.

Angesichts der dramatischen Situation der Auslandsverschuldung und alles dessen, was die Schuldnerländer bereits an Wucherzinsen haben bezahlen müssen; und angesichts des Elends, das die Schulden in den Schuldnerländern verursachen, schlägt das Seminar folgende Maßnahmen vor:

1. Eine unparteiische Untersuchung, um die Legitimität der Schulden festzustellen und anschließend ihren Größenwert neu zu bestimmen; wobei Schulden teilweise gelöscht werden, wenn festgestellt wird, daß sie unberechtigt sind.

2. Ermäßigung des Zinssatzes unterhalb der Marktzinsen und Abbau der Schulden, entsprechend der Höhe bereits bezahlter unberechtigter Zinsen.

3. Einrichtung einer weltweiten wirtschaftlichen Interdependenz, wobei jeder Herrschaftsanspruch von Mächtigen über Schwache vermieden werden muß.

4. Die Schaffung eines „Schuldnerklubs", wie es auch den „Klub von Paris" gibt, d. h. den Klub der Kreditgeber.

5. Schuldnerländer sollen in größerem Maße an den Entscheidungen der internationalen Finanzbehörden beteiligt werden.

Schließlich appelliert das Seminar an die Kirchen: „Wir bitten die Kirchen, Gemeinden und alle Christen, zuzulassen, daß diese Krise ihren Glauben hinterfrägt, und daß sie sich einsetzen, damit der politische Wille entsteht, so bald wie möglich und auf Dauer diese Krise zu lösen. Sie muß überwunden und nicht einfach aufgeschoben werden. Nur so werden wir die Bedrohung von den Nord-Süd-Beziehungen abwenden, die durch Auslandsverschuldung – mit ihren Ursachen und ihren Folgen – entstanden ist."

Liebe Zuhörer, so beende ich meinen Vortrag, indem ich auf das zurückkomme, was zu Anfang gesagt worden ist: die Auslandsverschuldung steht mit dem Frieden in engem Zusammenhang. Tatsächlich sind die Nord-Süd-Beziehungen zutiefst von der Verschuldungskrise bedroht. Die Auslandsverschuldung ist nicht nur eine ökonomische und wirtschaftliche Frage, sondern letztlich eine Frage der Gerechtigkeit und somit eine ethische Frage, bei der wir Christen die Pflicht haben, uns einzusetzen, im selben Maß wie wir – aus unserem Glauben an Jesus Christus – an Gerechtigkeit, Brüderlichkeit und die gleiche Würde aller Menschen glauben.

Schlußdokument

Ökumenischer Dialog für Gerechtigkeit, Frieden und Ehrfurcht vor der Schöpfung
Assisi, 6.–12. August 1988

An das Volk Gottes in Christus,
an unsere Kirchen und Gemeinden in Europa,
an alle, die den Frieden suchen

Liebe Schwestern und Brüder!
Eine wachsende Zahl von Christen und Gemeinschaften in vielen Kirchen erkennen ihre Aufgabe darin, den konziliaren Weg für Gerechtigkeit, Frieden und Ehrfurcht vor der Schöpfung zu gehen.
   Mit dem ökumenischen Dialog ASSISI '88 (6.–12. August) haben wir unsern Anteil daran genommen.
   Wir, das sind die franziskanischen Kommissionen für Gerechtigkeit, Frieden und Ehrfurcht vor der Schöpfung,
   das europäische Netz Church and Peace,
   der Internationale Versöhnungsbund,
   Pax Christi Internationalis und
   alle Teilnehmerinnen und Teilnehmer an diesem Treffen.
   Der Ökumenische Rat der Kirchen hat sowohl offizielle Repräsentanten der Kirchen als auch christliche Gruppen und Gemeinschaften aufgerufen, den konziliaren Prozeß zu gestalten. Wir freuen uns, hier in Assisi einen ökumenischen Dialog dieser Gruppen in Europa zu erleben. Zum Teil wenig bekannt, gehen viele von ihnen schon seit Jahren diesen Weg.
   Wir wählten diese Begegnung in der Hoffnung, daß hier Christen von Ost und West, Nord und Süd, daß verschiedene kirchliche Traditionen einander finden werden. Diese Hoffnung sehen wir nun erfüllt.
   Wir versammelten uns in Assisi, um diesen Dialog mithilfe Gottes zu führen, der Klara und Franz die Kraft zum Leben schenkte, zu einem Leben in geschwisterlicher Verbundenheit mit allen Geschöpfen.
   Wir sind dankbar, daß wir mit den verschiedenen Gruppen zu diesem Beitrag im konziliaren Prozeß gekommen sind.

Wenn wir heute, am Schlußtag unserer Versammlung, eine Schlußerklärung geben, dann beginnen wir mit einigen *Graffiti* aus den Gruppen:
- Das Ergebnis des Dialogs unterschiedlicher Menschen aus verschiedenen Kirchen und Nationen lohnt, weiter erzählt zu werden.
- Liebe beginnt, wo wir nicht übereinstimmen.
- Wer lebt, wie Gott es will, der ist reich.
- Suche nicht, die Dinge zu besitzen. Benutze, was du brauchst.
- Lerne von andern Gerechtigkeit. Betrachte ihr Beispiel.
- Weniger nehmen ist besser als mehr geben.

Die folgenden Gedanken sind in der Verantwortung der Trägergruppen formuliert. Sie werden jedoch von der gemeinsamen Erfahrung der ganzen Versammlung getragen.

Wir sind aufgebrochen, den Weg der Gerechtigkeit und des Friedens zu gehen,
dazu gedrängt aus Ehrfurcht vor Gottes Schöpfung,
dazu von Gott gerufen durch Jesus Christus,
dazu bewogen von Menschen wie Franziskus und Klara.

Ja, gedrängt aus Ehrfurcht vor Gottes Schöpfung. Aber wir erleben in uns selbst auch, daß wir von andern Antrieben bedrängt werden. Wir wollen die Schöpfung besitzen und üben willkürlich Macht über sie aus. Wir gehen – so die Technik mißbrauchend – gewaltsam mit der Schöpfung um. Wir suchen nicht nur das, was wir für unsere Grundbedürfnisse brauchen, sondern jagen sinnlos Reichtümern nach und verschwenden die uns anvertrauten Güter.

Die Folgen sind: Verschmutzung, Kahlschlag, Raubbau und eine stete Verringerung der lebendigen Vielfalt in der Natur.

Wir versprechen hier, uns für den Bund Gottes mit seiner Schöpfung neu zu öffnen:

Wir erfahren neu, daß Wachstum und Leben von Menschen, Tieren und Pflanzen ihre eigne Zeit und ihre eignen Regeln haben. An diesem Erleben wollen wir unsere Kinder teilhaben lassen.

Wir sind dankbar dafür, daß sich Menschen frühzeitig gegen verkehrten Fortschritt stellen. Einige verhinderten z. B. eine zweite Tunnelröhre der Autobahn durch die Tauern in Österreich. Ihre Initiative hilft uns, Eingriffe in die Natur genauer zu prüfen.

Wir erfahren von vielen radikalen Gefährdungen unserer Mitwelt. So sind die tropischen Regenwälder bedroht. Wir fordern ein Einfuhrverbot für tropische Harthölzer.

Wir sind von Gott gerufen durch Jesus Christus. In ihm erfahren wir, wie Gott allen gerecht ist und wie wir einander gerecht werden können. Dadurch werden wir das Volk Gottes, das inmitten der Völker der Welt dazu berufen ist, Gerechtigkeit und Frieden zu stiften.

Die Tilgung unserer Schuld ist uns im Evangelium zugesagt. Wir aber sind immer wieder schuldig geworden durch Mißachtung und Unterdrückung. Wir sind noch weit entfernt von einem guten Verhältnis zu Juden und Moslems, zu Indianern und Schwarzen.

Kann unser Leben vor den Augen der Armen und Unterdrückten bestehen? Wir streben danach, daß wir dies miteinander erreichen. Wir wollen die Konsumvergötzung durchbrechen und ein einfacheres Leben führen.

Wir erkennen die Ungerechtigkeit, die Frauen in Kirche und Gesellschaft zugefügt wurde und wird. Die Umkehr der Kirchen im Blick auf die Diskriminierung der Frau bedarf sichtbarer Zeichen.

Uns bedrückt die große Verschuldung armer Länder. Eine Hauptursache dafür ist die Zinspolitik der reichen Länder. Christen sind aufgerufen, auf biblischer Grundlage in der Zinsfrage gerechte Wege zu finden.

Wir verstehen die Asyl suchenden Flüchtlinge in unsern Ländern als Boten weltweiten Unrechts. Wir sind aufgerufen, die Asyl-Gesetze in Europa im Blick auf 1992 nicht zu verengen, sondern zu erweitern.

Das europäische Haus kann nur dann ein glückliches Haus sein, wenn es ein Haus mit offenen Türen ist.

Wir, Mitglieder so verschiedener Kirchen, verpflichten uns, die Wunden anzuerkennen, die unsere jeweilige Kirche andern Kirchen geschlagen hat. Wir bitten unsere Kirchen, diese Schuld gegenüber Juden und Moslems, Indianern und Schwarzen, Armen und Unterdrückten und den Frauen anzuerkennen und den Weg der Versöhnung zu gehen und Gerechtigkeit anzumahnen in der Schulden-Politik und für die Asylsuchenden.

Wir sind bewegt von Menschen wie Klara und Franziskus:
Sie haben ihre adligen und bürgerlichen Privilegien aufgegeben und durch die Annahme der frohen Botschaft das geschwisterliche Leben

mit vielen anderen neu gestaltet, besonders mit den Armen und Aussätzigen.

Damit haben sie auch Strukturen des Bösen überwunden, vor allem den Krieg.

Ja, wir sind von ihnen begeistert, von ihrer Nähe zu Christus. Wir wissen, daß uns das Evangelium das Schwert aus der Hand nimmt. Aber wir glauben immer wieder an die Kraft der Gewalt und herrschaftlicher Macht.

Wir lassen uns mehr bestimmen durch die angebliche Bosheit unserer Feinde als durch die wirkliche Liebe unseres Gottes. Traurig und ratlos stehen wir vor der Beteiligung von Christen an Krieg und Vernichtung.

Soeben haben wir im eucharistischen Abendmahl Gottes Liebesbund mit uns erfahren.

Wir versprechen, gegen die Mächte des Todes seiner gewaltfreien Liebe nachzuleben.

Wir fordern unsere Kirchen auf, ihre Verbindungen mit den Militärmächten zu lösen.

Wir unterstützen unsere Geschwister in Südspanien und Süditalien bei ihrem Widerstand gegen neue Militärstützpunkte der NATO.

Wir hörten das Zeugnis vom Widerstand gegen Atomversuche in der Wüste von Nevada. Wir fordern unsere Kirchenleitungen auf, Atomtests und Atomrüstung zu verwerfen.

Wir wollen Feindbilder abbauen und unterstützen alle Friedensinitiativen – auch die Gorbatschows. Wir sehen uns bestärkt, unsererseits Wege der Versöhnung zwischen Ost und West zu suchen.

Wir haben unseren Glauben neu verstanden, als wir in unseren Gemeinschaften und Gemeinden anfingen, für den Frieden zu arbeiten. Kirchen, die ökumenische Friedensdienste gestalten, brauchen Friedensarbeiter, brauchen Friedensbrigaden. Sie brauchen die systematische Einführung der Gemeinden in die Gewaltfreiheit des Evangeliums. Wir versprechen, uns an diesen Schritten zu beteiligen.

Alle Staaten fordern wir auf, das Recht auf Kriegsdienstverweigerung zu achten.

Die gemeinsamen Erfahrungen von ASSISI '88 sollen mehr sein als eine schöne Erinnerung. Es drängt uns nach Austausch in unseren Heimatgemeinden. In unseren jeweiligen Kirchen soll der konziliare Weg, auf dem wir hier einige Schritte taten, seinen Fortgang finden.

Wir haben in Assisi erfahren, daß wir den Weg nicht allein gehen wollen. Wir sind bereit, die Verbindungen zwischen Gruppen zu stärken, die sich für Gerechtigkeit, Frieden und für Ehrfurcht vor Gottes Schöpfung einsetzen. Möglichkeiten dazu bieten uns die bevorstehenden Konvokationen, so für Europa in Basel Pfingsten 1989.

Für all dies brauchen wir eine ausführlichere Darstellung der Botschaft, die wir in unseren Herzen mit nach Hause nehmen. Jedoch wir selbst, jeder und jede von uns, sind die Botschafter des Ökumenischen Dialogs ASSISI '88.

Mit Franziskus und Klara grüßen wir alle,
pace e bene.

Die Mitglieder der Vorbereitungsgruppe

Der Internationalen Vorbereitungsgruppe „Assisi '88" gehörten an:

Herbert Froehlich, Heidelberg, Pax Christi
Josef Hanssens, Antwerpen, Pax Christi
Dr. Paulus Engelhardt OP., Bottrop, Pax Christi

Wilfried Warneck, Schöffengrund, Church and Peace
Dr. Dirk Heinrichs, Fischerhude, Church and Peace
Lothar Fromm, Ingolstadt, Church and Peace

Richard Ackva, Weilburg, Versöhnungsbund (IFOR)
Konrad Lübbert, Wedel, Versöhnungsbund (IFOR)

Schwester Mathilde Haßenkamp, Warendorf, Franziskanerin
Schwester Notburga Merschmann, Waldbreitbach, Franziskanerin
Kees van Vliet, Leiden, Franziskaner
Jürgen Neitzert, Mönchengladbach, Franziskaner
Gerard Heesterbeek, Rom, Franziskaner
Karl Neuwöhner, Münster, Franziskaner

Claudia Heinzler, Münster, Sekretariat
Gianni Novelli, Rom, CIPAX (zeitweilig)
Michele Perrugini, Foggia, Franziskaner (zeitweilig)

Außerdem wirkten während der Versammlung in Assisi mit als Kantorinnen:

Kristina Bulling
Brigitte Fröhlich
Flois Knolle Hicks

In der Beherbergung:

Ute Wilmers
Ruth-Christa Heinrichs

Der Europäische Ökumenische Dialog in Assisi 1988

Erlebnisse, Seitenblicke und Erinnerungen
Dirk Heinrichs

RES SACRA PACIS PAUPER EST
Die heilige Sache des Friedens ist ärmlich

Dort! Noch fern und vom Hitzedunst verschleiert, der aus dem Tal steigt, dort drüben wird die ersehnte Stadt in Umrissen erschaubar. Am Berghang leuchten, näher heran gekommen ihre von der Nachmittagssonne angestrahlten Mauerwerke hellweiß auf. Kirchtürme und Kuppeln richten sich, aber in demütig bescheidener Höhe über sie empor. Wir halten an und verweilen am Rande eines Sonnenblumenfeldes, wie sie in dieser umbrischen Gegend großflächig blühen und austrocknen. Ich schneide auch zwei, die sich im ausgezackten Rand des Asphaltpflasters etwas kläglich eingewurzelt haben, für meine Frau Ruth-Christa und zum Schmuck unseres künftigen Zimmers. Dann rollen wir langsam weiter, bis die Stadt deutlicher aufschimmert, ihre Anlage, ihre Plätze und Straßenzüge erkennbar sind. Zu Füßen des Berghanges, dem sie sich anschmiegt, vielleicht noch drei Kilometer entfernt, halten wir abermals eine Weile an. Der Motor wird abgestellt, der an diesem Tage schon acht Stunden lang uns mit unserer Arbeitsfracht, darunter 600 Liederbücher für die Teilnehmer der kommenden europäischen Versammlung, hierher gezogen hat. Es wird still in uns, als sei die Zeit nicht mehr die Uhr, als nahe eine Stunde der Verheißung. Ich bin erinnert an das Bild eines Malerfreundes, auf dem sich leuchtend das Neue Jerusalem über dem Geröll des zertrümmerten Turmes zu Babel erhebt, die Stadt, die vom Himmel hernieder kommt, die Johannes gesehen hat, diese Hütte Gottes bei den Menschen (Offenbarung 3 und 21); und ich flüstere die Verse leise vor mich hin. Da sagt Ruth-Christa, den Überschwang dämpfend, das oft von uns herangezogene Wort aus dem Hebräerbrief: „Wir haben hier keine bleibende Statt, sondern die zukünftige suchen wir …" – Ja, wir suchen sie! Sind wir hierher gekommen, um sie einmal zu finden? Vielleicht doch nicht. Vielleicht werden wir sie weiter suchen müssen.

Blick auf Assisi.

Darum verwundern wir uns jetzt aber, wie und warum wir überhaupt an diese ungewöhnliche Stelle geraten sind. Was es bedeuten soll, nicht nur heute und morgen, sondern später wieder, danach; denn jetzt ist alles noch offen! Wir lassen uns auch staunend in dieser Offenheit stehen, selbst wenn wir nachher weiterfahren, weil wir gegen Abend erwartet werden. Ich greife erst einmal noch zu einem Buch, in dem wir vor der Reise gelesen haben, Leonardo Boffs „Zärtlichkeit und Kraft", eine Deutung des Lebens von Franz von Assisi. An unserem Halteplatz vorbei ist einst der sterbende Franz 1226 getragen worden. Als er die Stadt so und zum letzten Mal erblicken durfte, die Stadt, die er verlassen und doch immer wieder aufgesucht hat, schenkte er ihrer Unheiligkeit seinen Segen: „Herr, ich glaube, daß diese Stadt einst die Heimat gottloser Menschen war, jetzt aber sehe ich, daß es der überströmenden Fülle deiner Barmherzigkeit gefallen hat, ihr den Reichtum deines Erbarmens in wunderbarer Weise zu offenbaren; durch deine Güte allein hast du sie erwählt als die Heimat derer, die dich in Wahrheit erkennen, die deinem heiligen Namen die Ehre geben und die der ganzen Christenheit den Wohlgeruch ihres guten Rufes, ihres heiligen Lebens, ihres rechten Glaubens und ihrer Vollendung nach dem Evangelium zeigen. Darum bitte ich dich, Herr Jesus Christus, du Vater der Barmherzigkeit, sieh nicht auf unsere Undankbarkeit, sondern gedenke stets der überströmenden Fülle deines Mitleides und gewähre, daß diese Stadt immerdar die Heimat derer sei, welche dich in Wahrheit erkennen und deinen heiligen und glorreichen Namen in alle Ewigkeit verherrlichen. Amen."

Während ich uns diesen Segen vorlese, ziehen an uns vorbei drei junge Menschen und schleppen sich mit ihren Rucksäcken die Straße hinauf.

Wir sammeln uns, noch etwas benommen von der mehrtägigen Reise, von der Hitze dieser Hochsommerzeit, im Zustand einer Seele, die eigentlich immer noch in der Anfahrt ist oder drunten vor Assisi im Erstaunen liegen blieb. Wir, die ersten sechs, finden uns zum gemeinsamen Abendessen zusammen. Es ist der 27. Juli, und die Glocken der Stadt läuten die achte Abendstunde in mächtigen, über die Gassen hinweg rollenden Schlägen, die den Eilenden zum Innehalten aufrufen. Herbert und Lothar, Ute und Ruth, Wilfried und ich bekommen in der schmalen Gartenterrasse, außerhalb des großen, lärmerfüllten Speiseraums einen Tisch zugewiesen, der uns vereinigt, der einladend und schön gedeckt ist, mit Wasserkrug und erfrischendem Landwein. Und wir sind alle froh, daß jeder wohlbehalten zur verabredeten Zeit eingetroffen ist. So belebt sich sogleich das Gespräch. Die Vorausgruppe nimmt mit diesem Kern sozusagen ad hoc ihre Vorbereitung des „Ökumenischen Dialoges" auf. Sie gibt ihrem Zusammensein auch Form und Ausrichtung. Die Feststellung der ersten wichtigen Anliegen, die jeder der Reihe nach berichtend anspricht und die durch ihn – teils mit einem zweiten – angefaßt werden müssen, führt zu dem Beschluß, dem Tageslauf schon jetzt den für die Versammlung maßgebenden Rhythmus zu geben. Im Wechsel mit Gebet und Gottesdienst wollen wir tätig sein und so in den nächsten zehn Tagen, auch durch weiter hinzustoßende Freunde zu den jetzt notwendigen Einrichtungen und Regelungen gelangen. Dazu gehören auch Unterredungen mit den Oberen einiger Kirchen, mit Amtsstellen der Stadt, mit der Leitung des Tagungszentrums. Im voraus werden reihum für die nächsten Tage die je für Morgenandacht, Mittagssingen und Abendgebet Verantwortlichen unter uns bestimmt, die sie vorbereitend gestalten sollen, jeder einen Tag hindurch. Wir sind, diese sechs, schon eine kleine Ökumene: katholisch, lutherisch, reformiert und mennonitisch. Aber vielleicht weil wir uns kennen, gibt es keine Frage nach dem „wie und was" der Gestaltung.

Herbert wird morgen früh als erster beginnen, uns auch mit seinem schönen Flötenspiel einzustimmen in die Einheit. Mangels Raum, infolge einer großen laufenden Tagung für Musiktherapie in der „Cittadella" verabreden wir uns, einen Gartenwinkel im Amfiteatro auszuwählen. Dort wird an allen Tagen, bis die vielen Teilnehmer eintreffen, unsere Kirche sein: offen und in einer Ecke der im Halbrund sich hochziehenden Sitzreihen aus Steinen, umgeben von schlanken hohen Bäumen, von wohlriechendem Gesträuch und Blumen, unter denen die Rosenbüsche ihren Duft in besonderer Schönheit verströmen. Die Leichtigkeit der gegenseitigen Abstimmung und der erforderlichen Zuerkennungen verrät eine Grundstimmung unter uns, die aus der Vorausgruppe weiter wachsend das Gelingen der Versammlung erhoffen läßt. Niemand an diesem Abend vermag sich zwar vorzustellen, wie das alles gehen und werden soll und sich durchleben lassen wird, wenn erst einmal die mehr als fünfhundert erwarteten Teilnehmer mit ihren vielen verschiedenen Sprachen eingetroffen sind. Natürlich haben wir unsere Ablaufpläne in Form und Inhalt festgelegt, hat die liturgische Kommission die drei täglichen Andachten und Gottesdienste, auch in ihrer ökumenischen Gliederung vorweg bedacht. Schließlich ist anderthalb Jahre an der Vorbereitung fortlaufend gearbeitet worden. Aber der Abend dunkelt doch, trotz der Labe am umbrischen Wein, in das geheimnisvolle Rätsel unbeantwortbarer Fragen, die mich in den frühen Nachtstunden schon wieder aus dem Schlaf hochtreiben, ohne eine Antwort zu finden. Ich schaue aus dem Fenster hinaus. Auch die Via Apollinaire ruht sich vom Verkehr aus. Ihre Schläfrigkeit wird nicht durch einen Glockenschlag gestört, der von San Pietro über sie hinweg hallt. Eher erregt er Zutrauen. Wie still und schön ist doch hier die Nacht als schweigendes Gedächtnis des Schlafes im Menschen in Jahrtausenden ihrer Heimstatt an diesem Ort! In der Losung des Tages stand: „Der Herr wird sein Volk segnen mit Frieden"... – Ist es das, warum wir hierher gekommen sind? Oder sollen wir das zweite Losungswort hören und uns von ihm ergreifen lassen: „Gott hat uns mit sich selber versöhnt durch Christus und uns das Amt gegeben, das die Versöhnung predigt" ... – Ich schließe die Fensterläden, weil das Mondlicht zu grell hereinscheint. Auf der Gasse jaulen ein paar Katzen. Der Morgen, bald, wird ein anderer sein als alle früheren Tagesanbrüche. Ist es der trocknende Nachtschweiß oder die noch so unbegreifbare Erwartung, die mich zittern läßt? Ich hülle mich in ein Leinentuch ein und schlafe warm und tief in die vertrauter werdende Fremde hinein, der Hoffnung Traumbilder immer näher …

Als ich herunter komme, sitzt Herbert schon in der von einer schönen Steinmauer mit ihren verschiedenen niedrigen, zum Sitzen einladenden Höhen auf zwei Seiten abgegrenzten Ecke am Eingang des Amfiteatro. Er übt sich auf seiner Querflöte ein, um unsere liturgischen Gesänge anstimmen zu können. Der Morgen ist voll angenehmer Frische, die ein Lüftchen die Nacht über herangeweht hat. Von San Pietro schwingen mächtige Glockenspiele herum. Tauben in Schwärmen schwirren umher. Die Luft ist getränkt von seltsam reizvollen Blumengerüchen. Nach und nach kommen die anderen, jeder gelabt vom Nachtschlaf und gerufen von der Heiterkeit der Morgenstunde. Eine liest am Gebüschrand zwei vertrocknete Ästchen auf, das erste zwei, das zweite drei Finger lang, kreuzt es und legt es in die Mitte zwischen uns auf den Boden. Hinzu kommt eine frisch gepflückte Oleander-Blüte vom nächsten Busch und ein einfaches grünes Blatt. So entsteht unter uns, was man nicht „Altar" nennen würde, aber doch einer ist. Wir singen und beten, jeder mit seinen Worten und Gedanken. Und vor allem schweigen wir auch, erspüren das Geschenk unseres Miteinanderseins für die kommende Aufgabe, hören wieder auf die Losung des Tages und vernehmen dazu eine Schriftstelle. Auch ein Gebet wird gelesen, das gestern, am Anfahrtstag, die Losung begleitete. Es hat mich sehr beschäftigt, es ausgerechnet an diesem verheißungsvollen Tage zu lesen; denn es ist aus dem KZ Ravensbrück überliefert, von einem Menschen, der längst als Opferzeuge dahingegangen ist, den niemand kennt und dessen Geist noch heute weiterspricht:

> „Friede den Menschen, die bösen Willens sind, und ein Ende aller Rache. Zahlreich sind die Märtyrer. Daher o Gott, fordere nicht Abrechnung, sondern schlage sie anders zu Buche. Gib, daß wieder Friede sein möge auf dieser armen Erde den Menschen, die guten Willens sind, und daß dieser Friede auch zu den anderen komme."

Ich sehe in der langen Schweigezeit nach diesem Gebet, daß vor allem in seinen letzten Worten das Ansinnen unseres Auftrages ausgesprochen ist und die Frage angerührt wird, warum wir hier in Assisi zusammengeführt werden.

Vielleicht hilft auch die „Geschichte"; nämlich wie der „Ruf nach Assisi" zum ökumenischen Dialog aufkam, eine Antwort zu finden.

Diese Geschichte ist mir teils erzählt worden, teils habe ich sie miterlebt. Der Anfang ist ganz einfach. Alles was entsteht, wird dem Herzen oder Kopf eines einzigen Menschen eingegeben, springt wie ein Zündfunke in ihm auf, kann dann wieder erlöschen oder aber weiterfliegen und weiterzünden. Ein Dominikaner, P. Paulus Engelhardt, reflektiert Ende 1985 über den Brief, den im Herbst 1939 – schon nach dem Ausbruch des Polenfeldzuges – Max Josef Metzger an den Papst gerichtet hat, mit der Bitte, ein Konzil des Friedens nach Assisi einzuberufen. Dieser Ruf – genau so wie jener von Dietrich Bonhoeffer auf der ökumenischen Jugendkonferenz von Fanö 1934 nach einem Konzil des Friedens vor der drohenden Weltkriegsgefahr, verhallt ohne eine entscheidende Antwort und Tat. Max Josef Metzger wird wegen seines Widerstandes 1943 hingerichtet, genauso wie Dietrich Bonhoeffer 1945 wenige Tage vor dem Ende des Weltkrieges. 1985 ist ein Jahr großer internationaler Spannungen im Ost-West-Verhältnis und einer noch größeren Sorge vor dem Ausbruch eines atomaren Weltkrieges. Die 6. Vollversammlung des Oekumenischen Rates in Vancouver hatte 1983, auf Antrag der DDR-Delegation, die Eröffnung eines Konziliaren Prozesses für Gerechtigkeit, Frieden und Bewahrung der Schöpfung beschlossen. In den folgenden Jahren, gerade auch 1985, denken viele darüber nach, wie eigentlich sich der einzelne Christ in seiner Gemeinde und mit seiner Lebens- und Glaubensgruppe darauf einzustellen und vorzubereiten hätte. So kommt dem Dominikaner der Gedanke, den damals verwehten Ruf aufzugreifen und, wenn schon nicht zu einem „Konzil", so doch zu einer konziliaren Versammlung Wegbereiter zu suchen. Er schreibt an einen franziskanischen Freund; denn Assisi ist die Heimat des von Franziskus gegründeten Ordens. Dieser reicht den Vorschlag weiter an den leitenden Bruder der Ordenssektion „Iustitia et Pax" in Rom. Und auch hier verlöscht der weiter fliegende Funke nicht, im Gegenteil, er entfacht ein Feuer, aus dem die Funken immer weiterspringen. Man spricht andere mögliche Trägerinstitutionen über Freunde an, so Pax Christi, so den Internationalen Versöhnungsbund und so auch die europäische friedenskirchliche Vereinigung „Church and Peace", auch wenn das ein gutes Jahr braucht, und inzwischen, von „Church and Peace" die Erste Europäische Friedenskirchliche Versammlung in Braunfels im Juni 1986 und der Gebetstag der Weltreligionen, vom Papst eingeladen, im Oktober 1986 in Assisi sich ereignen, ganz abgesehen von dem 1985 auf dem Evangelischen Kirchentag von Düsseldorf ergangenen Aufruf, der unbeherrschbar wachsenden Bedrohung ein „Konzil des Friedens" entgegenzusetzen. Woraus, nach aller heutigen Erkenntnis, wieder einmal nichts werden dürfte. Vielleicht hat der Lärm darum und das Kirchenrechtsgezänk die Idee zerstört, sich in ihrer Ganzheit zu verlebendigen und eben auch mächtig zu werden. Vielleicht sollte sie in Teile zerfallen und noch nicht mächtig werden, weil mit ihr die Bedrohungsangst zu einer Welle hochrollte und überschlug; nämlich über den in Vancouver geforderten Vorlauf der Gerechtigkeit. Wer ein Konzil des Friedens fordert, weil die Zeit drängt, verliert mit seiner (verständlichen) Angst vor der atomaren Zerstörungsgewalt und seinen höchst achtbaren und wichtigen Bemühungen um die Abwehr dieser Untergangsbedrohung gleichwohl den Stand im Glauben an die Auferstehung Christi, der ihm das Drängende dieser Angst nehmen kann und ihm Raum gibt, der Gerechtigkeitsfrage gegenüber den armen und ärmsten Brüdern und Schwestern den Vorrang zuzugestehen. Vielleicht sind einmal Braunfels und Assisi auch, und jetzt viele andere regionale Versammlungen und Basel 1989 die ökumenischen Pflanzstätten, aus denen eine „Kirche unterwegs", eine „Kirche von unten" herauf sich auf dem konziliaren Weg ungezählter und ungenannter vieler Einzelner begründet. Wer in Assisi im August 88 dabei war, hat es erfahren, hat seine Aussendung für Gerechtigkeit, Frieden und Ehrfurcht vor der Schöpfung auf den Kreuzweg durch seine Alltäglichkeit empfangen.

Die Vorbereitungsgruppe, deren Glieder von den vier Trägerinstitutionen entsandt wurden, bildete sich in der ersten Hälfte des Jahres 1987. Einige vorlaufende Entscheidungen hatten die einladenden Franziskaner schon von sich aus getroffen. Dazu gehörte auch das vielsagende Signum, die mit dem Kreuz in den Füßen aufflatternde Taube. Dazu wäre auch die Wahl des Standortes des ständigen Sekretariats, Münster, und des Sekretärs zu zählen. Alle diese glücklichen Entscheidungen nebst der Zuladung der drei anderen Träger können nicht darüber hinwegsehen lassen, daß, am Maßstab der Internationalität gemessen, die Zusammensetzung alles andere als ideal war. Um aus möglichst vielen europäischen Ländern und Sprachgebieten Mitwirkende an der fast jeden Monat für ein bis zwei Tage zusammentretenden Vorbereitungsgruppe heranzuholen, fehlte es angesichts der erheblichen Reisekosten an einer entsprechenden finanziellen Ausstattung, zu der keiner der Träger in Anbetracht seiner eigenen dürftigen Lage imstande gewesen wäre, größere Beiträge zu leisten. Es kommt der

Einsatz der Zeit hinzu. „Assisi '88" ist von Anfang an eine arme Veranstaltung gewesen. Sie ist es ohne Selbstbedauerung geblieben, und daher vielleicht, als eine „armselige" geglückt. Jeder, der sich an den Vorbereitungsarbeiten beteiligte, mußte die Unkosten selber übernehmen. Aber manch gute Anregung wurde dann brieflich beigesteuert und verarbeitet. Die wenigen, die sich schließlich zu dauerhafter Zusammenarbeit in der Vorbereitungsgruppe aufeinander einlebten und einarbeiteten, ergriff alsbald eine eifrige Freude. Ich kann nicht erinnern, mich je in einer Gruppe von Menschen, nach rasch verfliegender Fremde voreinander, so in einem Miteinander der dialogischen, freundschaftlichen Denkarbeit und in einer gegenseitigen hörsamen Verständigkeit wiedergefunden zu haben. Ich kann mich auch nicht entsinnen, je so fraglos mit anderen Gläubigen aus ihrer konfessionellen Identität heraus kommuniziert zu haben wie mit den Mitgliedern dieser Gruppe. Sie wuchs zu einer kleinen ökumenischen Gemeinde zusammen, vielleicht schon ehe sie sich dessen in ihrer ersten eucharistischen Abendmahlsfeier während der Münsteraner Klausur im Februar 88 bewußt versah. Sie ist eine Gemeinde der „Kirche unterwegs" gewesen, für eine bedeutsame Wegstrecke, deren Spuren in der Erinnerung eines Jeden haften bleiben und ihn weiterweisen ...

Da wird, während der Arbeitssitzungen und bei zahllosen hin- und herlaufenden Briefwechseln, Telefonaten, Zwischenbegegnungen – auch ein Verdienst unseres leitenden Bruders und Sekretärs, des Franziskaners Karl Neuwöhner, – ein Stil der leichten, schnell auffassenden, nicht wortreichen Abarbeitung offenstehender Fragen gepflegt, unkompliziert im Denken, oft durch Witz und Ironie das Schwierige einer drohenden Verklammerung enthebend. Ja, bisweilen im Schwung des Zutrauens werden auch lastvolle Probleme auf die Seite geschoben, indem man auf die Erfahrung setzt, daß sich mancher Knoten schon von selber lösen wird. So auch mit dem monatelang drohenden mächtigen Defizit, so mit der Ungewißheit der Zahl der Teilnehmer. So auch mit der reichlichen Unklarheit, die nicht wegorganisierbar war, wer jeweils in den vielen Bezugsgruppen (Affinity-Groups) und in den Workshops tatsächlich als Sprecher oder Moderator in Assisi eintreffen werde. Das schloß stundenlange, gründliche, geradezu ziselierende Gespräche des gemeinsamen Suchens und Findens von Problemlösungen nicht aus. Aber dabei zu dogmatisieren, war in dieser Gruppe dankenswerterweise unnötig. Und es gab auch Bereiche, die wurden bewußt nicht organisiert, etwa vorweg festlegend bedacht. Sie sollten den in Assisi zusammengestreuten Menschen mit ihrem eigenen spontanen Geist zugemutet bleiben. Natürlich schloss dies nicht aus, daß jeder von uns, immer wieder in dieser langen Zeit 1987/88 von der bangen Frage angefallen wurde: wie soll das bloß gut gehen? Wie können wir es überhaupt so austragen: das Charisma des Rufes, der Aufgabe, des Ortes, ohne die Erwartungen, die Anstrengungen derer zu enttäuschen, die von weither nach Assisi in ihrem je eigenen konziliaren Prozeß pilgern werden? Wird ihnen durch Ereignisse und Begegnungen, die wir nicht planen wollen und können, vielleicht eine auch unerwartete Veränderung geschenkt? Eine, die sie der Durchdringung vom Geist der Seligpreisungen her öffnet: Freude, Einfalt, Barmherzigkeit? Und wird es im unvermeidlichen Getriebe einer von so vielfachen Sprachtemperamenten belebten Versammlung noch gelingen, Zeiträume zu schaffen, die innere Stille empfangen lassen, um in Christus zu bleiben und der Welt nicht ohne sein Wort aufzumerken und zu wachen?

Wer sind die wenigen, die sich „Vorbereitungsgruppe" nach außen hin nennen? Die miteinander zu einer freundschaftlichen Gemeinde zusammenwachsen als Zeichen, daß es die eine Kirche geben kann, die wir im Glaubensbekenntnis anrufen? Es sind zwei, bisweilen auch drei Franziskaner, und da auch der rührige Leiter ihres Ordensbereiches „Iustitia et Pax" aus Rom, der zu meiner Bewunderung nicht nur sechs Sprachen versteht und spricht, sondern sich im Verfolg seines Anliegens auf allen Kontinenten bewegt und tummelt. – Pax Christi hat zwei Weltpriester entsandt, erfahren im geistlichen Geschäft der Einrichtung und Ausrichtung großer Versammlungen, ökumenischer Gottesdienste mit gesungener Liturgie oder auch gruppenweise themenzentrierter Aufgabenstellungen mehrsprachigen Dialogs. – Der Versöhnungsbund läßt sich leider nur durch einen Referenten vertreten, dessen Mitwirkung durch die Tatsache belastet und geschwächt ist, daß er nicht am Ort der Geschäftsstelle seiner Institution tätig ist. – Und dann sind da die drei Abgesandten von Church and Peace, der europäischen friedenskirchlichen Vereinigung, die gleich anfangs und später ihre Erfahrungen aus der Vorbereitungsarbeit der Ersten Europäischen Friedenskirchlichen Versammlung in Braunfels 1986 einzubringen in der Lage sind. – Da ist dann aber auch das eine oder andere Mal ein kleiner, älterer Dominikaner mit leuchtenden Augen, ein Mensch, dessen Antlitz mich an das „Sehend denkende Herz" von Pascal erinnert. An manchen Sitzungstagen wird die Gruppe indessen auch – wie mit freundlichen Blumen – von der einen oder anderen Franziskanerin bereichert oder einem jungen Mädchen, die als freiwillige Helferin monatelang, und dann auch in Assisi, mit großer Hingabe die Aufgaben des Sekretariats mit bewältigen hilft. Und das ist dann aber auch schon alles, wenn man nicht doch dankbar diejenigen Frauen hinzuzählen sollte, die in einer liturgischen Unterkommission uns mit ihrem musikalischen Können und ihren gediegenen Kenntnissen die Gottesdienste, die Morgenandachten und das Mittagssingen so gestalten, daß der Herzschlag von „Assisi '88" nicht nur warm pocht, sondern selig singt. Wodurch uns die Erfahrung geschenkt wird, die alte immer neue: Wo zum Lobpreis Gottes gesungen wird, da ist Friede!

Eine Erinnerung sei hier eingeblendet, auch wenn damit abgeschweift wird. Die Welt ist selbst im planetarischen Raumfahrtzeitalter klein wie ein Dorf, wenn es darauf ankommt, sich zu begegnen, obwohl sie damit leider noch kein Weltfriedensdorf ist. Die „Anziehungskraft des Bezüglichen", eine Wortung von Karl Mannheim aus den dreißiger Jahren, wenn ich mich nicht irre, die gilt immer noch, obwohl sie nicht das übliche Sympathiegeschnüffel zu überspringen vermag, bei dem es auch unter Menschen angenehm und stimmig zugehen muß. Kurz und gut: einen der Franziskaner treffe ich unverabredet am Tor 3 vor der Cruise Missile Base in Hasselbach wieder. Während andere weiterblockieren, versuchen wir durch den Metallgitterzaun hindurch in ein freundliches Gespräch mit den bewaffneten, unwilligen Wachsoldaten der US AIR FORCE zu kommen. Nach mehreren abgewiesenen Versuchen gelingt es uns, die Sprache des gegenseitigen Fragens und Antwortens zu einem „Loch im Zaun" werden zu lassen. Unvergeßliches Seitenstück des konziliaren Weges, mit Weiterungen und Auswirkungen, die hier nicht ausgebreitet werden können. Nur das Beispiel ist wichtig! Wenn solche, die Feinde genannt werden, zwischen denen Bedrohung und Abwehr aufgerichtet wird, die sich beargwöhnen, ja hassen sollen, dann doch aufeinander zugehen und miteinander reden. Dann flammt für eine Weile das Licht der Freundlichkeit auf und brennt durch die harte Absperrung eines Todesstützpunktes der Abschreckung, der mit der Zerstörungsgewalt von mehr als tausend Hiroshima-Bomben bestückt ist.

Wie kommt die Vorbereitungsgruppe zusammen? Wie geht sie die Probleme an? Wie arbeitet sie den Katalog der Fragestellungen durch, die unzählbar im nachhinein und unvorhersehbar im vorhinein jede eine die nächste nach sich zieht? Einige Anmerkungen zum Stil habe ich schon gemacht. Vielleicht trifft das Bild vom elastischen Netzwerk voller spontaner Kraftstöße und Schwingungen, die sich wellengleich fortpflanzen, am ehesten zu. Deren fortlaufende Bewegung vermittelt unentwegt Anregungen. Vielleicht sollte ich auch erwähnen, daß die Männer alle phantasievolle Theologen sind, ob Priester oder Pfarrer oder Religionslehrer, mit einer Ausnahme. Auf der ersten Zusammenkunft in voller Besetzung, als jeder seinen Lebenslauf kurz erzählt, gebe ich trocken zum Besten, daß mein Beruf „Unternehmer" sei – und in welcher abenteuerlich rauen Branche dazu – wenngleich ich auch jetzt – als einer der Abgesandten von Church and Peace unsere eigene Mitgliedsinstitution, die gemeinnützige Stiftung *die schwelle, Beiträge zur Friedensarbeit* vertrete. Ich sehe heute noch die staunenden Gesichter, vor allem bei einem von einem fast zweifelnden Argwohn gezeichnet: wie kann sich sowas hierher verirren? Mit ihm habe ich nachher gute Freundschaft gefunden und anregenden geistigen Austausch. An ihm zog mich seine gebärsame Sprache besonders an. Aber Unternehmer, das sind doch die von der „anderen" Seite. Dieses Befremden zerfloss jedoch bald, natürlich auch, weil Gelegenheit geboten war festzustellen, daß ich in der Sache auch „in", und wenn nötig theologisch zu fragen und zu denken imstande bin, ferner mit praktischen Erfahrungen beitragen konnte. Später wurde ich damit betraut, ein von mir vorgeschlagenes ökumenisches Liederbuch eigens für „Assisi '88" zusammenzustellen und drucktechnisch zu betreuen, eine der aufregendsten, aber auch schönsten Arbeitsaufgaben meines Leben.

Was mich immer wieder staunen läßt, ist die Tatsache, wie nüchtern, wie sachlich gewandt, wie geschäftsmäßig normal solch eines Sitzungstages dichtes Programm abgewickelt wird. In einigen Punkten wird es gleichsam leicht abgehakt, in anderen gesprächstechnisch gekonnt durchgeackert, zum Schluß fast immer in drängender Eile noch dies und das in durch verfrühte Abreisen schon verdünnter Besetzung, auch mehr dialogisch zwischen diesem und jenem, die es vor allem angeht, mit hin und her zugeworfenen Worten, bisweilen auch beim Aktentaschenpacken und mit halbem Ohr zu zwei in ähnlicher Weise sich austauschenden Nachbarn hinhorchend, um deren Anliegen noch mitzubekommen. Es scheint also nicht sehr anders zuzugehen als in Verhandlungskommissionen politischer oder wirtschaftlicher Couleur. Und doch gibt es entscheidende Unterschiede, zumindest in zweierlei Hinsicht. Nicht daß wir unsere „Andacht" zum Auftakt der Tagesarbeit am Sitzungstisch halten statt in einer Kapelle. Nicht daß der Sekretär ein mit knapp wortender Sorgfalt verfasstes Protokoll der vorangegangenen Sitzung durchgeht und daß jeweils bei der dann folgenden Vorlage der Tagesordnung ergänzende Vorschläge des einen oder anderen eingefügt werden ohne eine besondere Stellenwertdiskussion. Nicht, daß sie immer so angefüllt ist mit Erledigungen verschiedensten Anspruches, und deswegen die Arbeitsgespräche aus geduldiger Gedankenfädelung bisweilen in Schweinsgalopp übergehen. Sondern es ist einmal die ranglose Zelebrierung des Arbeitsablaufes und die Abwesenheit von Streit um Dominanz und Grundsätze. Eines Tages weilt unter uns erstmalig, nachdem wir schon länger als ein halbes Jahr miteinander vorbereiten, ein jüngerer Dominikaner, auch als beobachtender Gast, der sich offenbar schnell einfühlt mit seiner schweigsamen Anwesenheit. Er verabschiedet sich später mit der Bemerkung, er habe noch nie eine Gruppe so verschiedener Herkunft und Personen kennengelernt, die bei einer solch großen Aufgabe so freundlich, so unhierarchisch miteinander umgehe und Fragen leicht löse, die bei anderen Gruppen mit Kontroversen geladen seien. Das ist der Unterschied, der auch mich besonders fasziniert. Seltsamerweise findet sich in einem der besten Presseberichte von Assisi ein gutes halbes Jahr später, also nach der Versammlung, die gleiche Beobachtung wieder, ohne daß sie auf einen Kontakt beider Beobachter zurückgehen kann. Man sieht, wie der die Versammlung später selbst mitprägende Geist des Umganges miteinander sich offenbar in der Keimzelle der Vorbereitungsgruppe schon wohltuend gebildet und eingenistet hat.

Jedenfalls: Fromme Sprüche sind da verpönt! Der geistliche, der kirchliche Witz brilliert, die Ironie ist auf feine Weise zugelassen, womit vielleicht auch der eine oder andere Konflikt zur Ader gelassen wird, ehe er fiebern könnte. Die Meinungsverschiedenheiten werden oft ohne langes Palaver ausgetragen. Klarheit der Feststellungen, trächtige Erfahrungen, deutliche Beispiele überzeugen sofort. Wenn einer mal sagt, schließlich und endlich: „Das kann ich nicht mittragen." ... – dann wird ein neuer Weg gesucht, den er mitgehen kann. Es wird nicht überstimmt! Der einmütige Konsens wird selbst in der engagierten Beteiligung am Ringen um die besten Lösungen nicht verletzt. Ich erinnere auch nicht, daß es je zu einem Vorwurf gekommen wäre gegenüber der Einnahme eines Standpunktes oder der

Äußerung eines Argumentes, in der die konfessionelle Identität sich einschränkend auswirkte. Da werden dann feinfühlig neue Türen geöffnet, ehe es zu Verknotungen kommt; denn die Knoten sollen auch nicht durchgehauen werden. Es wird die Erfahrung geschätzt, mit liebevoller Geduld eine Wirrnis entschlingen und die Fäden zart und rücksichtsvoll in die ihnen entsprechende Ordnung hineinzustrecken, wenn nötig mit einem langen Atem auf Umwegen. Vielleicht kann nur so die erbetene Vergebung weitergegeben und damit Praxis werden. Übrigens keiner, nicht einmal der vielgeplagte Sekretär, ist wegen des Auftrages, die Versammlung einzurichten, von seiner Berufsarbeit freigestellt. Jeder hat seinen Full-Time-Job „nebenbei" durchzuhalten. Jeder gibt Wochenenden, Abend- und Nachtstunden dran, und diese Leidenschaft wirkt wahrscheinlich auch wie eine Schweißflamme, die unsere Geister für die Durchführung immer wieder zusammenfügt.

Natürlich gibt es und gab es Kritik untereinander. Aber es war nicht eine verwerfende, schonungslose, sondern eine den anderen immer noch suchende. Wir haben, jedenfalls einige von uns, uns auch darin kennengelernt, daß die Spannkraft versagte, Belastungen nicht mehr aushielt und, um Atem zu behalten, einer mal ausflippen mußte, in rasch bedauerten Jähheiten. Es gab bei der einen oder anderen Gelegenheit auch das sich selbst schützende Schweigen als Raum der Einschließung unnötiger, nicht dem Vorankommen der Sache dienender Konfliktstoffe. Überhaupt das Schweigen, dieser andererseits so wunderbare Brunnquell des Reifens, von manchen unter uns anhaltend geübt als ein Geschenk der Zurückhaltung für diejenigen, die an dem jeweilig zu behandelnden Tagesordnungspunkt eher dran waren zu diskutieren. Gemeinsame Schweigezeiten allerdings sind selten gewesen. Sie haben auch als Elemente der Gottesdienste in Assisi gefehlt, es sei denn, man suchte den Stillen Raum der Kapelle in der Cittadella auf, wo auch das Hiroshima-Nachtgebet sich ereignete. Oder man habe sich eigene Zeiten zugeteilt und gelassen, an irgendeiner zufällig dazu einladenden Stätte. Diesen Ausfall des Schweigens miteinander habe ich manchmal entbehrt! Es hätte uns Befreiung aus dem Durchhetzen der Tagesordnung verschafft, dem wir doch bisweilen verfallen gewesen sind unter der Last der Bedrängung alles noch Unerledigten und der immer näher heranrückenden Versammlungszeit. Es ereigneten sich dafür andere gute Stunden der Verweilung oder des persönlichen Gespräches, im Klostergarten, in der Bibliothek, beim Streifzug durch Assisi, während rascher Zwischentreffs in einem Bahnhofswartesaal, und vor allem am Telefon mit der Einzigartigkeit einer vertrauten Stimme, nur von Ohr zu Ohr bei geschärftem, ungestörten Zuhören ...

Vor allem die Abende vor den Sitzungstagen in den Franziskanerklöstern Mönchengladbach, Münster und am häufigsten im Wirtschaftsbabel Düsseldorf, hier in der Immermannstraße der Innenstadt, sie sind mir kostbare Erinnerung; denn auch der eine oder andere traf so schon vorher ein, um ausgeruhter in die vielstündigen Besprechungen zu gehen. Da finden manche Fragen der Tagesordnung eine bereits unter vier Augen vorbereitete Antwort, die dann ohne Umstände vom Plenum übernommen werden kann. Und man lernt sich kennen! Man ist als Gast auch freundlich hineingenommen in den franziskanischen Klosteralltag. Persönliche Dinge finden untereinander genauso Gehör, Erzählungen aus der eigenen Arbeit, aus dem früheren Leben und Herkommen. Manche Zweifel werden so ausgeräumt, manche Zögerlichkeiten empfangen beschleunigende Aufmunterung.

Und eines Tages beschließen wir auch, Ende Oktober zu fünft nach Assisi zu reisen, um dort während mehrerer Tage wichtige Angelegenheiten vor Ort zu klären. Insbesondere müssen die Übernachtungsstätten in Augenschein genommen werden, das Tagungszentrum selbst, die sogenannte Citadella, und vor allem die Kirchen der Stadt. Mit ihren Oberen ist zu sprechen, ob sie bereit sind, uns mit unseren ökumenischen Gottesdiensten aufzunehmen. Andere einflußreiche Personen sind aufzusuchen und ihnen die Obwaltung einzelner Regelungen anzuvertrauen. Das innerstädtische Bussystem soll um ergänzende Pendeldienste gebeten werden, was zu erreichen uns nicht gelingt und weshalb wir dann später, noch eben drei Tage vor der Versammlung einen privaten, zuverlässigen Busunternehmer engagieren, der mir als italienischer Typ eines kleinen Gewerbetreibenden erinnerlich bleibt, Claudio Jacopi. Mit ihm hatte ich dann Fahrplan und Preise in einem munteren Palaver auszuhandeln. Dieser persönliche Augenschein, das erste staunende Erspüren und Erleben der wunderbaren Stadt und ihrer Stätten wird für unsere spätere Vorbereitungszeit unersetzlich, die liturgische Feier der Eucharistie im Kloster San Damiano auch für uns Protestanten und für unseren mennonitischen Freund eine unvergeßliche Einbindung der Christuserinnerung, die sich an diesem Ort einst dem Franz verpflichtend erweckte. Ganz abgesehen davon ergaben die vielen Gespräche in diesen Tagen in der unvergleichlichen Sphäre der Stadt geradezu einen Klärungsschub für die Vorstellungskräfte, deren der Entwurf des möglichen Ablaufes der Versammlung bei jedem von uns bedurfte. Und die rechte Wahl der gottesdienstlichen Stätten und der vielen benötigten Räume, draußen und drinnen für Gesprächsgruppen fällt uns fortan leicht. Ich gebe aus in diesen Tagen an meine Frau geschriebenen Briefen die nachstehenden Schilderungen wieder.

Florenz, 27.10.87, 9.45 Uhr
Ich sitze auf einem Platz unweit vom Hauptbahnhof, weil ich in die nicht weit abgelegene Innenstadt mit meinen zwei Rucksäckchen und der Aktentasche nicht laufen kann. Ich hocke auf der Treppenstufe eines Steinsockels zu einem Denkmal, das den Toten des 1. Weltkrieges gewidmet ist. Dessen Ereignisse passen wenig zu meinem Anliegen dieser Reise, es sei denn, die Erinnerungen werden tatsächlich zur Warnung vor ähnlichem Wahnsinn. Vielleicht hat er längst wieder begonnen, ich weiß es nur nicht, weil meine Zeit jetzt nicht diese, sondern eine ganz andere ist, für die mit Ziffern datierte und abzählbare Tage nichts bedeuten. Auch die alten, schönen Häuser, von denen ich im Sonnenschein und milder Luft umgeben bin, sehen mich eher wie Postkarten an. Ich habe die Nacht unterschiedlich gut oder schlecht, wie man es nimmt, geschlafen. Der rüttelnde Waggon weckte mich mit seinen eisenquietschenden Rädern und seinen stampfenden Achsen, über deren einer ich lag, immer wieder auf. Dann habe ich gesungen, meditiert, gebetet – und an Bildern der Erinnerung aus dem eigenen Leben gemalt. Ich habe mir, als wir das Etschtal herabrollten auf Verona zu, überlegt, wie sie damals in mittelalterlichen Jahrhunderten zu Fuß diese Strecken in Wochen abpilgerten. Nach der erfrischenden Morgenwäsche, während der Zug das Po-Tal – auf Bologna zu – durcheilte, und nach einem Tee mit leichtem Imbiß las ich in dem Büchlein „Der Orden der Einheit", aus dem ich mir nachts vor dem Einschlafen auf der Inntal-Strecke noch die vier Regeln in meine Geistesgegenwärtigkeit durch abermaliges Auswendiglernen eingeprägt habe. Dieses Büchlein sollten wir eine Zeit Seite um Seite und mehrfach wiederholend in unsere Vigilie aufnehmen, weil anders als wiederholend die Erfahrungen seiner Regeln sich nicht so dem eigenen Wesen eingeben, und sie in ihrer Deutung dem Gebrauch sich nicht selbstverständlich öffnen. Es ist wie mit dem Gebet der wenigen, immer gleich gesprochenen oder gesungenen Worte, die

Übung des zehn-, des hundertfachen Sprechens oder auch des Schweigens. Es ist wie die Handbearbeitung, die gärtnerische von Samenkästen, von Wachstumsbeeten, in denen aus Christusworten ein neues Wesen hervorkommt. Darum heißt es auch zu Recht: *„Lasse Dich durchdringen vom Geist der Seligpreisungen: Freude, Einfalt, Barmherzigkeit".*

Ich habe mich zum Tee in eine nahe Cafeteria verzogen und schreibe an einem runden Tischchen. Irgendwie weiß ich, daß ich in Firenze bin. Aber es ist nur ein vorübergehender Ort, in dem ich auch gar nicht erst eingetroffen bin, sondern den ich nur durchkreuze. Ich bin bei mir und bei dem, der mich leitet. Es gibt kein verstörendes Draußensein. Ich bin mir gleichsam ein zufrieden, zu-Frieden widerhallendes Gehäuse. Es hat seine Fenster, seine Tür offen. Aber ich bleibe jetzt einmal drinnen. Vorhin stand ich gegenüber an der von einem Gitter unterbrochenen Mauer einer Kirche, alt, sehr alt. Durch dieses Gitter konnte man in einen zauberhaften Garten, ein ganz stilles Plätzchen spähen. Da hätte ich gerne gesessen, aber das Tor des Gitters war verschlossen. So muß man sich immer wieder fortwenden und erfährt dabei eine gewisse nicht unheilsame Unzugänglichkeit, obgleich mir die Beschaulichkeit der umgebenden Gemäuer mit ihren uralten Steinen, diese Ruhestunde wohl angestanden hätte. Ich habe sie in diese Cafeteria mit herübergenommen. Das Geschirrgeklappere, der Verkehrslärm, die kommenden und gehenden Leute beunruhigen mich nicht. Nach wie vor wird viel Jeans getragen, bisweilen lange Schlumperhosen, zur Abwechslung die neue Kurzrockmode, eine schnöde Abscheulichkeit. Kleidung allein bedeckt, verbirgt, was andere Augen beschämt; nämlich die Unschönheiten des Körpers. Oder sie macht eine schöne Leiblichkeit geheimnisvoll! Davon versteht die Postmoderne nicht viel, weil sie sich überhaupt selbst nicht mehr deuten kann. Das Wirrsal der Seelen, die Wirrnisse des Zeitgeistes sind eben total Es gibt nur einen Ausweg, der keine Verwerfung eben dieses Zustandes ist, sondern nur ein gleichzeitiger Anruf, ihn zu verlassen: Freude, Einfalt, Barmherzigkeit. Wie weit bin ich selbst noch davon entfernt! Aber auf diesem Weg sind doch die Schatten meiner Gestalt endlich einmal kurz. Ich atme auf, als könnte ich schon neben sie treten. Dabei entdecke ich eben, daß ja über dem Schatten meiner Gestalt Helles ist und es sie anschimmert. So werden die Finsternisse im „So-bin-ich-Gehäuse" klarer. Jetzt will ich aber noch ein wenig wandeln nach dieser erholsamen Rast. Es ist hier um die Ecke eine schmale schöne Gasse. Bald mehr. Vielleicht treffe ich da jemanden ...

Vor der Abfahrt aus Firenze. Zwischen Ziel und Wirklichkeit, Anspruch und Vermögen, Aufgabe und Verwirklichung klafft immer ein Unterschied, ein Zwischenraum. Er sollte uns nicht betrüben, schon gar nicht ärgern. Wichtig ist nur die Klarheit beider Positionen. Wir sollten uns freuen, wenn die Ziele wie Horizontringe vor uns herziehen, sonst hätten wir kein Voraus.

Im Zuge, Arrezo, 27.10.89
Jede Konfrontation, vor allem auch die beharrliche, setzt dynamische Gewalt frei, passiv oder aktiv. Der gewaltlose Weg ist einer der Konvokation. Die Stimme dieser Konvokation vernehmen wir in der Kontemplation, zumal der Seligpreisungen. Es ist Christus' Stimme, durch die wir in der Kontemplation erwachen. Zwar benötigen die Menschen die polare Konfrontation. Aristoteles schuf ihre abstrakte Logik im Satz vom ausgeschlossenen Dritten und vom Widerspruch. Sie benötigen eine solche Konfrontation schon im Mutter-Kind-Verhalten, auch im spielerischen Kinderstreit, im Wettkampf, in der Auseinandersetzung biologischer und geistiger Energien zur Ich-Findung, zur Ich-Festigung, zur Selbsterklärung, zur autonomen Standpunkt-Widerstandsfähigkeit. Konfrontation sollte über sich hinaus immer die Konvokation einleiten. Aus dem Gegeneinander und Gegenüber in ein Neben- und ein Miteinander hinüberführen.

Am Trasimenischen See, inmitten weiter fruchtbarer Ebene, die sich bis zu den Appenin-Hängen hinzieht.

Ich weiß im Augenblick nicht, was mich wirklich nach Assisi führt. Ich spüre ein Rätseln und trete mit meinen Ahndungen in eine wartende Verhaltung hinüber. Alles mit mir ist unbedeutend. Ein gleichsam namenloses Kindsein ohne Vorgeschichte reist auf ein unbekanntes Ziel hin. Am Bahnhof von Perugia drängt sich viel heiteres, auch junges Volk in den Zug. Die leben hier ausgelassener. In einem Vorort erspähe ich einen Freimarkt, wie bei uns bunte Lustigkeiten! In anderen Gegenden der Welt, Mittelamerika, wüten Todesschwadronen. Ich las gerade darüber in einer Zeitung. So machen sich die Leute Vergessen, für eine Weile. Ist es nicht ihr gutes Recht?

Assisi Bahnhof
Daß ich vor Assisi angekommen bin, zeigt sich daran, daß ein alter, dicker Pater in brauner Kutte mit gravitätischen Schritten neben mir aus dem Eisenbahnwaggon steigt und mir dann im Bus gegenübersitzt. Wir gönnen uns gegenseitige Betrachtung. Der Fahrer nimmt mich so mit, ich kann nicht zahlen, weil ich kein Blechgeld habe, und er nicht zu wechseln vermag. Welch eine Freundlichkeit! Würde sie von einem Bremer Straßenbahnschaffner oder Busfahrer auch gewährt werden? Bei uns sind die Leute viel zu genau. Von Pasta, der Vorstation drunten in der Ebene, erblickt man Assisi hoch am Hang gelegen, stolz und schön, nicht wie „der Armut größter Abendstern", sondern eher in einfacher, erhabener Majestät. Ein Bus, wie gesagt, trägt mich bis unterhalb der Stadt. Den Weg vom Bahnhof bis hierher hätte mein Knie nicht geschafft. Da sitze ich erst einmal auf einem Stein ab und komme mit meinem Geiste an. Es ist mir noch wunderlich zumute. Ein Polizist zeigt mir auf Befragen an, daß ich die etwa zwei Kilometer lange, zum Kloster San Damiano gelegene Straße unterhalb der Stadtmauer zu Fuß gehen kann, durch Gärten und Wäldchen. Und dazu mache ich mich jetzt auch auf, sicherlich wegen des Gepäcks oft absitzend in eine Verweilung. Jählings denke ich an den Jungen mit seinem amputierten Beinstumpf an einer Straßenecke in Ho-Chi-Minh-Stadt vor sechs Monaten. Sein kalter, mißtrauischer Blick durchdringt mich, fragt mich: „Was machst Du denn hier?"

San Damiano
Ich habe den Weg mühsam, unter mehrfacher Pausierung schließlich doch geschafft. Das Gepäck plagte meinen Rücken, das Knie schmerzte, aber sie ließen mich nicht im Stich. In den Pausen erfreute ich mich an den silbrigen Blättern des Olivenhaines vor der alten Stadtmauer oder an der drunten sich erstreckenden Ebene, über die ein zarter Dunst sich legte, in den die späte Nachmittagssonne eintauchte. Als ich schon dachte, San Damiano erreicht zu haben, erwies es sich, daß ich noch einmal einen Kilometer einer sich abwärts schlängelnden Straße bewältigen mußte; und indem ich wartete, kam ein Autofahrer und nahm mich mit. Aber da sitze ich nun, auf einer Bank in der Straße, wo der Weg zu der Stätte abzweigt, an der Franz einstmals seine Erweckung empfing, das Kirchlein, das er eigenhändig restaurierte. Mancherlei Leute schwirren herum, Autos und Busse fahren an oder ab, das sight-seeing-Getriebe. Und man hört verschiedene

Sprachen. Fern oberhalb, von Assisi herab, läutet auf einmal anhaltend ein Glöcklein. Das gehört zu dieser Geschichte, nicht die Motorengeräusche. Sie machen mir deutlich, was in fast 800 Jahren seitdem geschehen ist. Und die Geschichte, die Verkündigung des Franz hebt sich in eine nicht mehr faßbare Unwirklichkeit, Geschichtslosigkeit ab, in der sie nicht mehr verletzt werden, sondern jeder Zeit – zeitlos quer – in eines Menschenlebens Sinn einfallen kann. Jetzt, wo ich hier, am 27. Oktober 1987, auf der Bank vor San Damiano sitze, – ich, D. H. – mit dem Gepäck meiner Sachen und meiner eigenen Existenz, entzieht sich mir diese Geschichte in eine Unantastbarkeit. Aber sie entschwindet auch in die Sprachlosigkeit eines Rätsels. Zwanzig Meter unterhalb der Bank erspähe ich auf einem Patt-Pfad hinter Gebüsch heraufsteigend drei braune Gestalten. Es sind in ihren Kutten, wie ich erkenne, zwei Schwestern und ein Franziskanischer Bruder. So wie sie dahinschreiten, schenken sie mir wie in einem Brückenschlag den Eindruck, ja die jähe Gewißheit, daß die von Franz angestiftete Sache, sein Anliegen, trotz allem was seitdem entgegen seinem Ansinnen geschehen ist, weiterlebt und weitergetragen wird. Irgendwie – niemand weiß es genau, muß es auch nicht wissen. Ich sammle schließlich meine Packstücke wieder auf und schreite langsam auf das Kloster zu. Ein Vorhof, der sich aus den kleinen Hausanbauten, in Anlehnung an das alte Kirchlein in der Mitte bildet, nimmt den Besucher mit der Geste einer von den Steinen, den schönen, schweigend ausstrahlenden atemlosen Stille auf. Auf der Mauerkante rechts davor, nahe dem Abhang, hocken zwei Jungen mit Rucksäcken und lassen eine Gitarre zart erklingen.. Aus einem Fenster schallt, offenbar in einer Seitenkapelle gesungen, eben ein Chor lebendiger Gregorianik. Sie singen eine mein Herz zum Mitsingen ergreifende Liturgie: „Herr erbarme Dich, Christe erbarme Dich!" Ich muß mich anhalten und lauschend an ein Gemäuer lehnen; denn ich bin wie meines Daseins und der Zeit enthoben. Nach einem Weilchen gerät eine Besuchergruppe vor mich her, und ein Franziskaner spricht mit ihnen. Als er sich danach in einen Eingang neben der Kapelle begibt, folge ich ihm und stehe in einem wunderschönen kleinen Kreuzgang mit Gärtlein und Brunnen in der Mitte. Hier hat einst die Freundin des Franz, die sich in heiliger Liebe verbunden wußten, Wasser geschöpft. Es ergreift einen doch eine scheue Ehrfurcht, an einer solchen Stätte zu weilen. Der Pater vom Dienst, freundlich-dicklich, wendet sich mir, dem auf ihn Hinzutretenden, auch begrüßend zu. Er spricht deutsch, und ich erkundige mich nach Pater Antonio Rogeri, an den mich Karl Neuwöhner empfohlen hat, damit er mir mein Quartier anweise. Aber wie ich sogleich vernehme, ist Pater Antonio nicht da, sondern weilt in der Portiunkula bis zum Abend. Mit diesem Bescheid stehe ich einen Augenblick da, indes andere Leute den Pater in Anspruch nehmen. Dann kommen wir wieder ins Gespräch, ich stelle mich deutlicher vor, weshalb ich hier eingetroffen sei. Offenbar hatte er irgendwie am Rande etwas von unserer Gruppe vernommen, bemerkte dann, wir seien im Kloster San Quirico in der Stadt untergebracht und eilte über den alten Kreuzgang einer Tür zu mit jener unentbehrlichen Einrichtung der Moderne, dem Telefon, während ich dem 12./13. Jahrhundert nachsinne und mich auf eine alte Steinbank niederlasse, in jenen Sprüngen der Erinnerung, zu denen unser Bewußtsein uns begabt hat, alle Orte und Zeitpunkte der wirklichen Gegenwärtigkeit zu verlassen. Es kommen immer wieder Leute an mir vorbei; auf einmal mischt sich ein Mann an mich heran, der hier wohl auch einen kurzen Besuch abstattete, und er bietet mir an, falls es so sei, mit ihm zur Stadt heraufzufahren. Wir stellen uns vor, ehe der Pater zurückkehrt und das Quartier bestätigt, so daß ich aufbrechen kann. Über der dunstschummerigen Ebene neigt sich die Sonne schon in die Abenddämmerung. Oben am östlichen Tor der Stadt setzt mich der freundliche Schwabe dann ab. Ich zurre meine Päckchen auf den müden Rücken und stapfe durch Assisi, und das ganze Jahrtausend seit damals geht in meinem Kopfe in Kreisen des Verwunderns mit. „Seltsam, seltsam" höre ich mich murmeln. Es sind kaum Menschen auf den Gassen. Die alten Mauern schweigen das Wunder ihrer Behauptung aus, als wollten sie mir zeigen, daß es einen unzerstörbaren Untergrund gibt, über dem sich das Menschliche behausen muß. Ich denke an unser Haus auf dem Sandhügel im Norden, eine irdene Geschaffenheit gleichen Sinnes. Also setze ich auf dem Pflaster von Assisi meine Füße voran, nicht einmal einer Pause bedürftig, während ein fülliger Tag sich neigt. Der hat sein Licht gespendet, daß ich mich auf das Dunkle freue, als wolle mich's umheimeln, mir Sanftmut einflößen. Wir beten oft um das „Christi erleuchte uns und vertreibe die Finsternis aus unseren Seelen!" Übrigens ein Franz-Gebet. Aber es gibt keine „Erleuchtung", die etwa wie ein Blitzschlag einfiele, und ein Anderes in uns als ein neues Vermögen entzünde. Erleuchtung ist ein Weg, ein Packesel-Weg des Menschlichen. Die Lasten werden leichter, werden wie abgeworfen ohne verleugnet zu sein. Erst wenn Du Freude empfängst ob Deiner

Lasten, beginnt es Dir zu leuchten. Du gehst und läßt das Abgeworfene hinter Dir. Die äußeren Packstücke sind es nicht, die den Rücken vielleicht auch schmerzhaft drücken und die man loswerden möchte. Du mußt Dich selbst, Stück um Stück abwerfen und in die Ungewißheit gehen, daß sie gleichsam Dein Haus werde, Dein offenes, Dein mauerloses Haus.

Ich hielt nur einmal an, um zu fragen, auf einem Plätzchen mit Bäumen farbenreichen Blattwerkes, vor einem Hause mit einem Garten, in dem eine Statue, die Bekannte des Bettlers Franz stand. Das Anwesen könnte das des Bischofs gewesen sein, oder ist es noch. Aber ich war schon auf dem richtigen Wege. Und um die Ecke herum, die Gasse leicht sich absenkend, zur linken Hand die Schau auf die weite Ebene, zur rechten hohe Steinwände, bewachsen mit blumigem Gesträuch, ging ich auf die Klosterpforte San Quirico zu, läutete mich bei den frommen Klarissen ein. Es summte, das geschmiedete Gitter öffnete sich geheimnisvoll in ein Gärtlein hinein. Oben stand eine alte freundliche Schwester, der ich mich, da sie italienisch sprach, mit wenigen Worten vorstellte, um ihr deutlich zu machen, daß ich vom Pater aus San Damiano, der mit ihr telefoniert habe, geschickt sei. Dann geleitete sie mich in das Haus und führte mich über Treppen und Gänge in ein ausgesprochen schönes Zimmer, wo ich abladen und mich erfrischen konnte. Es war ein viertel nach Fünf. Die Schwester fragte vergeblich, wo die anderen Gefährten seien, die man erwarte. Ich wußte es auch nicht und fand auch keine Nachricht vor.

San Quirico, 28.10., vormittags
Ich bin gestern alsbald nach der Ankunft wieder aufgebrochen und habe mich zur Grabeskirche des Franz im äußersten Westen von Assisi begeben. Von dem Schwaben, der mich im Auto zum Osttor mitgenommen hatte, erfuhr ich nämlich, daß heute vor einem Jahr das Weltfriedensgebet sich ereignete. Nun sei ein daran erinnerndes Friedensgebet angesagt. Im umschmeichelnden Dämmerlicht des Abends, der die Nacht sucht, lief ich in einer Stimmung seliger Heiterkeit die Straße dahin und durchquerte bis zum westlichen Tor halb Assisi. Von da ging es in Strömen heranziehender Menschen hinauf auf den raumausgreifend gestalteten Vorplatz, den hunderte von flammenden Lämpchen erhellten. Die Anlage erinnerte mich mit ihren überdachten, leicht oval geformten beiderseitigen Wandelgängen sehr verkleinert an den Petersplatz in Rom; und in diesen Wandelgängen waren

noch mehrere alte Männer mit dem Entzünden weiterer Talglichter beschäftigt, was sie mit Fackeln bewerkstelligten. Vor der Treppe zum Dom eilten zwei eifrige, litzengeschmückte Polizeioffiziere auf und ab und taten so, als sei „Ordnung" ihr Geschäft, eine in Italien ohnehin unmögliche Sache. Wahrscheinlich standen sie da zur Ehre des Erzbischofs von Perugia, der die Messe zelebrieren sollte, woran man nur sieht, wie sich die Kirche vom Staat als Macht beehren läßt, und dies auch noch dazu sehr gerne. Man sollte es vielleicht gnädiger sagen: das Allzumenschliche drängt sich ihr auf und institutionalisiert ihr die Dauerkomplizenschaft mit der Macht; und darum entwirkt sich diese Kirche vom Heiligen, von dem Auftrag, den Christus ihr gab: Frieden zu verkünden und in die menschliche Realität einzuwirken. Solche Kirchlichkeit wird zur Phrase und zum zeremonialisierten, unechten Schauspiel, das jedoch mit allen Unwägbarkeiten der Volksseele die Menschen anzieht, befrömmelt, ja auch mit seinen gekonnten Schaustücken entzückt. Es ist ausgemacht, daß der Franz es anders lebte und wollte: res sacra pacis pauper est – die heilige Sache des Friedens, die Sache des Heiligen ist arm, kommt armselig daher. Wegen dieses Domes, dieses Überbaues zur Grabkapelle hatten sich die Franziskaner, die Urgruppe, um 1230 entzweit. Zumal die noch lebenden Gefährten des Anfangs sagten sich davon los und zogen weg in ihre Einsiedelei. Wenn man die Treppe, die breite und – wie stets solche römischen Treppen – erhabene heraufgestiegen ist und durch das Portal eintritt, gerät man über ein viereckiges Hinterschiff in ein im rechten Winkel nach links dazu angelegtes frühgotisches Hauptschiff mit Fresken von blühender Schönheit der Farben an Wänden und Decken. Und mit einer demütigen Bogenschwingung, die, was nach vorzeitigerem, vorhundertjährigem Gefühl eine ebene romanische Decke hätte aufsetzen lassen, nur anschwebend leicht ein zarte Wölbung bildete. Sie verleiht dem ganzen Raum das Mysterium einer sich beugenden Einheit. Da standen oder knieten schon viele Menschen, aber es war noch unheimlich still. Ich erspähte seitab im Hauptschiff ein Schild, das zur Grabstätte des Franz wies, wurde aber unten von einem Gitter abgehalten, in die Sakristei einzutreten. Und weil es ein ganz stiller Ort war, setzte ich mich auf der untersten Treppenstufe ab und verharrte in meinen Gedanken an die ungeheuer und nie enträtselbare Geschichte, deren verweslicher Leib, der sie einst enthalten und durch ihr Leben getragen hatte, hier geborgen war, bis es in mir zu singen anhob. Ohne daß ich der Stimme bedurfte oder die Lippen öffnen mußte. Das war eine kostbar lange Weile, der Uhrzeit nach vielleicht nur kurz. Ich weiß es nicht. Indessen hob dann wie von äußerster Ferne durch die gewaltigen Steine hindurch, von oben herab, eine chorische Liturgie an zu ertönen. Und während ich davon ergriffen beschloß, hier unten zu bleiben, kam ein wohlbeleibter Kirchendiener mit Besen zur Reinigung der Sakristei hinter dem Gitter geschäftig hervor und vertrieb mich aus meiner Andacht die andere Treppe hinauf, die er dann versperrte. Ich geriet in die singende Menge. Und so ist das, so muß man oft im Leben ganz falsch hinauf, wenn man heilsam unten angelangt ist. Es hat ein Merkzeichen in meinem Geist hinterlassen, das ich leiblich spüren kann.

Es hat mich nicht bis zum Ende des Gottesdienstes dort gehalten. Als ich dann im Dunkel zurückgeschritten war, fand ich Wilfried Warneck in San Quirico vor. Wir freuten uns der Wiederbegegnung; vom Hunsrück und Neuwied bis hierher ist es schon ein seltsam langer Weg. Er ließ mich gleich manches wissen, während wir zu Abend aßen, da er von Rom gekommen war, wo er Besuche und Gespräche führte, übrigens zum ersten Mal in seinem Leben überhaupt in Italien. Wilfried wußte auch zu erzählen, daß in diesem Kloster, in dessen Gasthaus wir einquartiert waren, 1944 viele Jüdinnen Aufnahme gefunden hatten. Wenige Stunden bevor die SS alle Räume durchsuchten, kleideten die Klarissinnen die todgeweihten Menschen auf Drängen des vorgewarnten Bischofs von Assisi ein und holten sie in die sonst unbetretbare Klausur hinüber, wodurch sie gerettet wurden; denn die SS – seltsamerweise – wagte nicht, diesen Teil des Klosters zu betreten.

Nach der Mahlzeit, mit Spaghetti, Salat, leichtem Landwein, gingen wir hinaus und streiften eine gute Stunde durch die Gassen der Stadt mit ihren wundersamen Plätzen, Höfen, Winkeln, hinauf zum Forum-Marktplatz, wo Wilfried vergebens sich bemühte zu telefonieren, weil seine Frau tags zuvor erkrankt und er über ihr Befinden im Ungewissen war. Als wir zurückgekehrt, teilte uns die eine der beiden die Pilger-Pension führenden alten Schwestern mit, daß man aus Verona, aus dem dortigen Franziskanerkloster, angerufen habe. Die „anderen" seien wegen technischer Autoprobleme hängengeblieben und vermöchten frühestens morgen Mittag einzutreffen.

Samstag, den 31.10.1987, Assisi, San Quirico
Ich bin von der laufenden täglichen Schilderung der Erlebnisse abgekommen. Aber ich kann mich aus mannigfaltigen Notizen der letzten drei Tage an alles sehr genau erinnern. Und nun habe ich auch Zeit; denn die Gefährten, die erst Mittwoch um 13.00 Uhr eintrafen, als wir gerade speisten, sind teils am Donnerstagabend, die letzten drei am Freitagmorgen abgereist. Es läßt sich denken, wie ausgefüllt die Zeit gewesen ist. Wir haben nicht nur geschäftig die franziskanischen Stätten besichtigt, im vorgesehenen Tagungszentrum Cittadella alle schon jetzt greifbaren Verhältnisse der Durchführung mit der Leitung erörtert, wir haben nicht nur viele Stunden in San Quirico bis in den späten Mittwoch- oder Donnerstagabend, tagsüber auch im Klostergärtlein oder derweil es Donnerstag heftig regnete, in einem Raum des Portiunkula-Klosters Fragen der geistlichen, inhaltlichen, organisatorischen Gestaltung beraten. Dabei hat es auch Phasen eines tiefen, angestrengten Ringens gegeben, Wege und Lösungen zu finden, die uns – ohne Unterschiede verkleisternde, falsche Vereinheitlichung – die Einheit auf dem Grunde erfahren und miteinander feiern läßt, den Christus gelegt hat und der uns neue Kirche für diese Welt mitten in dieser Welt verheißt. Wie können wir mit dem Feiern unserer Gottesdienste diesen Auftrag prophetisch vorantragen?

Wir haben auch unsere Gebetszeiten gehalten: eine liturgische Abendmesse besucht in San Damiano, dort die eucharistische Morgenmesse mitgefeiert und Donnerstag vor der Abreise in der Portiunkula nur unter uns eine Vesper in dem Raum gehalten, in dem wir zuvor gearbeitet haben. In der Abendmesse sang der liturgische Chor junger Mönche zu meiner besonderen Freude im Wechsel mit der Gemeinde, gerade als wir in das Kirchlein San Damiano eintraten und uns unter die vielen Menschen drängten, die da in dem Raum anwesend waren, den einst Franz 1205 n. Chr. neu mauerte und in dem er seine endgültige Erweckung und Erleuchtung erlebte. Der Schauer der Geschichte ergriff mich immer wieder in Wellen. Der kleine geduckte Raum faßt beinahe 75 Besucher. Der Chor sang eben „Ubi caritas et amor, Deus ibi est". Da stand und saß neben dem Altar übrigens derjenige Mönch, der mich tags zuvor vor dem Kirchlein, im Kreuzgang begrüßt hatte und zu meiner Herberge San Quirico dirigierte. Selbiger entdeckte mich in der während des mehrstimmigen Singens in der Menge knienden Beter, warf mir ein Augen- und Handzeichen zu und lud mich auf den Platz neben sich ein, so daß ich mich behutsam dahinschlich und nun unter den singenden Mönchen und auch neben den drei zelebrierenden Priestern saß. Es kann keine Seele geben, was auch immer ihr Leben gewesen sein mag, die von dieser lobpreisenden Anbetung demütiger ältester Weisen, die ein Jahrtausend schon und länger erklingen, nicht ergriffen, bewegt, ja erschüttert wird, zumal, wenn sie in das Mitsingen hineingezogen wird, was mir schon im Eintreten sogleich und fortan unwiderstehlich geschah. Ich kann nicht verschweigen, daß mich zwischendurch auch Zweifel befielen, da mir insbesondere einige Gebärden des Hauptpriesters nicht gefielen, weil sie gekonnter, aber mittelmäßiger Schauspielerei zu entsprechen schienen. Hoffentlich war es ein irrtümlicher Eindruck! Am frühen Morgen amtierte und feierte die Eucharistie dagegen ein Priestermönch, der, wie ich erst später erfuhr, der Lehrer der etwa zwanzig jungen Mönche des Damiano-Seminars ist. In der Nacht war hinter dem Kirchlein einer der alten Mönche in seiner Zelle gestorben. Ich saß dem Priester auf drei Meter gegenüber oder kniete neben Wilfried Warneck. Zwischen uns war nur noch eine Bank und der Altar, hinter dem im doppelreihigen Halbrund der gregorianische Chor steht und singt. Dieser Priester sang, las, betete mit einem so wunderbar einfachen, grundtiefen Ernst, sprach mit männlich fester, aber klarer Stimme und Geist, mit Augen voll eines leuchtenden Schimmers, die jeden hin und her anblickten. Das bleibt mir unvergesslich! Wenn wir Protestanten, befreit von theologischen und historischen Skrupeln, so Eucharistie mitfeiern, dann ereignet es sich einfach als Zeugnis der Gemeinschaft der Gläubigen auf dem Grunde, den Christus gelegt hat, als eine Wiedergeburt dieses Heiligen.

Ob es eine innere Erleuchtung geben kann? Die eine, die wir uns oft erbitten, die wir versuchen uns zu erbeten? Auf einem Abendgang durch Assisi denke ich: Erleuchtungen sind lange Straßen mit holprigem Pflaster, an Abhängen entlang, bisweilen auch zwischen Mauern, die ausschweigen und aussperren, – lange Straßen aus den Finsternissen heraus …

Das Kloster San Quirico hat eine vorhin von mir entdeckte Dachterrasse. Da ist mir beim Schreiben eine mild-süße Sonne geschenkt! Ich schaue über Dächer, über Mauern, Gärtlein und Türmen rundherum, nach oben fängt sich der Blick an der „Rocca", der Festung, die die Bürger um 1200 n. Chr. in einer Aufruhr gegen die Herrschaft des Adels stürmten. Den Hang abwärts erstreckt sich, noch dunstbeschichtet, die Ebene und dahinter wieder eine Bergkette mit gleichmäßig verlaufendem Kamm. Dieser Stadt ist, schon seit den römisch-vorchristlichen Anfängen, Macht und Schönheit eigen, die sich erhaben gelagert und erbaut haben. „Macht" in allen Spielarten des dem Menschen eigenen Zugriffs an offener oder subtiler Gewalt und Beherrschung. Und die Macht des religiösen, des genießerischen Pilgertourismus ist vielleicht mit der Last ihrer Neugier das Schlimmste. Was hätte Franz wohl dagegen getan? Er hätte ja kaum noch in eine Einsiedelei flüchten können, wie er es vor dem sich geschichtlich etablierenden „Markt der Möglichkeiten" tat, der technischen Einführung läutender Stadtuhren, der Tuchfabrikation, der Mühlen etc., der frühkapitalistischen bürgerlichen Finanz- und Handelswelt des Geldes und des Kredites, des Wechsels – dieser großartigen italienischen Erfindung –, der politischen Komplizenschaft mit der Weltherrschaft der Kirche und damit auch den Gemächten des Todes. Er hätte selbst mit der ausstrahlenden Kraft seiner Christusexistenz nicht mehr ein „Abseits" als deutliches Zeichen des Andersseins gefunden. „Quick, Stern und Spiegel" hätten aus ihm eine hervorgezerrte Enthüllungsstory gemacht mit dem Ergebnis der Sinnverzerrung, der Sinnentleerung. Sie hätten dem nackten Franz noch die Unterhose ausgezogen und den von Krankheit durchwühlten Leib abfotografiert, und die Asche, die er in der Todesstunde auf sich werfen ließ, mit ihren Linsen aus jeder starren Hautfalte gekratzt. Das wirft die Frage auf, die uns in der Gruppe wohl aufgeregt hat: wie überhaupt wir mit der ökumenischen Versammlung im August 88 inmitten dieses abscheulichen Getriebes, als unserem Auftrag gemäß und unserer selbst ungestört, existieren werden, so daß die Hoffnung auf eine Gemeinschaft der Gläubigen und ihr Werden eines Gottes-Seins nicht leer bleibe? Ich gehe in diesen zwei Tagen, in denen ich in Assisi alleine bin, dieser Frage nach. Noch jetzt, obwohl der Ort von Kennern schon als fast gering besucht bezeichnet wird, ziehen Scharen von Leuten durch die Straßen. Zu jedem Ort einer Andacht, einer Kirche, einer Sakristei strömen sie lärmend hin, aber auch immer wie „vorbei" ... Man erzählt, daß im August – und es ist mir jetzt fürchterlich vorstellbar – täglich fünfstellige Ziffern von Touristen angelockt sind, tausende von Bussen und Autos dazu. Wie hält die Stadt es nur aus, solchen Heuschreckenschwärmen massensüchtiger Beschauungs- und Betastungsgier ausgeliefert zu sein, die den Sinn ihrer Geschichte, so wie er sich nun einmal zeigen läßt, kahl fressen? Es sei unmöglich, sich dagegen abzuschotten, bemerkte Karl Neuwöhner und fügte hinzu, wir, die Vorbereitungsgruppe, würden die das Geschäft eifrig betreibenden, geschniegelten Franziskaner noch hassen und mit Ekel aus der Stadt das Weite suchen, wenn wir inmitten dieses hektischen Trubels vierzehn Tage existieren müssten. – Glücklicherweise kam es anders. Und ich frage mich in diesen beiden Tagen, ob nicht die Angehörigen der sommerlichen Millionenschar vielleicht die modernen „Armen" sind, zu denen sich Franz gesellt hätte, um sie zu lieben? Wenn wir diesen Tourismus und seine Opfer, weil sie uns bis zum Geht-nicht-mehr belästigen und stören, nicht mit Christus' Blick annehmen und lieben lernen können, sind wir als ökumenische Versammlung für Frieden im Un-Frieden des Religionsbetriebes untergegangen. Deshalb gewinnt auch die Anregung, ja die Forderung von Herbert Froehlich, die er von sich aus, aber ganz in meinem Sinne am Abend des 28.10. nach der Eucharistie erhob, an unheimlicher Bedeutung: die Vorbereitungsgruppe, zusätzlich die liturgische Kommission und einige weitere Beter, vor allem auch Frauen, sollten 14 Tage vor dem Beginn der Versammlung am 6.8. bereits in Assisi eintreffen, um in dieser „Avantgarde" – wie wir es dann nannten – geistliche Kraft als Gruppe zu gewinnen und ferner mit Arbeitsteilung zwischen Kontemplation und Aktion gewisse Angelegenheiten der Durchführung sorgfältig vorzubereiten. Es bedurfte keiner langen Überlegung, um den 27.7. als Anreisedatum festzulegen. Jeder war bereit dazu, die Gruppe erweist sich immer wieder als hingebungsvoll!

Es wird warm auf der Dachterrasse, die Glocken der Türme von Assisi läuten die zwölfte, die Mittagsstunde. Von den einen Türmen klingt es zierlich, die anderen lassen ihre Glocken herrlich wie allüberall hin tönend schwingen. Ein jedes Glockenspiel ist verschieden gestimmt, manche heller, andere dunkler, einige in schnellem Rhythmus, zwei dagegen abwechselnd in gravitätischer Majestät erhaben über die Sekundenzeit mit ihren die Töne ausschwingen lassenden Längen der Schlagetakte. Hinter dem nächsten, fast zum Greifen nahen Turm von Santa Maria Maggiore, wenn auch fernerhin erhebt sich der bewaldete Monte Subasio mit einer kahlen Kuppe. In einem seiner Bachtäler, eher in einer zerklüfteten Schlucht, liegen die Steinhöhlen der ersten Franz-Einsiedelei. Erst nach zehn Minuten verstummen die letzten Glocken wie nach einer kleinen Ewigkeit!

Die schon erwähnte Kommerzialisierung des Heiligen und seiner Geschichte, seiner Geschichten gewordenen Ereignisse wirft die Frage auf, die ich auch mit Herbert Froehlich bei einem Rundgang erörtert habe: was das Heilige selbst dazu sagt, daß es so zur Entäußerung und Verfremdung seines Wesens gebracht wird? Zieht es sich verletzt oder unverletzt zurück? Oder ist es so verkauft, verhandelt, daß ihm der Atem ausgegangen, uns heilsame Rettung zu spenden, wo sich ihm in uns und durch uns hindurch eine Erweckung öffnen könnte? Wenn Es durch Franz gesprochen hat, dieses Heilige, den es gewiß erwählte und ergriffen als Sein Welt hinaus wirkendes Organ, ist es allein schon beschädigt durch das, was die konstantinische Beherrschungskirche mit ihm bis dato angestellt hat, spätestens seit der so genannten Heiligsprechung wenige Jahre nach seinem Tode. Sie war eigentlich nichts anderes, als die Provokation seiner Christusexistenz zu entschärfen und sie unter das Gewölbe der Kirche zur Erstickung zu bringen, wie das gewaltige Grabesmonument sichtbarlich beweist. Oder blieb das Heilige unbeschädigt und waltet fern oder nah, wie es will? Und sind nur die verletzt, bis zur touristischen Selbstzerstörung, die es sich verwehrt haben, von der Chance Seines Angebotes umgewendet zu werden? Die Franz-Geschichte ist auch die Geschichte der Selbststrangulierung der Kirche. In derem geldgierigen Schlund, der jedem schnödesten Mammonhändler ebenbürtig, ja noch überlegen ist, sitzt das Heilige wie eine Kröte. Die Kirche kann's nicht ausspucken, sie kann's auch nicht schlucken. Wenn aber das nicht geht, wie geht dann überhaupt etwas? Wir haben die Kröte des Heiligen auch in unserem Hals, – keusch sind in Assisi nur die Steine! Ich aber glaube an die Unversehrtheit und an die Unverletzlichkeit des Heiligen jetzt und zukünftig.

Als wir über den „Dialog" sprechen, den ökumenischen des verschiedenen Kircheseins, durch den wir die Einheit in Christus mit der Bundeserneuerung ergreifen, und es um falsche und aufrichtige Toleranz ging – eben auch in den Formen und Inhalten der Gottesdienstfeiern – sagte Herbert Froehlich ein Wort, das mir auch im zwischenmenschlichen Bereich und im Kloster der Welt und der Ehe wie ein Toleranzedikt in die Ohren klang. Er sagte, gefolgt von einem Schweigen der Gruppe: „Du *darfst* nicht nur sein, der Du bist, – Du *sollst* sein, der Du bist!" Während er das sagte, schaute er mich an, und seltsamerweise: ich dachte weitergebend an Dich, liebe Ruth!

Assisi – Firenze, 1.11.87

Um 5.05 Uhr erwachte ich jäh, aber genau auch ohne Wecker, weil ich mir diese Zeit beim etwas früheren Schlafenlegen gegen 22.30 Uhr im Kopf „eingestellt" hatte. Eine halbe Stunde später schnappte das eiserne Gitter des heimeligen Klarissen-Klosters hinter mir zu, mit einem in die stille Straße hinein und an ihre hohen Hausmauern schlagenden Geräusch. Munter schritt ich durch die dunkle Leere eines sich noch auf den Tag besinnenden Morgens die Via St. Apollinaire zum Westtor mit meinen Päckchen und meiner Tasche dahin, und nichts anderes war zu hören als der Aufschlag des Schrittes. Einige Male hielt ich an und setzte ab, um den Rücken zu entspannen und dem viertel-vor-sechs-Schlag der Glocken zu lauschen. Am Westtor hatte ich allein noch zu warten, traf dann aber den eines anderen Weges daher kommenden Mann wieder, der uns in Quirico gedolmetscht hatte, da er vier europäische Sprachen beherrscht. Er stammt aus Cannes, ist von Beruf Hotelportier und besuchte Verwandte in Assisi. Zusammen nahm uns um 8.10 Uhr der Bus auf, der hinunter in die Ebene fährt, zum Bahnhof. Ein dichter Nebel hüllte sie ein. Als jedoch der Zug nahte, machte sich auch das erste Tageslicht auf, und man kann auf dieser geographischen Breite bemerken, wie rasch es dann die Nacht ausgewechselt hat. Aber Nebel verhinderte die Sicht aus dem Zuge bis in die Toskana hinein, kurz vor Firenze.

Gestern genoß ich einen wunderbaren Tag der ruhigen Aufarbeitung und des Abschiedes. Das Kloster verfügt, wie ich Dir schon schilderte, über ein bezauberndes Dachgärtlein. Da schwebst Du in Höhe der Dächer, im Anblick der Türme, wie ein wenig losgelassen über der Stadt, und die Sonne, die milde, die seligste Sonne erheiterte mich und wärmte Leib und Gemüt. Am späten Nachmittag, nach der Schreibezeit und einigem Lesen sowie dem Anlegen eines Stichwortzettels für den Vortrag am 11. November, ging ich noch einmal die Stadtstraße nach Santa Chiara und weiter zum Osttor, wo ich auf einer Mauer absaß, nachdem ich unterwegs einen Capuccino genossen hatte, in einer Cafeteria gegenüber dem geräumigen Vorplatz der Santa Chiara-Kathedrale, der gerade umgebaut wird, aber zum Sommer fertig gestellt sein soll. Da saß ich und bedachte mich zum Reformationstag, dessen befreiender Atem mich angesichts des religiösen Kommerzes wieder erfaßte und mich noch einmal abwägen ließ, ob ich zur 17.00 Uhr-Vesper nach San Damiano herabsteigen solle. Auch mit solcher Teilnahme, Teilhabe wächst das Verstehen der Franz-Sendung, von dem ich nun in diesen Tagen in einem Büchlein alle Schriften, Briefe, Regeln, Gebete, das Testament gelesen habe. Man könnte auch sagen, studiert und auf mich habe wirken lassen. Was mich übrigens auch begleitet und beschäftigt hat, war das Büchlein vom „Orden der Einheit". Es liegt nahe; denn es ist ja die schwierige geistliche, die ökumenische Aufgabe, wie den im nächsten August aus einem sprachlichen, politischen, theologischen, historischen Vielerlei zusammenströmenden Menschen die Einheit unseres von Christus gelegten Grundes erfahrbar wird *und* zu einer dann wieder in viele Alltäglichkeiten ausstrahlenden Weisung sich umsetzt. Das liegt vor, nach, neben, unter und über dem auch notwendigen Gespräch der Vernunft des Kopfes *und* des Herzens. Es sind einfach Ereignisse: gemeinsam Lobpreis singen, gemeinsam Bibel lesen und sich gegenseitig deuten, ja durch den mitlesenden, mitdeutenden anderen, durch seine Sprache und Sichtweise die Bibel kennen lernen. Gemeinsam schweigen! Und in solchem Schweigen demütig und ärmer werden. Franz verstand Armut als die Bewegung – auf verschiedenste Weise geübt – den Eigensinn loszulassen! Auch in dieser Weise wäre das Wort zu verstehen: res sacra pacis pauper est, die heilige Sache des Friedens ist arm, kommt arm, nur arm daher, wenn sie überhaupt kommt. In San Damiano bringen mir die Gesänge und die sehr langen Zeiträume des schweigenden Gebetes Erhellungen. Aber es sind keine Erleuchtungen.

Firenze, 1.11.
Nach der Ankunft um 9.30 Uhr habe ich mich gegenüber dem Bahnhof in einer Cafeteria durch ein Frühstück mit Kaffee und Capuccino von einer Müdigkeit befreit, die wie ein Nebel durch meinen Kopf zog. Dann habe ich mir ein abseitiges Plätzchen gesucht, meine Sachen, die ich nicht mehr tragen konnte, auf einen Gepäckwagen gestaut und mich auf ihm draußen am äußersten Ende des Bahnsteiges niedergelassen. Da finde ich mich auch hellwach in meinem Kopfe wieder und von einer süßen Sonne gelabt, lese den langen zweiten Franz-Brief, der zur Bibelarbeit anregt. Die Züge kommen und fahren, ein Radio plärrt unweit seine Ansagen in die Bahnhofshalle, neben mir wechseln pfeifend und stampfend die Lokomotiven. Rechts und links sind es nur wenige Meter bis zu den motorischen Schleppungetümen. Ich aber lebe und denke völlig in einem Gehäuse unzerstörbarer innerer Geist-Stille und Seelenruhe, ein Zustand in einem

Vorgang, der an so etwas wie „Friede" sich anlehnt. Nach der Lesezeit ziehe ich Fazit. Was hat diese Reise gebracht?

Die Sechsergruppe wächst, besser: wird trotz ihrer Kurzzahl in ein Zusammensein bewegt! Bete und arbeite, damit Sein Reich komme – gemeinsame Christuserfahrung und Leben-Franz-Vergewisserung läßt uns die Sorge bewältigen, daß die „Versammlung" im ganzen scheitert. Wir werden von der Kreativität spontaner Fantasie beschenkt, die im Netz der Probleme die Verknotungen auseinander fallen läßt. Gewöhnlich unerwartet, überraschend, und dadurch um so beglückender. Von jedem der Sechs gehen Erfahrungen, Kenntnisse, Anregungen aus, über die andere nicht verfügen, durch die sie sich aber willig bereichern lassen. Wir können uns mit genauer Festigkeit der klärenden Auseinandersetzung zuwenden, ohne Standpunktfanatismus und in einer Hoffnung, die sich gleichwohl nicht blenden läßt. Ich staune oft, wie kampflos liebevoll der Streit um wichtige Anliegen sich vollzieht. Fortan, wenn wir „Assisi" sagen, wissen alle, nicht nur Karl Neuwöhner, wovon wir reden, im Guten und Ungruten und mit sinnlich greifbarer Vorstellung. Es ist nicht unsere Sache, das Verwerfliche der Kommerzialisierung zu beschimpfen, zu verachten. Die Touristen sind moderne Arme, noch ohne Armseligkeit Von dem Ort Assisi und seinen „Stätten" geht eine einmalige Ausstrahlung auf. Aber der Ort ist nicht die Sache, um die es uns geht und die auch die Sache des Franz gewesen ist. Sie wirkt und lebt jetzt anderswo, auch anderswie. Hier lassen sich anregende Erinnerungen gewinnen, aus denen Hinweise und Anstöße sich ergeben werden. Das ist unsere Zuversicht: den Zweifel zerlieben: Gerechtigkeit, Friede, Schöpfung seien zerstörbar ... Die unmerklichen Veränderungen meiner Selbst, die im Rückblick schon eine wahrnehmbare „Spur" geworden sind, breiter austreten, daß wenigstens einer neben jedem von uns Platz hat und sie mitverlängert durch das Dickicht der Welt.

Ich bin dankbar, daß ich erfüllten Geistes zurückkehren darf, gesund geblieben bin, ja eher mich gesünder geworden fühle. Ich danke vor allem Dir, liebe Frau, daß Du mich losgelassen hast; aber es ist – durch mich nur als Werkzeug – unserer gemeinsamen Lebensspur eine Kurve des Umweges geschenkt worden, auf dem manche unserer und der uns anvertrauten Welt Finsternisse heller werden.

Ich enthalte mich, auch um niemandem zu nahe zu treten, der Schilderung einzelner Persönlichkeiten der Vorbereitungsgruppe. Es bedürfte zudem schon der Feder eines Thomas Mann, um einer solchen Schilderungsaufgabe mit Hintergrunddurchleuchtung gewachsen zu sein. Die Unanrührbarkeit, die gelassene, nicht beargwöhnte jenes geheimnisvollen Kernes eines Charakters, auch als seiner innersten Schutzkammer, – sie ist vielleicht in einem Zeitalter des schrankenlosen Exhibitionismus ein langsam wiederzugewinnender Wert, der in einer Gemeinschaft eher den unbefangenen Umgang miteinander und einen warmen, Zutrauen erweckenden Herzschlag spendet. Dies und die Tatsache, daß jeder dieser Gruppe aus einer langen, und vielfach auch leidens- und enttäuschungsreichen Geschichte herkommt, einer nicht nur persönlichen, nein, auch einer des Kampfes gegen eine beklemmende Kirchenreligion, die die Religion Christi überfremdet, um nicht zu sagen verunreinigt, – dies macht die Erfahrung für mich um so leuchtender, wie wir dann während der zweiten Klausur in Münster im Februar 88 geschlossen unser erstes eucharistisches Abendmahl in der Weite ökumenischer Liturgie feiern als die kleine, die eine Ecclesia. Da sangen, beteten, sprachen miteinander und lauschten aufeinander, lasen Evangelium und kommunizierten diese elf Wesen, in einen neuen Raum aus der Fremde ihrer Herkunft zusammengeführt und eingeladen von dem einigenden Herrn Christus zur bezeugenden Nachfolge: Franziskaner, Dominikaner, katholische Laien und Weltpriester, lutherischer Laie und Pfarrer, franziskanische Schwestern und mennonitischer Lehrer ... Da wird uns eine geistliche Gemeinschaft geschenkt, die bereit ist, die Einladung, die sie empfangen darf, weiterzugeben und dahin auszuteilen, wo sie wieder zum Weiterreichen erbeten ist. Es geht in der kleinen stillen Kapelle und ihrer schlichtesten Gestaltung eigentlich ganz unfeierlich zu. Alle tragen ihre Alltagsgewänder, auch unser Liturg und Freund Kees aus Holland mit seiner warmen weltumarmenden Stimme. Wir sitzen in einer Runde um den einfachen Tisch. Einer liest eine unser Tun bezeichnende Stelle aus dem Neuen Testament. Der Liturg beginnt darüber ein Gespräch ihrer Auslegung und Bedeutung für unsere Assisi-Beauftragung. Jeder beteiligt sich daran, kreuz und quer, spricht auch Erwartungen und Hoffnungen aus für die europäische Versammlung, bekennt sich zu seinen schwachen Kräften. Dankbarkeit für das bereits Erstellte wechselt sich ab mit Ängsten und Sorgen für noch so unlösbar scheinende Probleme. Und wie sie laut werden, schwinden sie auch schon wieder durch das Gebet, dem Ohr des Herrn Christus zugesprochen, als höre er tatsächlich unter uns weilend zu, als sei ER mit seinem heiligen Geist anwesend. Und es ist auch so! Keiner wird später fragen und zweifeln, ob es so gewesen sei, abgesehen davon, daß diese Frage in einer solchen bezeugenden Gemeinschaft unerheblich ist und Torheit wäre ... Aus dem Gespräch geht, wie übergangslos, die Einladung zum Abendmahl hervor. Die Einsetzungsworte von diesem und jenem gesprochen ergreifen uns. In tiefer Erinnerung werden wir durch ein langes Schweigen an Seine Anwesenheit heran gelassen. Brot und Wein werden gesegnet und von Hand zu Hand und Mund zu Mund, ein jeder es dem Nächsten weiterreichend, ausgeteilt und ihm als Sein Leib und Blut in die empfangenden Sinne zugesprochen und eingegeben. Diese Worte verwehen nicht in ein Vergessen hinein, als sei es ihre flüchtige Stauberde. Sie fallen wie Samen in unser Vernehmen, als sei es Heiligen Geistes Pflanzungsgrund. Manche gehen darin auf, selbst wenn wir einmal ihre Stunde des uns so neu schaffenden Ereignisses aus dem Gedächtnis verloren und nicht mehr wahrhaben sollten: wie da Christus Lebenswirklichkeit stiftet.

Nach der morgendlichen Andacht des ersten Tages in Assisi suchen wir uns Stühle und zwei Tische aus einem anderen Winkel des Tagungszentrums und stellen sie neben einer schattenspendenden Pappelreihe in der Nachbarschaft unserer „offenen" Kirche beim Amfiteatro auf. Die ersten sechs können sich, noch ein wenig benommen von der gerade erst im unruhigen Nachtschlaf ausgelaufenen Anreise aus Deutschland, dort zusammensetzen. Jeder bringt seine Unterlagen mit. Ich habe schon für die ganze Gruppe von zu Hause einen detaillierten, leicht zu ergänzenden Aufgabenkatalog mitgebracht und einen Vorschlag der möglichen Verteilung der daraus anfallenden Arbeiten, der noch jedem vor der Abreise per Eilpost zugeschickt wurde, während mich auf einer verabredeten Zwischenstation in Tirol per Eilboten die Computerliste mit dem letzten Buchungsstand des Sekretariats aus Münster erreichte, eine unerläßliche Unterlage für die Gesprächsgruppeneinteilung und für die Zuweisung der Beherbergungsstätten und der Tagungspapiere. Die gestern beim Abendessen gleich nach dem Eintreffen schon anvisierten dringlichsten Erledigungen werden noch einmal genauer erörtert und auch gewisse Verantwortungsbereiche festgelegt. So übernehmen naturgemäß Herbert und Wilfried die geistlichen Geschäfte, Lothar und ich die organisatorischen und Ruth-Christa und Ute alle mit der Beherbergung zusammenhängenden Fragen, darunter auch die sehr schwierige der Zimmeraufteilung in Erkennung verschiedenster Bedürfnisse

Erste Gruppe der die Versammlung Ausrichtenden in Assisi.

bei so vielen unbekannten Personen. Sie nehmen sich auch des Schmukkes im Vortragsraum an und einer einladenden Kennzeichnung der Zuwege zur Cittadella durch die schönen, munteren „Assisi '88"-Plakate. Die Bettenzuteilung vor allem darf nicht dem Zufall überlassen bleiben. Es wird hierzu auch gleich von der Gruppe beschlossen, in den vielen mehrbettigen Räumen die Landessprachen Europas, die Konfessionen und die Altersgruppen „ökumenisch" zu mischen, um auf diese Weise durch neue Bekanntschaften Vernetzungen für die Zeit nach Assisi '88 anzubieten. Natürlich erhalten die Ehepaare möglichst Doppelzimmer, die – sowie einige Einzelzimmer – für die Ältesten und Behinderten und für Referenten vorgesehen bleiben oder für die Mitglieder der Vorbereitungsgruppe, die nach Tagen mit bis zu sechzehnstündiger Beanspruchung der ungestörten Nachtruhe bedürfen. Es wird ferner eingeteilt der Tagesrhythmus zwischen Zeiten gemeinsamen und Stunden des alleinigen Arbeitens an den Aufgaben. Jeder Tag soll nun nach dem Morgenlob und dem Frühstück und ebenfalls am späteren, schon etwas kühleren Nachmittag je zwei Stunden eine solche Zusammenkunft sehen, zu der nach und nach die weiter Ankommenden ebenfalls Zugang haben, um von dort aus zu ihnen naheliegenden Ausführungen gebeten zu werden. Bei den meisten sind solche Bitten und Hinweise kaum nötig. Sie sehen und spüren Engpässe, fragen von sich aus, wo sie zufassen können und packen mit an. Dadurch wird auf willkommene Weise der Schwung verstärkt, der uns bereits ergriffen hat und nicht ermüden läßt, obwohl die Sommerhitze dazu Veranlassung böte, die aber wegen ihrer Trockenheit hier angenehm wirkt, insbesondere wenn am Abend und Morgen ein kühlendes Lüftchen den Berghang von Assisi entlang fächelt und durch die Gassen säuselt. Mit diesen morgendlichen und nachmittäglichen Konferenzstunden wird die Geschlossenheit der gegenseitigen Zusammenarbeit gesichert und ein Zentrum des Austausches von Nachrichten gepflegt, wo auch die laufend erforderlichen gemeinsamen Beschlüsse gefaßt werden und die Vorlage von Ausarbeitungen vorgenommen wird, von denen alle kritisch und ergänzend Kenntnis nehmen sollen. Hier werden die Nachzügler in den laufenden Stand der Vorbereitungen eingeführt, hier kann jeder dem anderen nicht nur im Vorübergehen seine Probleme ausbreiten und sich Rat für Lösungen holen. Hier braucht man sich nicht im Gewirr der verschlungenen Gänge und Hausteile, der Gärten und Gässchen des nicht nur zweckmäßig, sondern auch schön gebauten und ausgestatteten Tagungszentrums zu suchen. Hier ist man da zum Hören und Reden! Es werden denn auch erforderlich gewordene Änderungen und Umsetzungen des Tagungsplanes diskutiert und die Entwürfe für die Gottesdienste erwogen. Am vorzubereitenden Rahmen der „Abschlußerklärung" wird hart und mit immer wieder verbesserten Formulierungen, teils in einer verkleinerten Gruppe, noch in den Tagen der Versammlung kurz vor ihrem Abschluß gearbeitet. Aber für zentrale Aussagen wird der Text bis gegen Schluß offen gehalten, um die Anregungen und Ereignisse des ‚Dialoges' dann noch einfügen zu können. Auch wird am ersten Tage morgens die Gestaltung des Abendgebetes, des Morgenlobes und des Mittagssingens in die Hand je eines Liturgen oder einer Liturgin gelegt. Herbert hat schon damit begonnen. Am Abend des 28. 7. wird Lothar folgen, am nächsten Abend Dirk, dann Ruth-Christa und Ute. Danach Wilfried und am 2. 8. wieder Herbert. Am siebten Tage aber werden wir mit allen, die bis dahin eingetroffen sind – und es werden 21 sein –, das Abendmahl feiern. Wir erwarten zwar schon alsbald das Eintreffen von wenigstens zehn Assisi-Geschwistern aus der Vorbereitungsgruppe und ihrem erweiterten Helferkreis. Aber der Zustrom wird unerwartet so sein, daß wir schließlich am Tage vor der Eröffnung schon über dreißig sind.

Wenn ich an Assisi zurückdenke, dann stehen im sehenden Gedächtnis vor mir zuerst immer die Bilder dieses sich auffüllenden Volkes Gottes. Wie ein rasch wachsender Busch, an dem immer mehr Blüten aufspringen, so zweigt sich das aus. Jeden Tag treffen Menschen von irgendwoher ein, vertraute und bekannte oder auch unbekannte wie der mitteilsame Mann aus Polen oder der Globetrotter aus Kalifornien, der sich damit begnügt, auf einer Bank zu schlafen. Oder die vielen schönen Dolmetscherinnen, die jung und lebensfroh herangeschwirrt kommen und nach der vielen Übertragungsarbeit greifen, die im nahegelegenen Kloster der Stigmatinen von der Schwester Virginia aus Rom mit Einfühlung und Anpassung organisiert wird. Gianni Novelli vor allem hat sie in seinem Centro Interconfessionale della Pace, Rom, gesammelt und mitgebracht. Gott sei Lob und Dank wahrlich, daß Gianni schon am zweiten Tage bei uns weilt, dieser wunderbare Weltpriester, der soviel wie keiner von uns in Italien mit staunenswerter Leichtigkeit improvisiert, arrangiert, regelt, was immer sich an Schwierigkeiten einstellen mag. Der auch jeden in Assisi kennt, der für uns nur die geringste Bedeutung haben könnte, vom übrigen Italien ganz zu schweigen. Der die schwierige Presse liebenswürdig und fachmännisch wie einer von ihnen selber behandelt und informiert, mit würdevollen Formen den Pressekonferenzen vorsteht und der wirklich jedem, der ihn anspricht, sogleich auch bei ernsten Dingen mit seiner Liebenswürdigkeit Wohlsein spendet. Drei Sprachen spricht er, die tollsten Knoten versteht er zu lösen, als wären sie nicht verschlungen gewesen. Wo er steht und geht mit seinen strahlenden dunkelbraunen Augen und den lebhaft einladenden Gebärden seiner Gestalt, die an zarten Schwingungen der Glieder reich ist, er beglückt uns, und man darf es einmal hervorheben, weil er vielleicht nicht einmal weiß, was er uns an gutem Wesen, und nicht nur an Tatkraft geschenkt hat. Noch zwei Dinge werden an diesem ersten Morgen beschlossen außer der ökumenischen Mischung der Hospitalität: wir suchen nachmittags gemeinsam die Gottesdienststätten, auch zu einem kurzen Probesingen auf, um die Nachhallzeit in den majestätischen Hallen der Basiliken zu erkunden, da nicht alle sechs sie schon kennen. Und wir beschließen, daß wer immer komme, ein Namensschildchen zum Anstecken erhalte, auf dem der Vorname groß geschrieben wird und sich dem freundlichen Du, in welcher Sprache auch immer öffne. Und sich so auch eine leichtere Wieder-Anrede anbietet, wenn erst einmal fünfhundert durcheinander schwirren und der eine den anderen suchen und ansprechen möchte. Dieses „Du" von Assisi unter Menschen, die sich vorher nie gesehen haben, hat nie den Charakter einer laxen Kumpanei angenommen, sondern dem Respekt voreinander wurde eine vertraute Nähe angeboten, die sich aus der Stimmung eines Grundeinverständnisses in Sachen Mensch, Welt und Glauben nährt und die zu seiner Feier bereit ist.

Während unserer Vorbereitungszeit in der Cittadella tagt in der nahe bei Assisi gelegenen Villa Tecla der Internationale Versöhnungsbund (IFOR) mit über 120 Delegierten aus vieler Herren Länder und Kontinente, und darunter manche, die als Opfer von Willkür und Polizeigewalt Gefängnisse und Straflager mit allen ihren Schrecknissen erduldeten. Ich bin leider zu beschäftigt, um mich die wenigen Kilometer dorthin – auf der Rückseite des Assisi-Berges ist die Villa gelegen – begeben zu können. Aber Herbert, der gerne wandernd meditiert, bricht eines späten Vormittages zu einem Besuch auf, um unser aller Grußbotschaft zu überbringen; denn dort weilen viele Freunde, die im Anschluß an diese große Welt-IFOR-Tagung zu unserer europäischen ökumenischen Versammlung überwechseln wollen. Schweißgebadet und glücklich ermüdet kehrt Herbert am späten Nachmittag von seinem Ausflug zurück. Er berichtet, wen er alles getroffen und gesprochen hat. Indessen erfreute ihn auf dem Heimweg besonders die Rast an einem Bauerngehöft inmitten lieblicher umbrischer Weingärten. Von einem Abkürzungsweg abgeirrt, in der Sommerhitze durstig und ermattet, lud ihn der Bauer bei seiner in italienischer Sprache radebrechenden Erkundigung nach dem rechten Bergpfad auf Assisi hin zu einem Trunk erfrischenden Landweines ein. An einem Brunnen lockte zudem das sprudelnde Wasser zu einer labenden Kopfwäsche. Und so war die heitere Stimmung unseres Sendboten auch nicht verwunderlich. Wer weiß, ob nicht auch von daher der Frohsinn unserer Gesänge in den Gottesdiensten auflebte, daß uns allen bei Tisch jeden Mittag und Abend, gerade auch wenn man sich bisweilen erschöpft zum Essen niedersetzte, der umbrische Landwein weiß oder rot und immer kühlend in die Adern floß, und auch ohne daß er mit Wasser vermischt zu werden brauchte, eine schläfrige Mattigkeit in angeregte Gesprächigkeit umwendete.

Gegen Abend des dritten Tages, ich sitze beim Amfiteatro an einem schattigen Platz unter hohen Pappeln und schreibe Notizen für die Arbeiten und Erledigungen des nächsten Tages auf – es gibt ohnehin dauernd etwas auf Zetteln zu notieren, um es vor der Vergeßlichkeit zu sichern –, da fällt mir eine grazile, von der Hofstraße behutsam suchend die wenigen Treppenstufen herauftretende Frauengestalt auf, in einem leichtrosa schwingendem Leinenkleid, ohne Kopfbedeckung und in Begleitung einer weiteren mir Unbekannten. Klein und zierlich vom Kopf bis zum Fuß, ein altleuchtendes, nicht gebräuntes, eher etwas fahles Antlitz unter schütterem Haar, aber mit frohsinnigen Augen spricht mich mit einer strahlenden offenherzigen Wärme bei meinem Vornamen an, als ich mich zu ihr hinbegebe, um zu fragen, was sie und wen sie wohl suche. Sie nennt mit amerikanischem Akzent den Namen unseres Freundes Wilfried. Als er wenig später um die Ecke biegt und nach herzlicher Begrüßung, natürlich mit Umarmung, das Gespräch an sich zieht, trete ich wieder schweigend beiseite. Nun sehe ich wohl an dem Namensschildchen, das auch sie von der IFOR-Tagung her trägt: Rosemary Lynch besucht uns, jene Oberin der Franziskaner, die in der Wüste von Nevada die Proteste und Sit-Ins gegen die Atombombenversuche organisierte. Sie wird mir noch häufiger begegnen, auch bei Tisch, auch zum Gespräch in der Cafeteria vor und nach ihrem herrlichen Vortrag. Es ist nicht zu schildern, welch eine Energie ihre demütige Zartheit verschenkt.

Am Abend darauf folgen Herbert und Wilfried einer kurzfristig ergangenen Einladung von IFOR zu einem Vortrag und anschließendem Abendgespräch über „Assisi '88" und den weiteren konziliaren Weg. Ich schwanke wieder eine Weile, ob ich mitfahren soll, vor allem in dem Gefühl, vielleicht unerwartet fruchtbare Begegnungen zu versäumen. Aber ich lasse es schließlich und genieße dann den Verzicht als eine freundliche Beschränkung für Gespräche vor Ort mit denen, die am Tage neu angekommen sind und noch nach Orientierung suchen. Am nächsten Morgen berichten Wilfried und Herbert beim Frühstück davon, daß man seitens IFOR eine Friedensprozession quer durch das mit Sommergästen angefüllte Assisi plane und uns zur Teilnahme bitte. Natürlich sind wir an jenem späten Nachmittag des 2. August alle mit dabei. Auf der Piazza Santa Chiara sammeln sich gegen 18.00 Uhr an die 150 bis 200 Menschen, denen man zum Teil schon an ihrer Kleidung, nicht nur an ihrer Hautfarbe, ihre Herkunft aus einem anderen Kontinent ansieht. Und an anderen Zeichen, wie denen der Kopfbedeckungen wird ersichtlich, daß hier alle Weltreligionen gleichfalls vertreten sind. Die Sonne neigt sich schon im

Westen. Es ist wunderbar warm, aber nicht zu heiß. Die Piazza gibt nach Süden einen herrlichen Blick auf das Tal und die jenseitigen umbrischen Bergzüge frei. Der Geist, der das erblicken darf, kann trunken von der Schöpfungsschönheit werden, noch dazu unter den hallenden Glockenspielen von den verschiedensten Türmen der Stadt. Mit Schildern und allerlei bedeutsamen Zeichen, die für „Abrüstung" werben, die auf die Schrecknisse entfesselter Kriegsgewalt aufmerksam machen sollen, ausgestattet, stellen sich die Teilnehmer in eine große Runde auf, fassen sich an die Hände und der Gesang des „Jubilate Deo" wird angestimmt und viele Male gesungen. Wir kennen ihn von dem Auferstehungsgottesdienst der Osternacht her, wo er in unserer Gemeinde gesungen wird, wenn im Dunkel der Kirche nach und nach, nach dem Auferstehungsruf der Liturgen, mit dem Wort „Christus wird dein Licht sein" in jeder Hand eine Kerze angezündet wird, während das Licht mit diesem Wort und unter diesem Gesang dem je Nächsten weitergereicht wird. „Jubilate Deo" – mit solch bewegend schlichtem Kanon beginnt inmitten der Menschenrunde ein Spiel, von zwei Gruppen inszeniert, das den Irrsinn einer Friedenssicherung durch Atombomben und Raketen darstellt, vor allem ihre selbstzerstörerischen Auswirkungen. Dann macht sich der Zug in lockeren Zweier- oder Dreierreihen auf, durch die Gassen zu ziehen. Ich entdecke, als ich von der Spitze her bis nach hinten mich zurückhängen lasse, manchen Bekannten. Jedes Mal ereignet sich eine freudige Begrüßung mit herzlicher Umarmung. Das habe ich in den letzten Jahren in meiner sonst gewohnten norddeutschen Kühle gelernt, wie wichtig diese Gebärden sind und wie glücklich verbindend die Gefühle, die sie auslösen. Durch enge Gassen, in denen der liturgische Gesang des „Ubi caritas et amor, ubi caritas Deus ibi est" aus Taizé wieder und wieder nachhallt, windet sich der Zug langsam schreitend zur schönen Piazza Communale hinauf, dem Zentrum der Stadt, umbaut von alten Renaissance-Palästen, an der Nordwestseite geschmückt mit der Säulenvorhalle eines römischen Tempels, ein Platz also, auf dem die Jahrhunderte von Leben und Werken der Einwohner in Steinen die Geschichte flüstern. Der Zug ringelt sich in der Mitte auf zu einem großen Rund, inmitten dessen sich einige als Spieler zu einer Pantomime wider die zerstörende Gewalt aufstellen. Nachdem erneut ein mächtiges „Jubilate Deo" erklungen ist, bieten sie ihr Theater dar: vor den staunenden Zuschauern der Cafeterias und Ristorantes, die teils, um besser sehen zu können, sich auf ihre Stühle stellen, teils an die runde Reihe herandrängen oder sich unter die stehend singende Prozession mischen. Das währt alles so seine Weile, wohl eine halbe Stunde und für manchen eine Erholungszeit am Springbrunnen, weil er klares, kühlendes Wasser bietet oder weil die hohen Hausmauern angenehmen Schatten spenden. Schließlich zieht man weiter, eine Gasse, die Via Portico, leicht hinunter, dann wieder in sanfter Schwingung die Via Seminario leicht nach oben. Gesungen wird das alte Lied der Bürgerrechtsbewegung „We shall overcome", angestimmt von Gitarren und Flöten in den vorderen Reihen. Der Zug strebt, begleitet von mitlaufenden Kindern, aber auch manchen Sommergästen, nach der Basilica San Francesco, der oberen, mit ihrem weiten Rasenplatz und dem erhabenen Rundblick auf Stadt und Land Umbrien. Und dort wird, nach einer Schweigezeit, ergreifend der „Sonnengesang" des Franz angestimmt. Ich fühle, daß mir die Augen nicht nur vom Stirnschweiß feucht werden. Da stehe ich zusammen mit Ruth-Christa, auch mit vielen unbekannten, aber keineswegs unvertrauten Menschen aller Hautfarbe, und wir singen dieses Loblied der Schöpfung. Es ist wundersam, ja geheimnisvoll zu empfinden, wie sich hier Frauen, Männer, Kinder aus der ganzen Welt Hand in Hand zusammengefunden haben, um sie in ihrer Zerstörungswirrnis, aber auch in ihrer Ehrfurcht gebietenden Herrlichkeit auf Gerechtigkeit und Frieden hin anzurufen an einer so alten Stätte des Gebetes, zu der uns die Stadtgassen hinleiteten, die einst von dem Schöpfer dieses Gesanges, von dem jungen Franz, sowohl in übermütigen Jugendtollheiten durchlärmt als auch später in der Gestalt des liebenden Bettlers beschritten wurden, in der wir ihn als einen Heiligen verehren. Es wird übrigens nicht nur schweigend prozessiert. Man spricht unterwegs mit dem anderen, der aus einem fernen Lande kommt, tauscht Namen und Anschriften aus. Englisch können alle verstehen. Und beim Singen der liturgischen Lieder oder des Songs „We shall overcome" werden selbst anfangs spöttelnde Zuschauer nachdenklich und still, treten, den Durchgang der von Menschenhaufen verstopften Gassen öffnend, auf die Seite, als bezeuge sich darin eine aufsteigende Achtung und Erkennung. Daß sie es nie vergessen möchten, sie – aber auch wir!

Wollte man die Schönheiten von Assisi aufzählen, wüßte man kaum, wo anfangen und wo enden. Aber ganz sicher gehörten die Brunnen, die Brunnenplätze auch zu den bevorzugten Stätten. Was wären die umbrischen Bergstädtchen ohne diese Gelegenheiten der munteren Erfrischung. Ich kann, an heißen Tagen zudem, kaum an

Dirk Heinrichs beim Schreiben seines Tagebuchs.

ihnen vorbeigehen, ohne eine Handvoll klaren Wassers zum Durst stillenden Trunk zu schöpfen oder auch zur Atem anregenden Benetzung von Stirn und Hals. Oder zur Kühlung der eingetauchten Arme, indes man dem murmelnden Geräusch des plumpsend in die Steinbecken fallenden Wasserstrahles lauscht als horche man am Urquell alles Fließenden, das köstlich Leben und Fruchtbarkeit spendet.

Oberhalb der Citadella, wohl an die 200 Stufen den Berghang die breitangelegte Treppe aus schönem Gestein hinauf, liegt die bezauberndste Brunnenstätte von Assisi, die ich entdeckte, an der Via Cristofani, die sich dort zu einer kleinen Piazza Garibaldi erweitert. Breit und lang, fast wie ein Teich, ist seine steinerne Schale irgendwann einmal gehauen, geschliffen und gefügt worden, und aus zwei Mündern im Fels sprudelt unentwegt das kostbare Nass, wohlschmeckendes Trinkwasser, holde Gabe aus erdinnerer Tiefe. Dahin ziehe ich, und nicht nur ich, morgens nach dem Aufstehen oder abends vor der Nachtruhe mit jeweils zwei Flaschen und fülle unseren Trinkvorrat auf, plansche mit den Armen, bade das Gesicht, ja halte den ganzen Kopf, den verschwitzten Nacken in die Erfrischung spendende Feuchtigkeit so wie sie aus der Felsenkante rinnt. Dann sitze ich gerne eine Weile auf dem Beckenrand und lausche und schaue; denn von hier aus blickt man über die Dächer der unteren Stadt mit ihren schmucken Mönch-und-Nonne-Ziegeln weit hinüber in das Tal nach Santa Maria degli Angeli, nach den südlichen umbrischen Bergzügen. Auch die Strecke nach Perugia läßt sich ausmachen. Nicht genug, an diesem Brunnen, bisweilen von spielenden Kindern aufgescheucht, schwirren Tauben umher, einzelne, wenn sie am Beckenrand gelandet sind, sich auch benetzend mit Wassertropfen. Oder sie schwärmen in großer Zahl flügelrauschend ihre Kreise, ja, durchschwärmen sich ihre Pulks, ohne je zusammenzustoßen mit ihren kurvigen Flugkünsten, sitzen nur für ein Weilchen gurrend auf Pappeln, auf Zypressen, auf Dächern, Bordsteinen und Gesimsen ab, um wieder futtersuchend aufzuflattern, sobald nur ein Spaziergänger aus einer Tüte irgendwelche Brösel oder Körner auf die Pflastersteine wirft. Wenn dann etwa die Sonne untergeht und du rastest hier am Rande des Nachtschattens, der sich aus den Gassenschluchten mit ihrem lebhaften Treiben an Händlereien und Geschäften erhebt und die goldenen Strahlen des Sonnenlichtes ablöst, dann wirklich kannst du eine Weile deine Zeit und Stunde vergessen! Du spürst mit allen Sinnen leibhaftig das reine Wunder der Schöpfung dieser unserer Welt! Und auch ihrer von Menschenhand erbauten Werke. Steigst du danach wieder hinunter, begegnest vielleicht einem noch mit leeren Flaschen aufsteigenden Freund oder einer auch die Erquickung dieses reinen Wassers aufsuchenden Freundin, hast ein Gespräch mit ihnen, wenn auch von kurzer Dauer – dann mag dir im Herzen die Frage aufbrennen: Wie kann ich mir die Ehrfurcht bewahren und dieser Schöpfung weiter dienen, nicht nur allein in seltenen Stunden, nein mit anderen zusammen in der Alltäglichkeit? Jeder aus seiner offenen Zelle heraus und auf seinen Brunnenwegen und seinem Treppensteigen?

Für etwa 200 Teilnehmer mußte leider die Unterbringung in einer Herberge namens Cenacolo vorgesehen werden, die an der Zufahrtstraße vom Bahnhof her, unterhalb und weit vor der Stadtmauer gelegen ist. Der Fußweg zum Tagungszentrum macht 40 Minuten aus; zu lang, um morgens, mittags und wieder abends wenigstens vier-, wenn nicht fünf- bis sechsmal bewältigt zu werden, noch dazu auf einer der Sonne schonungslos ausgesetzten Strecke. Die Stadtverwaltung, das erfahre ich zusammen mit Wilfried bei einem Besuch im Bürgermeisteramt vom Stadtkämmerer, kann den von uns erwarteten, besonderen Busdienst nicht einrichten, auch wenn sie bereit ist, sich stattdessen mit einer Spende für die Versammlung als Kostenzuschuß erkenntlich zu zeigen, was wir dankbar annehmen. Uns durchfährt bei dieser Nachricht ein ziemlicher Schrecken; denn ohne einen funktionierenden Busdienst wäre das Gelingen der Versammlung nicht mehr sicherzustellen. Also eilen wir, auf einen Hinweis hin aus dem Amt mit seinen schönen hohen Räumen wieder hinaus und durch die halbe Länge der Stadt, an San Rufino vorbei hinauf zur uns empfohlenen Busagentur San Matteo. Da erst wird guter Rat wirklich teuer; denn die angebotenen Preise sind für uns unerschwinglich. Zudem ist keine Zusicherung für einen geregelten Fahrplan zu erlangen, jedenfalls nicht in der Kürze der noch verbleibenden sieben Tage. Schweißtriefend und ziemlich ratlos kehren wir heim und erzählen nach dem Essen unserem römischen Freunde Gianni, der sich in Assisi auskennt wie in seiner Hosentasche, von unserem Pech und der hierdurch entstandenen verfahrenen Lage. Es war eben unser eigener Fehler, nicht schon im Herbst bei unserem Vorbereitungsbesuch mit der Stadt ein Abkommen verhandelt zu haben. Aber wir wären nicht in Italien, wo es offenbar keine solchen unlösbaren Probleme geben darf, die nicht mit der hohen Kunst des improvisatorischen Arrangements vom bewunderungswürdigen Temperament leichthändig gemeistert würden. Gianni beginnt sofort einen Stehschwatz mit Marco, dem allzeit bereiten und liebenswürdigen Leiter der Citadella, und läßt unsere Not einfließen … Natürlich springt Marco sofort an und zieht mich mit in sein winziges Büro ans Telefon. Da zaubert er einen Verwandten hervor, der Fuhr- und Busunternehmer ist, Claudio Jacopi. In meiner Gegenwart wird lebhaft palavert, mit einer Sprache, die Musik in meinen Ohren ist und die anzuhören, noch dazu mit der Spannung auf das Ergebnis, allein schon Freude bereitet, auch wenn man das Gespräch kaum verstehen kann, es sei denn, man spüre an seinen Grundtönen die Wendung zum Guten heraus. Was hier der Fall ist! Aufatmend nehme ich Marcos Erklärungen zur Kenntnis, daß Claudio Jacopi gegen Abend kommen wird und ich dann mit ihm verhandeln sollte. Rasch mache ich mich an die Arbeit, einen schriftlichen Fahrplan für jeden Tag niederzuschreiben, um eine Unterlage für ein

Angebot zu haben. Und so lerne ich Claudio um sieben Uhr in der Cafeteria bei einem Capuccino kennen. Er ist der ausgemachte Typ des kleinen, tüchtigen, ganz beweglichen und pfiffigen Gewerbetreibenden dieses Landes, der mir gleich erzählt, wie er aus der väterlichen Mechanikerwerkstatt ein Reisebusunternehmen aufgebaut hat und wie er dafür preiswert Busse auf dem Second Hand-Markt in Deutschland gekauft habe. Wir finden sofort eine verständnisvolle Wellenlänge für unser Gespräch, das zur Lösung der anstehenden Aufgabe keiner weiteren Anregung bedarf. Ich erläutere die Lage, Claudio erfasst rasch, worum es geht. Ich betone die Forderung der Zuverlässigkeit in der Busgestellung und Einhaltung der Abfahrtzeiten, übergebe den Fahrplan und bitte ihn, mir einen Preis zu nennen. Das mag er nicht sofort tun. Zunächst müsse er erst einmal zuhause rechnen, zumal ich mich nicht auf Einzelfahrpreise einlasse, sondern ein Einheitsangebot für alle 22 vorgesehenen Fahrten verlange, um über eine klare Kostenlage zu verfügen. Am nächsten Tage sitzen wir etwa um die gleiche Zeit wieder zusammen. Claudio nennt seinen Preis von Lire 3 Millionen und verteidigt ihn gegenüber meinem Erstaunen, mit Recht natürlich. Hin und her geht der Dialog. Zwei Unternehmer sitzen sich gegenüber und finden Spaß am Handel. Ich fordere und begründe 10 % Rabatt. Aber Claudio läßt nichts nach, nicht auf der Stelle, sondern gibt vor, sich erst noch mit seinem Papa bereden zu müssen, wofür ich Verständnis zeige, ohne meine Forderung zu lockern. Im Gegenteil, ich ringe ihm das Zugeständnis ab, daß wenn aus unvorhersehbarem Grunde eine Fahrt ausfiele, er einen weiteren Nachlaß gewähren müsse, worüber bei der Endabrechnung zu sprechen sei. Claudio versteht es durchaus, den zweiten Tag des Geschäftes, das er gerne mitnehmen möchte, mit einem gewissen theatralischen Gejammere zu beenden. Es entbehrt nicht, bei seiner etwas dicklichen Figur, mit seinen pausbäckigen roten Wangen unter schwarzem Haar und lebenslustig blitzenden Augen einer ritualen Komik, so daß wir durchaus freundlich abermals auseinandergehen. Am dritten Tage kommt es dann zum Handschlag! Nicht 10, sondern 7 % hat der Papa als äußerstes Zugeständnis eingeräumt. Und wir sind es schließlich beide zufrieden. Der Busdienst klappte hervorragend. Bei der Endabrechnung, wegen des Ausfalles von zwei Fahrten, gewährte Claudio noch einmal einen Nachlaß von Lire 300.000,– und spendierte obendrauf einen Schoppen Landwein, bei dem er mir von den Mühen und Sorgen, aber mit Stolz auch von den Erfolgen seines Geschäftes erzählte, während sein kleiner Sohn auf seinem Schoß saß und ein Eis lutschte. Durch Claudio Jacopi ist mir die italienische Volksseele aufgeschlossen worden. Das vor allem, nicht nur Hilfe in der Not vermittels eines guten Geschäftes versteht sich, danke ich ihm. Und diese Menschen gehören zu Assisi genauso wie die zahlreichen Priester und Mönche, von denen du auch nicht siehst, was sie in der Tasche ihrer Kutte bei sich tragen.

Drei Tage vor Beginn der Versammlung ist unsere Vorbereitungsgemeinde auf 21 Glieder angewachsen. Wenn auch manche Regelungen noch ausstehen, so ist doch schon ein gut Teil der Arbeit geschafft. Wir dürfen von der Hoffnung getragen sein, daß wir in einer feinen Ordnung auch mit fünfhundert werden zusammensein und der Bestimmung unseres Auftrages nachgehen können. Um uns hierfür zu stärken, treten wir gegen Abend zur Feier des Abendmahles zusammen. Noch ist unser Sekretär K. N. aus Münster nicht eingetroffen, den wir schon seit gestern sehnlichst erwarten, zumal er wichtige Materialien mitbringen wird, die für die Einweisung und Ausrichtung jedes Teilnehmers unerläßlich sind. Wir vermeiden, in der schönen einfachen und stillen Kapelle der oberen Cittadella unsere Feier zu begehen, in der am Eröffnungstage, dem 6. August, das Nachtgebet für Hiroshima stattfinden soll und die auch sonst als ständig offener Gebetsraum jedem zur Verfügung steht, der dort einen Gebetsdienst verrichten und eine Sammlung erfahren will. Wir bleiben auch für die Eucharistie unserer „offenen Kirche" – wie wir sie eben auch tatsächlich sind – treu und finden uns in einer bunten Runde an der gewohnten „Ecke" des Amfiteatro zusammen, als die Glocken von San Pietro die sechste Stunde einläuten. Nicht nur einige schon früher angereiste Gäste und spätere Teilnehmer gesellen sich zwanglos hinzu. Im letzten Augenblick, als wir eben anheben wollen zu singen, trifft Karl mit Claudia ein und setzt sich wortlos, wenn auch mit den Anzeichen einer aufreibenden Fahrt im Antlitz, zu uns in die Runde, in deren Mitte Blumenschmuck und Kreuz, mit Brot und Wein in Schale und Becher auf der Erde liegen, ein Altar, wie ich ihn einfacher und schöner noch nie gesehen habe. Das Kreuz ist aus gebrochenen Baumästen zusammengefügt und liegt inmitten der Blumen wie im Schoß der Schöpfung.

Es darf nicht mit einer längst Makulatur gewordenen Zeitungsmeldung untergehen, diese „Nebenwirkung", die hier wieder aufgegriffen und erzählt wird. Ausgerechnet am Eröffnungstage, am 6.8.

lesen wir in der Tageszeitung La Natione Umbria unter der Schlagzeile „*Singolare Protesta Ad Assisi – Simboli fascisti in vendita: giovani digiunano in strada*" eine für uns aufregende Nachricht. Was war geschehen? Zwei schon früh angereiste Teilnehmer, Fritz Ter-Keule aus Amsterdam und Massimo Lucentini aus Triest hatten bei einer Besorgung in einem kleinen Kramladen entdeckt, daß dort Naziabzeichen und -embleme aller Art verkauft wurden. Fritz Ter-Keule ist nicht irgendwer, habe ich mir nachher erzählen lassen. Einer der erfahrensten Demonstranten und Blockierer, den man sich denken kann, auch Hungerstreiker vor Militärstützpunkten, der nicht nur an vielen europäischen Stätten seiner Überzeugung Ausdruck und Zeugnis gab, sondern auch in Moskau und Nevada aufmerksam machte, daß diese Welt, wenn sie weiter leben will, der Gewalt absagen muß. Die beiden beschlossen, sofort etwas zu unternehmen und ließen sich vor der Ladentür zum Sitzstreik nieder. Sie sperrten damit den schmalen Eingang. Der Ladenbesitzer, nach vergeblichen Versuchen, sie zum Räumen zu bewegen, holte die Polizei. Auch dieser gelang es während einiger Stunden nicht, den Eingang freiwillig wieder zu öffnen. Das dauerte bis zum Abend. Längst hatten sich Leute versammelt, die Presse begann sich zu interessieren. Schließlich kamen noch mehr Polizisten, verhafteten die beiden und nahmen sie in das naheliegende Polizeiquartier mit, wo sie erst einmal eingesperrt wurden. Am anderen Morgen brachte eine eingehende Vernehmung den Hintergrund der ganzen Sache für den Untersuchungsrichter ans Licht, mit der Folge, daß die beiden Demonstranten freigelassen wurden und die Polizei abermals ausrückte, um in dem Laden alle Naziembleme auszuräumen und deren weiteren Verkauf zu sperren.

Die Geschichte, auch durch den einschlägigen Presseartikel verbreitet, machte wie ein Lauffeuer ihre Runde durch Assisi. Unweit von dem Laden hatte übrigens einst die Untergrundbewegung im letzten Weltkrieg ihr verborgenes Hauptquartier und ihren Nachrichtentreffpunkt in einem an der Piazza Communale gelegenen Cafe.

Noch eine andere Zeitungsmeldung löste bei mir einen geradezu unheiligen Schrecken aus. Am 4. 8., zwei Tage vor Beginn, legte mir der Leiter der Cittadella, der gute Marco Marchini, eine Schlagzeile unter die Augen. Aus dieser ging hervor, daß die italienischen Eisenbahner am nächsten Tage in einen landesweiten Streik eintreten wollten. Dies bedeutete, daß die überwiegend mit der Eisenbahn anreisenden Teilnehmer ab schweizerischer oder österreichischer Grenze nicht mehr weiterbefördert worden wären. Drei Stunden später erreichte mich bereits der Anruf eines Teilnehmers aus dem Tessin, der von der Streikgefahr gehört hatte und mich um genauere Auskunft bat, die ich ihm aber auch nicht geben konnte, außer der vagen Hoffnung, der Streik würde vielleicht eine Minute nach 12 Uhr noch abgebogen werden. Am nächsten Tage lasen wir, daß der Streikbeginn einen Tag verschoben worden sei. Man verhandele in erbitterten Frontstellungen. Ich gab die Hoffnung nicht auf, daß der Streik abgewendet würde. Anderenfalls wäre unserer „Versammlung" ein trauriges Ende beschert worden. Erst am 6. morgens erhielten wir aufatmend die Nachricht, daß der Streik noch einmal ausgesetzt würde, weil man sich verständigt habe. Die Gefährlichkeit der Lage hatte allerdings in unserer Vorbereitungsgemeinde in keinem Augenblick irgendwelche Irritationen ausgelöst. Man arbeitete einfach so weiter; nämlich dass nicht sein kann, was nicht sein darf!

Am Morgen des 6. 8., des Eröffnungstages werde ich gebeten, 25 Liederbücher für den Mönchschor von San Damiano auszuleihen, der am Abend auf der Piazza Rufino vor dem Bischofsdom von Assisi zur Einleitung des Begrüßungsgottesdienstes singen soll. Dieses „Assisi-Liederbuch" war mit Gesängen und Litaneien verschiedenster Konfessionen, in sieben Sprachen, eigens für die Versammlung von mir zusammengestellt und mit Hilfe der *‚Stiftung die schwelle, Beiträge zur Friedensarbeit'* als Mitglied von Church and Peace gedruckt worden. Eigentlich konnte ich bei dem gerade heranreisenden und sich von Stunde zu Stunde mehr und mehr beim Empfang meldenden Teilnehmerstrom und bei der knapp bemessenen Gesamtzahl so viele Exemplare nicht einfach entbehren. Deswegen wurde mit dem Chorleiter auch vertrauensvoll verabredet, daß mir wirklich alle Exemplare nach dem Singen noch auf der Piazza zurückgegeben werden sollten. In der Tat finden sich schon um viertel nach sechs Uhr, dreiviertel Stunden vor der Vesper die überwiegende Zahl der Teilnehmer auf der Piazza ein, um den wunderbaren Gesängen zu lauschen, ja sich daran zu beteiligen; denn alle tragen das gleiche Gesangbuch inzwischen bei sich, mit seinem rot-violetten Einband und dem Signum der Versammlung, der auffliegenden Friedenstaube darauf, ein unübersehbares Erkennungszeichen dafür, wer zu uns gehört oder wer einfach mithörender Stadtgast ist. Ein buntes, rasch begeistertes Gottesvolk umringt da den Chor, geht ungefragt zum Mitsingen über, so daß es eine jubelnde Menge wird. Die schöne Piazza, von hohen alten Gebäu-

Singen aus dem lila Liederbuch für Assisi '88.

den umstellt, aus dem immer gleichen Stein errichtet, mit dem eigentlich ganz Assisi samt seiner Mauer gebaut wurde und mit dem noch heute gemauert wird, nur vier schmale Gassen als Ausgänge, diese Piazza hallt wie im himmlischen Chore wieder von den Laudate- und Hallelujah-Gesängen all der Menschen, die eben aus den Ländern Europas als Sendboten eingetroffen sind, von Spanien und Schweden, von England und Polen, von Ungarn und Frankreich, aus beiden Deutschland, aus Holland und Belgien, aus der Schweiz, aus Österreich und nicht wenige aus Italien selbst. Von dieser Stunde an überwältigt mich die Freude und Zuversicht, daß unserer Versammlung ein segensreiches Auswirken ihres Auftrages beschieden sein wird. Als nun das Singen unter dem Gottesdiensteinläuten des mächtigen Glokkenspieles von den zwei Türmen herab beendet wird und die Menge sich den Pforten der Basilika zuwendet, da kommt der Chorleiter auf mich zu und steckt mir achselzuckend und mit einem bittenden Lächeln ganze 12 Liederbüchlein wieder zu. 13 sind nicht wieder zu ihm gelangt. Die Mönche haben sich eilends beiseite verstreut. In ihren weiten Kutten stecken sie verborgen Aber ich bin es trotzdem ganz zufrieden; denn so wird unser Liederbuch dazu dienen, mit Gesang das Wesen unseres „Assisi '88" in kleine Zellen hinein immer

Kantorinnen Flois Knolle Hicks, Kristina Bulling, Brigitte Fröhlich (von links).

weiter zu tragen. Vier Tage später treffe ich schon einen jungen Mönch, der des nachts auf der Piazza Communale mit einer Jugendgruppe sitzend, auch aus diesem Liederbuch, von Gitarre und Flöte begleitet singen läßt. Ich werde noch davon erzählen. So war das Liederbuch eigentlich auch gedacht. Nicht nur zu helfen, sich mit Singen zu sammeln und zu verstehen, sondern dann als Erinnerungsträger durch Europa in Gemeinden eingeführt zu werden.

Ich möchte über die Gottesdienste von „Assisi '88" eigentlich nicht schreiben, indem ich sie etwa darstellend in ihre Bestandteile zerlege und das eine oder andere aus der Liturgie herausgreife. Ohne Frage: die Gottesdienste, ob abends, ob morgens, ob im Amfiteatro oder in den verschiedenen altehrwürdigen Basiliken San Rufino, San Pietro, San Francesca, Santa Maria degli Angeli – sie waren der Herzschlag unserer europäischen ökumenischen Versammlung. Über seinen Herzschlag kann man auch nicht selber mit der Auftrennung des Ganzen ins Detail adäquat berichten; es sei denn einfach nur: er schlägt! Wie, – das ist eben sehr geheimnisvoll! Von diesem Assisi-Herzschlag wird man eines sagen dürfen: er wird weiterschlagen! In einem so geistlich durchbluteten Leben seiner gläubigen Zeugen wird er auch an die

Wände unseres Unglaubens pochen, die seinen Schall zitternd weitergeben.

Aber vielleicht läßt sich von diesen unvergeßlichen Gottesdiensten doch einiges sagen, was ihr Ereignis nicht zerredet. Was den Heiligen Geist, wenn er denn da waltete, nicht im Freudestiften nachträglich noch verstörte. Was die von ihm uns aufgehellte Spur Gottes nicht wieder abdunkelte, auf der wir uns je ein Wegesstück haben weiter bewegen dürfen. Ich schicke voran, was mir mißfallen hat: daß zweimal gestattet wurde, das „Fernsehen" mit einem Aufnahmeteam dabei zu haben, mit seinen geradezu bis ins Hirn blendenden grellen Lampen. Ich war bei der Mehrheitsentscheidung in der Vorbereitungsgruppe hierfür eigentlich nicht zustimmend – denn ich fürchtete eine Kränkung, schon durch die unverschämte Anleuchtung der Andacht. Auch wenn man den Redakteuren einen gewissen Sinn für Zurückhaltung nicht ganz absprechen kann, die beißend strahlenden Scheinwerfer waren, wenn sie auch nur für Augenblicke angeschaltet wurden, schrecklich verglichen mit Kerzenlicht oder den sich durch die farbigen Glasfenster einspielenden Sonnenstrahlen, die so schön im Wechsel mit Schatten an Pfeilern und Mauern den kühlen Steinen Wärme schenken und Strahlenbündel durch das Dämmergrau der Säulenhallen schicken.

Jeden Morgen sammeln wir uns im Amfiteatro zum Singen und Beten. Unsere unermüdliche Freundin und Kantorin Kristina Bulling und desgleichen auch Brigitte Fröhlich bringen die vielhundertköpfige Gemeinde, die auf den sich im Halbrund hochtreppenden Rasenbänken hockt, immer rasch in Schwung, auch neue Lieder mehrstimmig oder einen belebenden Kanon in drei oder vier Gruppen zu singen. Ein munteres Bild, die frohen Gesichter, die vielfarbig bunten Kleider der Frauen. In der Basismitte des Teatro wird stets von feiner Hand einer Schwester aus Grandchamp mit Blumen und Schöpfungssymbolen, jeden Tag wechselnd ein „Altar" geschmückt, aber auf der gelobten Erde. Am 9. August, seinem Hinrichtungstag, wird das Bild von Franz Jägerstetter hinzugestellt. Mit einigen anderen zusammen schreibe auch ich eine Fotokarte von hier an seine noch lebende Witwe, deren Anschrift in Niederösterreich irgendjemand kennt. Einmal denke ich, wenn dieser einfache aufrechte Bauer doch auf seinem letzten Gang gewußt hätte, daß fast ein halbes Jahrhundert später in Assisi auf diese Weise auch seiner erinnert wird.

Mittags wird an der gleichen Stelle vor allem gesungen, und das rotviolette Liederbuch leuchtet anregend in jedes Händen. Eine Gitarre hilft beim Anstimmen und Einüben, aber unter uns sind viele erfahrene Notenblattabsänger, so daß sich auch für die großen Abendgottesdienste leicht einzuübende Chöre bilden lassen. Danach, wenn sich das Volk wieder verteilt und zum Mittagstisch schlendert, ergeben sich unzählig viele Gelegenheiten, Nachrichten auszutauschen, Orientierungen einzuziehen von denen, die wie ich auch, über die Organisation Bescheid wissen, über allfällige Änderungen. Oder es werden Gespräche angeknüpft, die am künftigen Netzwerk von Freundschaften weben. Immer wieder steht so jählings vor mir ein unbekanntes, ein neues Menschenantlitz, redet mich unbefangen mit meinem Vornamen in einer Sprache an, die ich verstehe oder doch halbwegs mit dem Sinn ihrer Fragestellung erfasse. Es fragt mich zumeist Wichtiges, bisweilen aber auch etwas ganz Banales. Und manchmal denke ich dann, während ich sachlich zu antworten mich bemühe: was mag deine Geschichte sein, die da jetzt in deinem Antlitz mir aufrätselt? Wie gerne wüßte ich mehr davon, um dich besser zu verstehen. Aber das streut sich dann wieder weg, ein anderer Nächster drängt heran. Solch Auskunfterteilen geht von morgens bis an den Rand der Nacht. Zeitweilig kann man selbst im Raum des Sekretariats, der eigentlich dem Zutritt gesperrt bleiben sollte, kaum noch ruhig arbeiten. Es gehört eben zu unserem Dienst, auch dann zuzuhören, wenn der oder die es so drängt, eine Frage zu stellen, die sich ihm leicht selbst beantworte, wenn die Mühe nicht gescheut würde, die Tagungsunterlagen genau zu lesen, oder die nur in wenigen Metern Nähe stehenden Informationstafeln zu beachten, auf denen Antworten für solche Fragen an den Tagungsbetrieb groß angeschlagen sind, so daß man den herumflatternden Suchenden nur freundlich umdreht und darauf hinweist. Aber es ergeben sich auch schwierige Situationen durch das Sprachunverständnis, und dann muß ich eine unserer hilfreichen Dolmetscherinnen heranholen, damit eine Verständigung möglich wird. Im Großen und Ganzen zeigt sich vorteilhaft, daß alles sich irgendwie regelt ohne großes Zutun. Im italienischen Klima feiert ohnehin die fruchtbare Zufälligkeit Urstände. Ich muß auch gestehen, daß die Geduld und Nachsicht wohl aller Teilnehmer eine dankenswerte Hilfe gewesen sind.

Ich sollte mich der Erinnerung an die Gottesdienste zuwenden, die so wenig verblasst ist, als hätten sie sich erst gestern ereignet. Ohne sie wäre „Assisi '88" allenfalls eine Begebenheit des besseren sight-seeing geblieben, gewürzt mit einigen schönen Gesprächen und Begegnungen. In den Gottesdiensten indessen kam hervor und erwies es sich, daß „Assisi '88" nicht nur Aufladestation des konziliaren Weges, nicht nur eine kühne Berührung der Konfessionen miteinander war in dem Wissen darum, daß nicht der Christus des Kreuzes und der Auferstehung das Ärgernis ihrer Uneinigkeit gestiftet, sondern menschliche Kultur- und Konfliktgeschichte diese leidvollen Zergliederungen aus der Urgemeinde, aus der sich zerstreuenden apostolischen Jüngerschaft heraus geschaffen hat. Es ging in der Konziliaren Versammlung auch nicht allein um einen freundlichen Verständigungsvorgang, einen unter vielen, der nur am Rande den bleibenden Vorbehalt gemeinsamen Feierns durch eine zeitweilige Eindringlichkeit der Kommunikation vorübergehend auflöst. Das gegenseitige Hören aufeinander und Reden miteinander in geistlicher Liebe war wie selbstverständlich, ohne daß es eines Appells hierzu bedurft hätte, geschenkt. „Assisi '88" war auch nicht mehr nur „Signal für die Hoffnung, die gehen lernt" (Dresden). In unseren Gottesdiensten, da ging sie! Und geht von dort mit jedem gewiß weiter hinaus in die der Umkehr bedürftigen Kirchen und durch sie hindurch in die ihrer Umkehr harrende Welt. Dabei ist „Assisi '88" nicht geschehen, um dieser Welt kluge christliche Aussagen und Verhaltensempfehlungen zu präsentieren, um Problemlösungen zu fordern und apokalyptische Beschwörungen auszustoßen. Das alles ist schon längst und ausreichend anderweitig geschehen. Wir haben dagegen in Assisi vor allem das Fest der Herrlichkeit unseres Herren und seiner Schöpfung gefeiert – ohne deswegen ihre Gefährdungen auszublenden – und ein Bekenntnis zu Seiner Einheit. Das geschah durch eine Gemeinde, die sich „unterwegs" hierfür eine Weile versammelt hatte, die nicht hinter der Verheißung des Reiches Gottes in Zukunft immer nur herläuft. Oder die sie sich auf Kirchbänken bequemlich aussitzen läßt. Nein, da sang, lobte und betete eine weltbekümmerte, eine weltoffene Gemeinde, wie immer und wo immer sie sonst auch verstreut mit ihren Gliedern sein mag, für die „Verheißung" jetzt ein ihr verbindliches, ein ihr verantwortliches und ein ihr zutrauendes Leben ist. Zum Weltfriedensgebet, zu dem der Papst im Oktober 1986 nach Assisi die Weltreligionen einlud, war man zusammen gekommen, um zu beten, je auf eigene rituelle Weise. Und das konnte vielleicht nicht anders erwartet werden. So wurde es auch ein Zeugnis neuer duldsamer Weite …

Wir, die europäischen ökumenischen Basisgruppen pilgerten nach Assisi, um *zusammen* zu beten. Wir waren und bleiben deshalb keine „bessere" Kirche. Wir sind die Sichtbarwerdung der einen heiligen allgemeinen Kirche, die in unserem Glaubensbekenntnis angerufen wird und durch die Christus in unserer *Volk Gottes*-Gemeinschaft seinen Wirkungsraum hat. Er verkündet keine Weltverneinung, keinen Rückzug in die Innerlichkeit, sondern eine Kirche der Freude und Teilhabe an Seiner Friedensarbeit. Würden wir uns dagegen als „bessere" Kirche sehen, als ersehnte und endlich geglückte geschenkte „Ausnahme" von der sonst so verderblichen Regel der Absonderungen und Spaltungen, dann wären auch wir schon wie diese gestorben, ehe wir denn so glaubwürdig zu leben verständen und es in Klarheit im Geschäft des Tages durchhielten.

Man könnte, gerade auch als Protestant, sich angesichts der Gottesdienste in Assisi an das Wort eines Papstes erinnern. Johannes der XXIII. sagte 1959 nach der Einberufung des 2. Vatikanischen Konzils: „Wir wollen nicht untersuchen, wer recht und wer unrecht hat. Wir führen keinen historischen Prozeß. Versöhnen wir uns!" In diesem Sinne möchte ich, ohne daß ich damals dieses Wort erinnerte, von zwei anderen Begebenheiten erzählen, die sich während des Abschlußgottesdienstes in der Basilica Santa Maria degli Angeli abspielten. Dieser stand, mit Elementen aus der ökumenischen Lima-Liturgie, unter der Leitung des Bischofs Tonino Bello, des Vorsitzenden der italienischen Pax Christi-Bewegung, aus der Diözese Molfetta in der Nähe von Bari. Neben ihm zelebrierte auch der brasilianische Bischof Claudio Hummes, dessen Vorfahren, wie ich in einem Gespräch mit ihm vernahm, aus dem Hunsrück stammten. Beide Bischöfe walteten im Priestergewand, aber – was als eine feine Zurückhaltung zu deuten ist – ohne Bischofsinsignien ihres Amtes auf dem Hochaltar, umgeben von anderen franziskanischen und dominikanischen Priestern, aber auch von Laien anderer Konfessionen. Da, unbekümmert von den liturgischen Gesängen und wunderbaren Litaneien, die vom Chor und aus dem ‚Volk Gottes' aufklangen, kletterte ein kleiner Junge, wohl eben an die zwei Jahre, mit staunenden Augen Stufe um Stufe die breite Treppe zum Hochaltar hinauf, die seine Beinchen kaum bewältigen konnten, so daß er's zeitweise auf allen Vieren krabbelnd nur schaffte höher zu steigen. Er sah sich alle paar Stufen nach unten zu den Eltern um, die ihn indes gewähren ließen. Und dann setzte sich das Kerlchen auf die oberste Stufe nieder und schaute und schaute, um sich schließlich wieder aufzustellen und den Weg zum Bischof am Altar zu suchen. Es war ein zauberhaftes Bild! Der ließ sich nicht stören. Man konnte den Atem anhalten und denken: „Wer das Reich Gottes nicht empfängt wie ein Kindlein, der wird nicht hinein kommen." (Markus 10,15) Nicht nur ich sah mit dieser Worterinnerung dem Kindchen nach, nein, alle die seitlich und unterhalb des Hochaltars saßen oder standen, folgten mit ihren Augen seinen Bewegungen …, bis leider ein nervös gewordener, übereifriger junger Mönch sich das schöne Wesen griff und es, das vor Schreck zu schreien begann, zu den Eltern hinunter trug. Er mag nicht gewußt haben, was er mit seinem unnötigen Zugriff zerstörte. Allein, als der Gottesdienst sich dem Ende zuneigte, siehe da, es begann der Kleine abermals sein seliges Steigen eifrig aufwärts. Und wieder folgten ihm hunderte Augen mit Spannung. Aber nachdem er die Höhe der zwanzig und mehr Stufen geschafft hatte, setzte er sich vor dem Altar still ab und legte sich dann sogar auf die Seite. Niemand griff wieder zu, sondern man ließ ihn gewähren. Denn er war kein lästig neugieriges Kind von unbeholfenen Eltern. Ganz im Gegenteil: er war eine Zeichengebung! Und so wurde es in der feiernden Gemeinde auch verstanden und angenommen.

Die Mitte dieses Gottesdienstes war anstelle einer Predigt eine Pantomime von der Toten Auferweckung, die der Mennonit Steve Shank (Brüssel) vor der Rückwand der Portiunkula und zu Füßen des Hochaltars aufführte, ein ergreifendes Stück „Verkündigung", in seinen Bewegungen und Gebärden deutlicher als alles gesprochene Wort! Und dann das eucharistische Feierabendmahl. Ein protestantischer Laie sprach die Einsetzungsworte (1. Kor. 11,23–26). Die Bischöfe und einige Priester, jeder mit einer Frau anderer oder auch eigener Konfession, wie der Zufall es mischte, begaben sich mit Brot und Wein unter das ‚Volk Gottes'. Der Priester teilte das Brot, die Frau den Wein aus, und segneten die Empfangenden.

Nach diesem Abendmahl stand ich nicht mehr wie vorher an der Ecke der untersten Stufe zum Hochaltar, von wo ich zur Lesung der Einsetzungsworte die Treppe heraufgegangen war, bis vor den Altar. Sondern ich befand mich auf der linken Seite des Altars, unweit von Bischof Tonino Bello. Ich ging die zwei Schritte auf ihn zu, er wandte sich mir zu, und ich schenkte ihm einen Ölzweig, den ich noch in der Hemdtasche stecken hatte, seit ich ihn auf der Prozession von Assisi hinunter durch das Tal von einem Baum gebrochen, ohne Vorsatz, einfach weil die Blätter so schön glänzten. Er nahm mit einem freudigen Lächeln den Zweig an und ließ ihn, wie der Brief beschreibt, den ich ihm später geschrieben habe, nicht mehr los. Auch dieses Zeichen ist verstanden worden und wird weiter wirken.

Monsignore Tonino Bello
Ufficio Vescovile
MOLFETTA (BARI) Italien   September 1988

Verehrter Bischof!
Lieber Bruder Tonino Bello!

Wir sind uns während und nach dem herrlichen Gottesdienst zum Abschluß des „Europäischen Ökumenischen Dialoges in Assisi" am 11.8. in der Basilica Santa Maria degli Angeli begegnet, ohne uns vorher gekannt zu haben. Ich habe den Wunsch, daß uns diese Begegnung in Erinnerung bleibt und uns irgendwann einmal wieder zusammenführt.

Du wirst es jetzt wahrscheinlich noch nicht vergessen haben, wer ich bin, der Dir auch in Dankbarkeit für jenen einzigartigen Gottesdienst diesen Brief schreibt. Als Du nach der Austeilung von Brot und Wein wieder aus dem Volke Gottes an den Altar zurückgekehrt warst, standen wir nur wenige Schritte voneinander entfernt dort und sangen die Liturgie mit. Zuvor, am Beginn der Eucharistiefeier hatte ich vor dem Altar die Einsetzungsworte (1. Kor.11) gelesen. Als wir dann da so standen, ergriff mich ein Impuls und ich ging zu Dir hin. Du wendetest Dich mir zu, ich nahm den Ölzweig, den ich in meiner Brusttasche getragen, in meine Hand, gab ihn Dir und Du nahmst ihn mit einer in deinem Antlitz aufstrahlenden Freude. Ich sagte zu Dir: „Ich bin ein Lutheraner, ich schenke Dir diesen Ölzweig zum Zeichen der Versöhnung!"

Später, als Du vom Hochaltar kommend durch das Volk Gottes schrittest und die Basilica nach der linken Seite hin verließest, trugst Du diesen Ölzweig in der Hand.

Eine kleine Stunde danach stand ich noch mit einigen Freunden rechts vor dem Portal an der Straße und wartete auf den Bus. Da kamst Du mit zwei Begleitern vom Portal her und suchtest nach Deinem Wagen. Zu meinem Staunen entdeckte ich wieder den Ölzweig in Deiner Hand und er leuchtete mit seinen silbrigen Blättern vor Deinem schwarzen Gewand. Jemand trat zu Dir hin, ihr kanntet euch offensichtlich und sprachet ein Weilchen lebhaft miteinander. Da, bei einem Seitenblick, entdecktest Du mich etwa 20 Schritte weiter und kamst zu mir herüber, nahmst mich in den Arm und küsstest mich auf die Wangen.

Ich fragte Dich, ob Du Deutsch oder Englisch verstehst, aber Du sagtest, daß Du nur Italienisch und Französisch sprichst. Leider kann ich diese Sprachen nicht sprechen, aber etwas Italienisch verstehe ich inzwischen (vom Lateinischen her) und weil ich in Assisi auch ein wenig dazugelernt habe. So ist mir aus Deinen Worten und Gebärden wohl deutlich geworden, daß Du verstanden hast, warum ich Dir den Ölzweig schenkte. Ich brach ihn während der Schweigeprozession von Assisi herunter, zusammen mit einem anderen, den ich meiner Frau schenkte, während ich diesen in die Brusttasche vor dem Gottesdienst steckte, als sollte er dort auf eine seltene Eingebung warten.

Während des Abendmahles habe ich bemerkt, daß alle das Liederbuch von Assisi bei sich trugen. Auch Claudio Hummes. Nur Du nicht. Offenbar hatte man vergessen, es Dir zu geben. Ich habe dieses Liederbuch einige Wochen vor der „Versammlung" in Assisi zusammengestellt und drucken lassen, so daß jeder Teilnehmer daraus singen und es als Träger seiner Erinnerung mit nach Hause nehmen konnte.

Ich möchte Dir auch ein solches ökumenisches Gesangbuch schenken.

Pace e bene!

Dirk Heinrichs

Pace e bene – Friede und Wohl(sein)! Dieser Gruß des Franziskus lebt in „Assisi '88" wieder auf, durchdringt es geradezu und wird mit heimgenommen aus einer Konvokation, die sich in gewisser Weise als ein erfreulich ehrgeizloses Unterfangen bezeichnen ließe. Als alles andere denn eine theologische Leistungsschau, die mit ihren streitigen Diskussionen und mit ihren Papiermengen einen Glauben erstickt, der leben und atmen will. Der sein „Laudato si, o mio signor" jubelnd singt. Der aus den Stunden seiner Sammlung von sich aus keinen Rummel für eine mediensüchtige Öffentlichkeit veranstaltet. Der ohne Ehrgeiz ist in der Richtung einer Grenzüberschreitung innerhalb der multikonfessionellen Ökumene, weil es nicht darauf ankommt, konfessionelle Identitätsgrenzen zu betonen. Man fragt untereinander nicht einmal besonders danach. Denn es erzeugt keine Unsicherheit, sie nur als Membrane der Durchlässigkeit und des vereinigenden Austausches zu verstehen, auch wenn ein Kritiker, eigens von seinem Kardinal dazu geschickt, kirchenrechtliche Grenzverletzungen festzustellen, bemerkte, das ökumenische Mischmasch habe gestört. Konfessionsökumene ist da eben kein Thema. Thema ist in Assisi die Gegenwärtigkeit der Vision vom Reiche Gottes. Thema ist die Vereinigung mit Christus in der tatsächlichen Annahme Seines Wortes als Kraft, die zur Umkehr ruft und drängt. Wir, die anderen alle waren einfach glücklich über Zeugnis und Erfahrung: Der Herr mitten unter uns!

Ich wende mich vom Aufzeichnen der Ereignisse beim Abschlußgottesdienst wieder zurück an den Anfang, zur Eröffnung unserer dialogischen Versammlung.

Demütig sind die Pfeilerbögen in der unteren Basilica San Francesco gefügt und gespannt über den halbdunklen, fast geduckt langschiffigen Raum. Erhaben dagegen die über ihm noch einmal erbaute obere Basilika. Mit den die Wände zierenden Fresken von Giotto bilden sie eine hohe Halle, die das Herz, wenn man nur eben eingetreten ist, schon miterhebt. Und nun noch der im vielhundertstimmigen Chor aufwallende Gesang – zur Eröffnung von Assisi '88 aus dem Munde aller Teilnehmer und Gäste – der Lobgesang des tiefsten Gebetes von Franz, das uns glaubwürdig überliefert ist: die Preisungen von Licht und Dunkelheit, von Wolken, Wind und Regen, von Berg, Tal, Fels und Wald, von Quellen und Feldern, von Vögeln, Fischen und allen anderen Tieren, vom Menschen und von Tod und Leben ... Ja, das erscholl wohl wundersam und so inbrünstig und mächtig, als hebe es die hohe Halle noch höher empor und öffne sie nach oben ... Mir rannen beim Singen Tränen die Wangen hinunter, und nicht wenigen erging es gleich. Die große Gemeinde im von ihr gefüllten Kirchenschiff, in der Apsis sowie beiderseits des Altars erhebt sich singend in der Ehrfurcht vor dem Alles erschaffenden Gott und dem ihn so erschütternd einfach und gläubig preisenden Schöpfer dieses Gebetes, Franz von Assisi, der es noch kurz vor seinem Tode dichtete. Und sie folgt der immer wieder aufjubelnden Stimme des Vorsängers und der Vorsängerin mit der Kraft eines bekennenden Atems, der so ungeheuer anschwillt, als sollten auch noch die Steine der Wände aus ihrer Stummheit heraus- und mitgerissen werden, nicht nur mit Widerhall es singend kundzutun: Laudato si, o mio signor!

Nach dem Gottesdienst sagte der Prior des Klosters, dem vor dem Ausgang ein junger Ölbaum geschenkt wird, noch nie sei das Gebet des Franz in dieser ihm geweihten Kirche so herrlich erklungen. Es ist wirklich ein Gesang der Verschwisterung mit den kosmischen Kräften des Lebens und des Todes.

„Assisi '88" war überhaupt ein durchgehend großer Buß- und Lobgesang! Ich erinnere mich oft und mit Bewegung, wie der Abschlußgottesdienst in Santa Maria degli Angeli endete. Die Gemeinde hatte sich an mehreren Stellen beiderseits der Mauern der Portiunkula um jene im Halbrund lauschend aufgestellt, die in den verschiedenen Sprachen eine „Erklärung" verlasen, die nun als Botschaft hinausgesendet werden sollte, getreu ihrer Anrede „An das Volk Gottes in Christus, an unsere Kirchen und Gemeinden in Europa, an alle die den Frieden suchen …" Als die Lesungen beendet waren, erscholl spontan von einer, die es mit gewaltiger Stimme ansang: „Halle-halleluja, wir werden auferstehn …" Nach und nach fielen alle ein, kanonierten auch mehrstimmig die schlichte Weise und zogen an Scharen von Besuchern vorbei durch die mittlere und dann vordere Halle der riesigen Basilika, die das einstige Kirchlein des Franz, die demütig sich duckende Portiunkula mit Größe und Höhe überwölbt, sichtbares Zeugnis für ein Etwas von Kirche, das sich aus seiner „Macht" nicht niederbeugen kann, sondern herrschen und einordnen will. Noch draußen vor dem Portal sangen es hunderte von Stimmen weiter und begannen, in runden Reihen als Ausdruck ihrer Freude zu tanzen: Halle-halleluja, wir werden auferstehn! Auch der Geist des so gerne tanzenden Franz schwang da mit.

Eine besondere Freundlichkeit, uns liturgisch gewähren zu lassen, wird uns von den Benediktinern der Abtei San Pietro zuteil, und ich vergesse schon deshalb nicht die Abendgottesdienste, die vier, die wir in ihrer so wohltuend schmucklosen, ja kargen und kühlen Basilika begehen durften. Den ersten, Sonntagabend des Eröffnungstages, richten die Freunde von „Pax Christi", Vlaanderen aus. Am Montag ereignet sich eine bewegende Abendmahlsfeier, in der ein lutherischer Pfarrer, Wilfried Warneck (Church and Peace), die eucharistische Gemeinschaft des Heiligen Geistes feiert.[13]

Wenn sie auch, wie bei allem zeitlichen Wesen, in einer verfliegenden Stunde gelebt wird, gleichwohl bindet sie ihre Menschen dauernd in glücklicher Fülle an die Gerechtigkeit und den Frieden des schenkenden Christus: „Alles ist euer, – ihr aber seid Christi, Christus aber

---

[13] Neben dem Liturgen wurden am Altar Brot, Wein und Segensspruch von einer Laiin und einem Laien ausgeteilt.

ist Gottes" (1. Kor. 3,23). Sie bindet, um darin zum Zeugen zu berufen. Um Liebe leuchten zu lassen, Christusliebe! Um den Geist der Versöhnung und Achtung zu vertiefen. Um Spaltungen zu heilen, Feindschaften zu entgiften. Um Kraft zu haben, für eine Welt zu arbeiten, die nicht von den Dämonen der Gewalt und des Bösen übermächtigt wird, weil ihnen das heilige Herz Jesu Christi durch unsere Teilhabe an Seiner Gemeinschaft in der Gestalt von Gerechtigkeit und Frieden entgegenwirkt; denn sie zu verbreiten, sind wir ausgesendet, ausgesendet auch von Assisi aus. An dieser Abendmahlfeier nehmen als Gemeindeglieder auch franziskanische und dominikanische Mönche und überhaupt viele Katholiken teil, als sei eucharistische Gastfreundschaft eine Selbstverständlichkeit. In dieser ökumenischen Gemeinde wird jeder ergriffen und durchwirkt von der Einheit und einer „Neuen Bund" stiftenden Kraft des Herrenmahles: „Dies tut zu meinem Gedächtnis." Am dritten Abend beschenken uns mennonitische Frauen mit ihrer schönen, einfachen Weise des Gottesdienstes. Am vierten Abend folgt die Kommunität der Theophanie aus Südfrankreich mit einer „byzantinischen Vesper in der Oktave der Verklärung", also nach orthodoxem Ritus voller chorischem Gesang. Ich hatte, etwas zu spät gekommen, keinen Platz mehr gefunden, außer in einer Seitenkapelle der Apsis. Der Tag war heiß und arbeitsam gewesen. In meiner Erschöpfung legte ich mich auf den kühlen Stein und lauschte den anbetenden Gesängen, schlief auch ein für einen kurzen Augenblick. Als ich erwachte, war mir, als sei ich wieder in Rußland, wo ich dergleichen zum ersten Mal vor dreißig Jahren im Lavra-Kloster von Kiew und in Sagorsk vernommen, auf einer mehrwöchigen Reise, die damals schon zusammen mit einigen Freunden dem Gespräch um Frieden, Versöhnung, gegenseitiges Verstehen und Abrüstung diente. Es gibt nichts zeitlos Tieferes und zugleich Höheres als die orthodoxe Liturgie. Eine Kirche, die so singend betet, übersteht jede Verfolgung und Widerwärtigkeit, – wie sich erwiesen hat. Von ihren Gesangesweisen geht eine Kraft in die mitsingende, ja auch in die lauschend harrende Seele ein, die kein nur gelesenes Wort ihr zu spenden vermag.

Zwei Stunden vor dieser Vesper hatten wir im Steering Committee noch bei unserer täglichen Gesprächsrunde überlegt, wie am Abend des nächsten Tages zu einem „Fest" in der Cittadella angeregt werden könnte, natürlich mit Musik, Tanz und muntern Spielen. Und wie die Gärten und Terrassen hierfür zu schmücken seien, mit Fackeln, Kerzen, bunten Lichtern …

Als die Gemeinde, noch erfüllt von den Gesängen des orthodoxen Gottesdienstes, auf den weiten Vorplatz der Basilika San Pietro strömte, von wo man einen so unvergeßlich herrlichen Blick in das Tal und hinüber auf die umbrischen Gebirge gewinnt, im Glanz der sich senkenden Sonne, da begannen einige aus der Aufwallung ihrer Freude heraus zu tanzen. Einer schlug die Gitarre, andere spielten Flöten, die eben noch im Gottesdienst erklungen waren – kurz, es dauerte nur Minuten, und das Fest war von selbst in Gang. Die ganze Gemeinde schwang sich in Gruppen und Kreisen dort herum, auch die Priestermönche in ihren braunen und weißen Kutten sprangen wie im Wetteifer noch lustiger und ausgelassener umher, als sollte erprobt werden, wer es am besten treiben könne. Das währte so lang, daß alle zum Abendessen zu spät kamen, und wir eine Verstimmung der Küche in der Cittadella zu glätten hatten, ausgenommen eine nicht kleine Gruppe, die an jenem Abend zur Erinnerung und Mahnung an den Atombombenabwurf von Nagasaki fastete – was sie natürlich nicht gehindert hat auch mitzutanzen. Um das „Fest" am nächsten Abend brauchten wir uns jedenfalls keine weiteren Gedanken und Planspiele mehr zu machen. „Assisi '88" bezeugt, daß es keinen Sinn hat, die Verantwortung für die Schöpfung, die bedrohte, apokalyptisch verdüstert zu leben. Im Gegenteil! Verkündet nicht der Engel die Geburt des Herrn mit dem Ruf: „Fürchtet Euch nicht! Siehe, ich verkündige Euch große Freude, die allem Volk widerfahren wird" … Und warum sollte dieses Volk denn nicht nach einem, ja selbst in einem Gottesdienst tanzen?

Da, während noch alle im Ringelreihen und im Schwange sind, stürzt eine junge Frau und bleibt mit schmerzverzerrtem Gesicht liegen. Die meisten bemerken es gar nicht. Die Bemühung, sie aufzurichten, scheitert vorerst. Offenbar hat sie sich am Fuß einen Bänderriß zugezogen. Ein junger Franziskaner (den ich in der übernächsten Nacht bei einer besonderen Gelegenheit wiedertreffen werde und der mir bislang nicht aufgefallen ist) bettet sie in seinen Schoß und spricht beruhigend auf sie ein … Nicht genug, er streichelt ihr zart das Antlitz, streift das aufgelöste Haar dabei auch mit den Locken spielend aus der Stirn und den Schläfen weg und löst das anfangs noch vom Schmerz gezeichnete Antlitz der Frau in ein Lächeln hinein und in ein leises tröstendes Gespräch, bis die herbeigerufene Sanität kommt und sie wegträgt. Anderen Tages sehe ich sie auf Krücken mit einem eingegipsten Fuß über den Hof der Citadella humpeln.

Am späten Abend desselbigen Tages zieht es mich noch gegen halbelf zu einem Spaziergang durch enge, lauschige Gäßchen hinauf an die Piazza Communale, den schönen Marktplatz mit seinen alten Renaissancebauten, dem römischen Artemis-Tempel und den Scharen von Menschen, die vor den Cafes und Restaurants beim Cappucino, Vino oder Eisgetränk der wohltuenden Kühle der Nacht mit einer letzten lebhaften Schwatzstunde huldigen. Schon von weitem vernehme ich den Widerhall einer herrlich rhythmischen Musik, die melodierende Stimme eines Vorsängers und das Einfallen in den Refrain eines chorischen Gesanges. Und als ich, wirklich fasziniert von der ganzen Szene, näher heran getreten bin, erkenne ich in dem so lieblich singenden Gitarristen den Liturgen des orthodoxen Gottesdienstes, aber hier manchmal auch in einem fast taumelnden Rausch aufglühender provenzalischer Liebeslieder und Chansons. Eine immer größere Menge von rhythmisch mitbewegten Menschen zieht der Spieler aus vorbeiströmendem Volk an, stille zu stehen und staunend zu lauschen, so daß schließlich ein Gedränge, weil jeder ihn sehen will, entsteht und sich ganze Reihen auf dem Straßenpflaster absetzen, um niemanden zu überwälzen und vor allem dem Sänger seinen ohnehin engen Standplatz zu lassen. Mit Händeklatschen wird der Rhythmus begleitet und verstärkt. Begeistert singt man die Refrains mit, auf daß die Piazza Communale durchwallt sei von der fremdartigen Schönheit solcher Klänge und Weisen. Aber nicht nur weltliche Gesänge ertönen da. Auch Spirituals und Lobgesänge aus unserem Liederbuch erschallen zur Abwechslung, unterdes alle sich die Arme ineinander verschränken und die Hände reichen, um zu tanzen ... Darüber strahlt der Sternenhimmel zwischen die alten Mauerwerke herab auf Menschen, die sich bisher nie so angefaßt und gespürt haben. Unermüdlich, schweißtriefend singt unser Liturg weiter, schlägt die Saiten seines köstlichen Instrumentes. Sein hageres Antlitz, seine Augen leuchten. Der Leib ist eine einzige gelöste Schwingung. Bis ihm, schon nach Mitternacht, fast die Stimme versagt, die doch bereits in einem langen Gottesdienst in der Basilika San Pietro tiefe Anbetungsweisen hatte ertönen lassen. Erst als eine patrouillierende Politia den Platz entlang schreitet und, um Ordnung – wenn auch lässig – besorgt, freundlich auf die Turmuhr zeigt, werden wir gewahr, daß auch diese wundersame Stunde ein Ende haben muß. Allein, und wie verzaubert, ja wie trunken von soviel Frohsinn laufe ich langsam, immer wieder auf Mauerkanten absitzend, die Treppen und Gassen hinunter und schlafe bald tief ein. Im Traum singt es in mir vernehmbar weiter – als sei ich es selbst gewesen, der Gitarre schlagende Vorsänger.

Natürlich möchten die Presse- und Radioleute, die nach Assisi zur Versammlung gekommen sind, laufend genauer unterrichtet, mit ihren oft seltsamen Fragen angenommen und in ihren manchmal kapriziösen Beachtungsansprüchen gewürdigt werden. Das läßt sich nicht auf den eigens in der unteren Cittadella eingerichteten Presseraum beschränken, in dem sogar noch stundenweise ein Franziskaner, der Öffentlichkeitsarbeit zugetan, sich ihrer mit besonderen Aufmerksamkeiten annimmt. So liegen dort alle Vorträge und Kurzreferate zur weiteren Übermittlung aus, dazu noch in mehreren Sprachen. Schließlich sind ein gutes Dutzend Dolmetscherinnen und Dolmetscher ständig bemüht, in der Schreibstube des nahe gelegenen Klosters der Stigmatinen, einem schönen und kühlen Arbeitsplatz, die erforderlichen Übersetzungen zu liefern, ganz abgesehen von ihrer laufenden Tätigkeit im Plenum an der ausgezeichnet arbeitenden Übersetzungsanlage oder verteilt in einzelnen Affinity-Groups (Bezugsgruppen), deren Sprachkenntnisse zur vielseitigen Verständigung im Selbsthilfeverfahren nicht ausreicht. Soweit also diese Presse-Herren – seltsamerweise ist nur eine Frau darunter – sich nicht schon in persönlichen Einzelgesprächen, häufig bei Tisch mit Informationen haben bedienen lassen, geschieht dies auf eigens anberaumten Pressekonferenzen. Sie werden von unserem italienischen Freund Gianni Novelli, dem immer so hilfreichen, mit bezwingender Liebenswürdigkeit souverän geleitet. Wobei ich ein gewisses Ritual beobachte, das der Entanonymisierung und respektierlichen Personalisierung dieser befremdlichen Öffentlichkeit und ihrer Geschäftigkeit bestens dient. Dreimal finden sie statt, am späten Vormittag. Zweimal ziehen wir uns beiseite in der Cafeteria. Aber dort ist es immer sehr unruhig. So organisiere ich für die letzte einen abgeschlossenen Raum, der einen englischen Namen trägt: „Old entrance". Da sitzen wir nun mit diesen Menschen, die der Neugier verpflichtet sind und hören uns, nachdem Gianni jeden Anwesenden freundlich vorgestellt hat, Fragen an, deren oberflächliche Banalität mich erschrecken läßt. Die geistlichen Vorgänge der Versammlung, ihr Selbstverständnis, die Geschichte des konziliaren Prozesses interessieren allenfalls am Rande. Die erste Frage eines Italieners wirkt wie aufgeschnappt: Kardinal Ratzinger habe am Samstag in einem Interview gesagt, Ökumenismus sei nicht gut. Gerard Heesterbeek OFM, der Leiter der Ordenssektion „Iustitia et Pax", wirft den Ball geschickt zurück: der Papst habe auf seinem jüngsten Besuch in Salzburg erklärt, der konziliare Weg sei wichtig. Und Kardinal Martini, der Vorsitzende des Rats der europäischen Bischofskonferenzen habe einen Begrüßungsbrief für „Assisi '88" geschrieben. Den Text könne man nachher bekommen. Und Gerard Heesterbeek zitiert den Papst weiter im Verweis auf das 2. Vatikanum: „Alle sind in Christus getauft" – das sei der Grund der Zusammenarbeit. „Wozu noch getrennte Wege gehen, wenn wir etwas gemeinsam tun können." Damit sind wir beim Kern der Sache. Lothar Fromm und ich erläutern namens Church and Peace unseren Standpunkt und unsere Sichtweise von „Assisi '88". Hier ist nicht von oben her eine Delegierten-Versammlung zusammengestellt worden, sondern was sich von unten her als „Kirche unterwegs" versteht, ist nach Assisi gepilgert, um Christus zu feiern und zu folgen, ihn neu zu entdecken, anzunehmen und mit Verpflichtungen wieder hinauszugehen. Da kommen keine Gegenfragen. Man hält es für wichtiger zu wissen, wie viele Teilnehmer gekommen sind. Man bittet um die Länderaufteilung. Man tastet nach zugkräftigen Namen unter den Vortragenden. Man fragt organisatorische Details ab, wo ich mich frage, was man denn bloß mit solchen unbedeutenden Informationen anfangen will. Aber das Geschäft der Nachrichtenerbsenleserei in Verbindung mit Partikelkombination will eben auch gekonnt sein. Und rascher als gedacht schwirren sie dann auf einmal wieder auseinander, an die Textmaschinen, an die Telefone, um die Mittagsredaktion noch rechtzeitig für die nächste Tagesausgabe zu erreichen. Da notiere ich mir auf einem Zettel aus solchem Erleben heraus: „Wie kommt die Reich-Gottes-Erfahrung eines Christus Jesus, eines Franz von Assisi, ja auch unsere eigene, wenn auch spärliche, wie kommt sie in solche Realität – eben solcher auch von „Presse" – *identisch* hinüber? Wie halten wir das aus, ohne Verschleifungen (?), ohne Verstaubungen (?), ohne Verbösungen (?) …"

Nicht umsonst setzte ich hier Fragezeichen.

Auf der zweiten Konferenz, man kennt sich doch schon etwas näher, können sich wirklich interessantere Fragen geltend machen, nachdem die erste abgetan ist; nämlich warum (glücklicherweise!) die anfangs angestrebten tausend Teilnehmer nicht erreicht wurden, was

Pressekonferenz am 8. August 1988.

natürlich eine auffallendere Schlagzeile hätte setzen lassen können. Der von allen Korrespondenten für unsere Sache nicht nur aufgeschlossenste, sondern selber auch engagierte Journalist war aus der DDR gekommen. Ihm verdanken wir auch die weitaus beste, vor allem eine laufende Berichterstattung von Qualität in mehreren Ausgaben einer DDR-Tageszeitung[14], während sich die Tageszeitungen der BRD einer Berichterstattung verschlossen hielten, was doch unter den Teilnehmern als bezeichnend registriert wurde, wo immer man später darüber sprach. „Wie kommt ‚Assisi '88' nach Basel, zur dortigen Europäischen Ökumenischen Versammlung ‚Frieden in Gerechtigkeit'?" Eine treffliche Frage, denn der Sekretär von Basel, Volkmar Deile, weilt unter uns und stellt jetzt so angesprochen und unter dem Eindruck seiner frischen Erlebnisse und Beobachtungen die außerordentliche Bedeutung von „Assisi '88" für „Basel 89" heraus: „Assisi mit seiner Ausstrahlung in den katholischen Raum, mit seinen friedenskirchlichen Gruppen, ein Zeugnis, das unsere Kirchen dringend nötig haben …" So Volkmar Deile. Man notiert seine Bemerkungen eifrig mit: „Wir brauchen für alle Kirchen das Zusammenwirken von unten und das von oben. Die katholische Bischofskonferenz habe ohne

---

14 Neue Zeit, Berlin (DDR).

Gegenstimme für Basel, für eine verantwortliche Mitwirkung votiert ..." Dann wendet sich einer mit einer Frage dem Schlußgottesdienst zu. Herbert Froehlich kann da so einen Satz sagen wie: „Das Schweigen ist die Sprache der Verkündigung der heiligen Klara gewesen" ... Er will damit auf die lange Schweigeprozession hinweisen, mit der sich das „Volk Gottes" zum Schlußgottesdienst nach Santa Maria degli Angeli ins Tal hinunter begeben wird. Dann erläutert er die einzelnen Schritte und Impulse, vor allem aber, wie die konfessionellen Gruppen sich dort in die Liturgie einbringen werden. Nach dieser Konferenz frage ich Volkmar Deile, als wir alleine sind: „Wie wird ‚Basel 89', diese zusammengestellte Delegiertenversammlung von oben, eine Buß- und Kreuzgemeinde? Wie eine singend betende Gemeinde?" Deile gibt eine gute Antwort: „Das muß sich von den Menschen dort her ergeben und geschenkt werden. Wir bieten Hilfen an: Singbuch. Morgengottesdienst. Mittags- und Abendgebete. In den Gruppen Bibelarbeiten." Danach gebe ich ihm das Faltblatt unserer Stiftung. Er kannte sie schon. Wir unterhalten uns über die von ihm organisierte Bonner Demonstration im Oktober 1983, zu der damals an die 200.000 Menschen zusammenströmten und meine Kinder mit mir gefahren sind. Er erzählt, welche Angst er vorher gehabt habe. Aber es war ein Wendepunkt! Das Gespräch zieht sich im Austausch persönlicher Kennzeichen und Bemerkungen aus unserem Leben noch länger hin. So ist das in Assisi. Die wichtigsten Kommunikationen finden gleichsam „nebenbei" wie im Vorübergehen statt. Mir fällt, trotz der vielen Sprachen, eine wunderbare Leichtigkeit des Begegnens im Hören, Verstehen und miteinander Sprechen auf.

Die dritte Zusammenkunft mit der Presse und einem Fernsehredakteur am Vormittag des vorletzten Tages: in unserer Mitte weilt der südamerikanische Bischof Claudio Hummes; er stellt sich nach seinem Vortrag, der unsere Wahrnehmung über Europa hinaus geweitet hat, weiteren Fragen. So übrigens – ich erwähnte es nicht besonders – waren auch auf den vorigen beiden Konferenzen die Vortragenden des Vortages anwesend; denn sie sind durch ihr Lebenszeugnis wichtiger und in der unmittelbaren Begegnung auch einprägsamer als alle gesprochenen Worte ihrer an vielen Stellen aufregenden Vorträge. Gianni zumal stellt sie mit Hinweisen auf ihre Mission auf beredte Weise vor. Wenn Gianni Novelli, was er hier auf italienisch und englisch in sprachmalerischer Weise tut, einen Menschen – etwa Rosemary Lynch oder Hildegard Goss-Mayr – bekannt macht, dann singt sein Herz für dieses Wesen in seiner Stimme unnachahmlich liebevolle Freundlichkeit, die jeden zum Aufhorchen bringt. So natürlich auch bei Claudio Hummes, dem die Presse sofort Fragen nach der Lage in seiner bei São Paulo gelegenen Diözese stellt. Der Bischof antwortet leise, aber mit knappen, genauen Feststellungen und Schilderungen. Er ist kein Mann umschweifender Darbietungen. Er wirkt ohnehin noch jung, bei hoher, schlanker Gestalt. Sein Benehmen ist von einer Verhaltenheit geprägt, die im unstörbaren Raum innerer Stille und Gewißheit zu ruhen scheint. Wir, Ruth-Christa und zwei Freunde aus dem Hunsrück, führten am Abend zuvor auf der Schwelle zur Terrasse ein langes Gespräch mit ihm; denn er spricht deutsch von Jugend auf. Er lernte portugiesisch erst in der Volksschule seines Dorfes.

Das weitere Frage- und Antwortspiel wird nicht sonderlich unterbrochen durch den zu spät kommenden Vorsitzenden der italienischen Pax Christi, Bischof Tonino Bello, der sich wie selbstverständlich und zugehörig, ohne eine Bedeutung zu beanspruchen, auf einen freistehenden Stuhl setzt und zuhört, bis sich die Pressefragen ihm zuwenden. Mir fällt sein kurzgeschorener grauhaariger römischer Kopf auf, ein junges, männlich kraftvolles Antlitz in schöner Ausgeglichenheit seiner inneren Beseelung, wie man es übrigens von alten antiken Büsten her auch kennt. Bello berichtet über das wachsende Bewußtsein in der wohl lange Zeit schwachen italienischen Pax Christi-Bewegung. Noch zwei Gäste gesellen sich zu uns. Sie sind aus den USA: Ed Metzler von „New Call for Peacemaking" und John Howard Yoder, den Wilfried Warneck mit einer bei ihm in seiner Bescheidenheit wohl etwas Unwillen erregenden Bemerkung vorstellt: ... „a best known pacifist peace church theologian ..." – weshalb sich Yoder alsbald wieder aus der Pressekonferenz entfernt, um nicht Fragen ausgesetzt zu sein. Denn er ist ein stiller, fast etwas abweisend wirkender Mann mit leicht unbeholfen wirkenden Bewegungen aus einer großen Gestalt. Wer das Buch „The Politics of Jesus" von ihm gelesen hat, weiß, daß er eine wandelnde Bibliothek theologischen Wissens ist, aber mit der Gabe einer schöpferisch denkenden, genauen Deutungskraft eigenwilliger Ausprägung.

Ich erwähne diese Namen deshalb, weil es phantastisch ist, wie die am Nachrichtenfleisch wie zufällig hin und her rupfenden Pressegeier kein tieferes Gefühl und kein Interesse für Wesen und Werk eines Menschen aufbringen, der durch sein Tun und Denken wichtige Entwicklungen ausgelöst, der eine große Zahl Jüngerer beeinflußt und seinen Schülern Wege für ihr Leben gewiesen hat. Viel wichtiger sind stattdessen die beim Sekretär Karl Neuwöhner OFM abgefragten, jetzt endgültig feststehenden Teilnehmerzahlen der einzelnen europäischen Länder als etwa der eigentlich doch aufregende Bericht von Rosemary Lynch über die Sitzblockaden bei der Nevada Atomic Test Site, die nicht nur wiederholt zu ihrer, sondern neben vielen anderen Teilnehmern kürzlich auch zur Arretierung von zwei Bischöfen geführt hat.

Mich lassen diese kleinen Pressekonferenzen immer mit dem Gefühl zurück: Was soll's ...

Zum Glück sucht uns keine größere Öffentlichkeit auf. Unsere „Öffentlichkeit" – und es ist die beste, die wirkungsvollste, die überzeugendste – ist einfach die Tatsache, was uns zusammengerufen hat und wie wir hier zusammenleben; davon jeder sein gut Teil mitnehmen und hinaustragen wird.

Durch unsere niederländische Gruppe findet an fünf Abenden und erst gegen 23.00 Uhr, wenn aber das Leben der Stadt noch pulsiert, eine Stunde des Schweigens statt, ein Gehen im Schweigen von San Rufino zur Piazza Communale, und dort wieder im Schweigekreis das Gebet für den Frieden der Welt. Diese Prozessionen sind wohlvorbereitet. Sie machen nicht nur die Gäste der Stadt, die sich bis in die Nacht hinein auf den schönen Plätzen, in den reizvollen Gassen und Gäßchen tummeln und ergehen, auf das Anliegen des „Ökumenischen Dialoges" aufmerksam. Wenn man es einmal mitgemacht hat, dann erfährt man wirklich, was da für die Nacht und die Bedrohung der Welt an Helle und Zuversicht des Glaubens auflebt und verbreitet wird.

Ich finde am späten Mittwoch Abend noch eine mich freigebende Gelegenheit vor den Vorbereitungsgeschäften des nächsten Tages. Ruth-Christa hat sich, von der Hitze und den verschiedenen Veranstaltungen erschöpft, schon zur Ruhe begeben. Ich steige die mehr als hundertstufige Treppe zur Via Christofani und von dort an der Via Bernado da Quintavalle vorbei – er war der erste Gefährte des Franz, ein reicher Kaufmann, der sich, um ihm zu folgen, seines Vermögens entledigte, indem er alles verschenkte –, steige weiter über die Via Portica zur Piazza Communale. Diese Treppe ist übrigens zweimal Gegenstand eines Wettlaufes nach oben gewesen, die ich, schon 63, beide Male gegen meine beträchtlich jüngeren Wettbewerber, wenn auch keuchend und schweißtriefend gewann. Leider stoße ich auf die Schweigeprozession erst, als sie die Piazza San Rufino schon verlassen hat. Beim Brunnen, nämlich auf der Piazza Communale, stieß ich auf eine heimatliche Jugendgruppe aus unserem Kirchenkreis Verden. Sie standen oder saßen dort teils auch auf dem Beckenrand und ließen zum Gitarrenspiel des Jugenddiakons ihrem Frohsinn freien Lauf. Das lud für eine Weile ein mitzutun. Und sich auch mit dem köstlichen Brunnenwasser Gesicht, Nacken und Arme zu erfrischen. Als ich mich dann auf der von der Piazza abzweigenden Via San Rufino in die entgegenkommende Prozession eingereiht habe, nimmt mich sogleich auch ihre schöne, labende Schweigsamkeit in einer doch zu Geschrei und Lärm neigenden Umwelt italienischen Temperamentes gefangen und schenkt mir, daß sich die Zeit zur Besinnung anhält und öffnet. Es dunkelt schon. Jeder trägt ein Kerzenlicht. Das bedeutet: mit wenig viel ausstrahlen. Das läßt die ganze Sehnsucht wohl aller Menschen leuchten. Aber es sendet auch jetzt und hier in die staunenden Augen und Herzen der vielen umstehenden Stadtgäste ein Stück vom tiefsten Wesen der Christusbotschaft. Ich denke, wohl einer wenigstens wird diese Botschaft verstehen, mitnehmen und irgendwie in seiner Heimat weiterleuchten lassen. Das ist genug! Und selbst wenn es nicht so wäre, es ist schon genug, daß einige es überhaupt geschehen lassen ohne zu stören. An diesem Abend in Assisi, oder vielleicht auch anderswo. Wer weiß das, wer muß das wissen ... Das erneuert unserer Welt eben, ohne sich ihr aufzudrängen, an einer Stelle – wie dem Schweigekreis – die Erinnerung des Grundes ihrer Schöpfung. Eine solche Schweigestunde im öffentlichen Kreis gibt sein Geheimnis nicht preis, es wird in seiner anwesenden Ewigkeit einfach geehrt.

Es ist noch sehr warm auf der Piazza Communale, obwohl Mitternacht heranrückt. Mauer- und Pflastersteine geben die gespeicherte Tageswärme wieder ab. Erst in den frühen Morgenstunden, durch am Berghang entlang fächelnde Lüftchen kühlt die Sommerhitze etwas ab, ehe die steigende Sonne wieder brennt. Während ich nach der Auflösung des Schweigekreises noch mit anderen plaudernd herumstehe und wir uns nach einer Gelegenheit umsehen, wo sich der Durst stillen ließe, vernehme ich von der gegenüberliegenden Seite der Piazza leises Lautenspiel und schönen rhythmischen Gesang aus jugendlichen Kehlen. Ich kann mich trotz meiner Ermüdung der süßen Verlockung dieser Klänge nicht entziehen, gehe hinüber und finde an der Mauer eines alten Renaissance-Palastes angelehnt sitzend auf dem Straßenpflaster einen jungen Franziskaner-Mönch in seiner braunen Kutte, umgeben von jungen Menschen beiderlei Geschlechts, die ihre muntere Lebensfreude im Singen auslassen. In dem Mönch erkenne ich sofort denjenigen wieder, der am Vortage, abends nach dem Gottesdienst, inmitten des tanzenden Volkes auf der Piazza San Pietro die gestürzte Frau so zärtlich umsorgte und tröstete. Neben ihm sitzt der seine Saiten zierlich zupfende Lautenspieler, der den Tönen lauschend, sein Instrument im Arm hält wie ein Geliebte. Der Mönch aber ist der unermüdliche Vorsänger, der auch die Jungen um sich herum mit seiner prachtvollen Stimme und seinen temperamentvollen, taktschlagenden Gesten anfeuert, wenn die Musik selbst es nicht schon bewirkt. In seiner Hand liegt auch das rotviolette Gesangbuch unserer Versammlung mit seinen ökumenischen Gesängen. Und es wird in dieser letzten Stunde immer eifriger, immer lauter und auch hinreißend schön gesungen. Die Gruppe gerät in eine schwingende Ekstase. Andere gesellen sich hinzu, darunter Freundinnen und Freunde von mir. Wir setzen uns ebenfalls auf die Steine, ja manche legen sich einfach lang hin, schlagen mit den Händen in der Luft oder auf dem Pflaster den Rhythmus mit. Alte Gesänge klingen da auf, Glaubenslitaneien aus dem Jahrtausend-Liedergut der Kirche. Und dann natürlich der „Sonnengesang" des Franz, der einen heißen Eifer der Stimmen entfacht, als gelte es, sich dem sterneleuchtenden nächtlichen Kosmos zu verbrüdern. Mehrfach werden die Verse begeistert wiederholt und eine Weile scheint es mir, als säße Franz, der so gerne sang und spielte, selbst mitten unter uns. Nächsten Tages treffe ich den Spielmannsbruder im Eßsaal der Cittadella wieder, spreche ihn an. Er nennt mir seinen Namen: Pater Benedetto Cranchi. Ich bitte ihn um das Gesangbuch. Schon am Abend bringt er mir eines. Es enthält, vom frühen Mittelalter an, ja noch aus dem 2. und 3. Jahrhundert n. Chr. die herrlichsten Anbetungsweisen. Dankbar nehme ich diesen Schatz mit nach Hause. Nicht nur das: dieser Stunde Erlebnis bleibt mir im Herzen hängen, als habe sie sich mit einem Geheimnis in seinen Pulsschlag eingenistet.

Der letzte Morgen bricht an. Schon früh erhebt sich die Unruhe der Aufbrechenden zum Packen, die steinernen Flure der Häuser hallen wider von hin und her eilenden Schritten. Draußen stehen, kaum daß es hell geworden ist, kleine Gruppen herum, schwatzen miteinander, treffen Verabredungen, tauschen Adressen aus und nehmen Abschied, meistens mit Umarmungen. Noch ist es kaum faßbar, was

Morgenandacht am letzten Tag mit Karl Neuwöhner.

in dieser Woche wirklich alles geschehen ist, und eine leise Wehmut, daß es schon vorbei sei, schimmert mich aus manchen Augen an, deren Blicke mir im Vorübergehen oder bei letzten Fragen begegnen. Manche kommen schon mit ihrem Gepäck zur Morgenandacht, um gleich danach zur Busstation oder zum Bahnhof aufzubrechen. Aber es sind immer noch viele vertraut gewordene Gesichter, die sich im Amfiteatro zur Morgenandacht zusammenfinden, wo man die sechs Holzplastiken aufgestellt hat, die der niederländische Bildhauer Omer Gielliet in den letzten 10 Tagen aus dem Holz eines Ölbaumes geschnitzt hat, eindrucksvolle Gestalten und Motive aus dem „Sonnengesang", die später ihre endgültige Aufstellung im Jugendzentrum San Matteo drunten im Tal finden werden. Karl Neuwöhner, unser unermüdlicher Sekretär, erscheint in den Zeichen seiner Sendung. Er ist das erste Mal überhaupt in seine franziskanische Kutte geschlüpft und gesellt sich unter uns in dieser schlichten Gestalt mit dem Geschenk einer feinstimmigen Morgenandacht, in deren Mitte er die Geschichte, das Gleichnis nach Lukas 14,16 ff. vom Menschen stellt, der viele einlädt und ein großes Abendmahl macht. Mit einigen knappen Sätzen deutet er die Geschichte aus und bezieht sie auf „Assisi '88".

Wir alle, woher und wie auch immer, waren in dieser Woche die Eingeladenen des Herrn. Nun ist das Abendmahl, die Feier vorbei. Es wird sich nicht wiederholen. Dafür sind wir jetzt und immer die Ausgesendeten!

Was das heißt, teilt sich uns, den Zurückgelassenen, erst später wirklich mit. Noch sind wir mit einigen wenigen dem Ort des Geschehens zum Bleiben und Aufräumen verpflichtet. Außerdem wollen wir erst nach einer Atempause von zwei Tagen aufbrechen. Marco hat uns unser Zimmer freundlicherweise weiter zugebilligt. Während wir das Sekretariat aufräumen und mit den letzten Unermüdlichen zusammenpacken, ich mit dem Busunternehmer abrechne, tröpfeln die Abreisenden aus der Cittadella heraus und suchen Fahrgelegenheiten. Nach 16 Tagen spanne ich das Auto wieder an und fahre Gepäck und Gehbehinderte zum Bahnhof hinunter. Schon am Nachmittag tritt, wo es sonst von Menschen wimmelte, Leere ein. Am Abend treffen wir uns, ganze sechs oder sieben noch einmal zum Abendessen an einem Ristorante am Marktplatz. Am nächsten Tage kaufen wir auf dem Blumenmarkt Geschenke ein für alle, die uns in diesen Tagen in der Cittadella so freundlich und umsichtig gedient haben. Ruth-Christa und ich wandern dann allein am frühen Nachmittag durch Stadt und Mauern den Tor- und Feldweg hinunter zum Jugendzentrum San Matteo, wo uns unser Freund Herbert Froehlich erwartet, der dort für einige Tage auszuspannen Quartier gefunden hat. In einem vor Jahrzehnten schon verfallenen und aufgegebenen Bauernhaus, dessen Fundamente und Kellergewölbe auf einen Siedlungsbeginn an dieser Stelle schließen lassen, der über tausend Jahre zurückliegt, hat vor noch nicht zehn Jahren ein junger Franziskaner vom Kloster San Damiano Einzug gehalten und in mühsamer Arbeit zusammen mit Jugendlichen aus vielen Ländern aus der Ruine eine blühende Stätte der Begegnung geschaffen. Die verödeten Felder rundherum wurden wieder urbar gemacht und bepflanzt. Man lebt dort für Tage oder Wochen zusammen. Einzelne oder Gruppen kommen und finden in einem streng geregelten Rhythmus von Gebets-, Arbeits- und Schweigezeiten Freude und Besinnung. Wer San Matteo gesehen hat, der kann nur glücklich über eine so lebensfrohe junge Schöpfung aus dem alten Assisi scheiden und sich wieder auf seinen Kreuzweg durch die Alltäglichkeit begeben.

Erinnerungen und Rückblicke von Teilnehmern – nach zwanzig Jahren

Auf der Baustelle des europäischen Hauses
Volkmar Deile

Der Dialog von Assisi 1988
Nach Assisi kam ich von Genf aus. Mit im Auto ein Mitstreiter in Sachen Frieden, der beim Bund der Evangelischen Kirchen in der DDR arbeitete. Mein Begleiter hatte in seinem Ausreisevisum nichts von Italien stehen. Aber nach einem kurzen Moment mit der bangen Frage, ob der Grenzübertritt am Alpenpass gelingt, wurden wir einfach durchgewinkt. Das Erlebnis Assisi konnte beginnen.

Die Landschaft, die Kirchen, das Wetter, die Wege, die Gespräche, die Mitmenschen – die Woche in Assisi war so beeindruckend, dass ich mir vornahm, auf jeden Fall noch einmal dorthin zu fahren. Das habe ich bis heute leider nicht getan.

Gekommen bin ich 1988 nicht nur als interessierter Mensch und Christ, sondern auch als Mitarbeiter der Konferenz Europäischer Kirchen (KEK). Denn in Basel – neun Monate nach Assisi – sollten nicht nur Delegierte der Mitgliedskirchen der KEK und der Katholischen Bischofskonferenzen in Europa (CCEE) zusammenkommen, die Europäische Ökumenische Versammlung „Frieden in Gerechtigkeit" sollte auch eine Versammlung des Volkes Gottes in Europa werden. Davon würde sich ein wichtiger Teil in Assisi treffen.

Zum ökumenischen Dialog in Assisi hatten christliche Basisinitiativen, darunter einige katholische, eingeladen. Viele gute Freundinnen und Freunde, die ich aus meiner Arbeit bei Aktion Sühnezeichen Friedensdienste und der Friedensbewegung kannte, waren gekommen. Er wurden wunderschöne Tage voller intellektueller Anstrengung, Gespräche, Feiern und Gottesdienste im Geist von „Franz und Klara". Ökumene zum Anfassen. Ohne jede Aus- und Abgrenzung, auch beim Abendmahl.

Gab es Spuren aus Assisi, die bei der Baseler Versammlung im konziliaren Prozess ankamen?

Ja, bereits im Eröffnungsgottesdienst im Baseler Münster. Heino Falcke aus Erfurt bezog sich in seiner Eröffnungspredigt auf den ökumenischen Dialog in Assisi: „Im vorigen Sommer trafen sich die christlichen Gruppen und Bewegungen in Assisi, am Ort einer alten Tradition, die uns weit voraus ist. Wer heute wirklich bewahren will, muss der nicht bereit sein zu radikalen Veränderungen? Wer heute die Welt verändern will, muss er sie nicht zuerst in Liebe und Geduld verstehen? Lasst uns unsere Angst vor Veränderung und unsere Ungeduld dem Geist Gottes darbringen. Die Liebe Christi, die alles versteht, ist die Kraft der Verwandlung, die uns ergreifen will. Und die Heiligen wie Franz von Assisi zeigen uns, was der einzelne aus dieser Liebe heraus vermag."

Dabei blieb es nicht. In Assisi wie in Basel wurde über das „europäische Haus" im globalen Dorf gesprochen. Im „Brief aus Assisi an das Volk Gottes in Christus" steht der Satz: „Das europäische Haus kann nur dann ein glückliches Haus sein, wenn es ein **Haus mit offenen Türen** ist." In Basel heisst es im offiziellen Schlussdokument: **„Das europäische Haus sollte ein offenes Haus** sein, ein Ort der Zuflucht und des Schutzes, ein Ort des Willkommens und der Gastfreundlichkeit, wo Gäste nicht diskriminiert, sondern als Mitglieder der Familie behandelt werden". Zwar ist die Mauer gefallen, aber die wahrscheinlich schon 10 000 ertrunkenen Flüchtlinge (Pro Asyl) an den Grenzen zeigen ein anderes Europa als das der offenen Türen. Wem das nicht auf dem Gewissen liegt, der hat keins.

In Basel wurden Hausregeln für das europäische Haus aufgestellt. Dazu gehört, dass „Konfliktlösung durch Dialog und nicht durch Gewalt" zu geschehen habe. Und: „Wir bekräftigen mit Nachdruck die Bedeutung gewaltfreier politischer Mittel; sie sind der angemessene Weg, Veränderungen in Europa zu erreichen. *In unseren Ländern oder auf unserem Kontinent gibt es keine Situation, die einen Einsatz von Gewalt verlangen oder rechtfertigen würde.*" Das klingt ähnlich wie viele Aussagen in Assisi. Schon beim Zerfall Jugoslawiens in den 90er Jahren galt das Gegenteil.

Schließlich: Neben einer Reihe weiterer von friedenskirchlichen Strömungen beeinflussten Positionen zu Krieg und Frieden, Abschreckung und Massenvernichtungswaffen die Empfehlung der Baseler Delegiertenversammlung: „Wir regen die Einrichtung von ökumenischen Schalom-Diensten an.

Wir verpflichten uns, durch unser Handeln diesen Geist des Schalom weiter zu verbreiten." Wenigstens dazu ist es gekommen. Wohl wieder, weil Leute, die in Assisi waren, sich der Sache angenommen haben.

Und: „Gewaltlosigkeit muss als aktive, dynamische und konstruktive Kraft verstanden werden, die von tiefer Achtung vor der menschlichen Person ausgeht." Auch deshalb sollten „Eltern das Recht zum Widerstand gegen militärische oder vormilitärische Erziehung ihrer Kinder haben." Auch das hätte aus Assisi stammen können.

Der inhaltlichen Brücken zwischen Assisi '88 und Basel 89 sind also trotz aller Unterschiede zwischen beiden Versammlungen viele. Ich habe sie nicht systematisch untersucht. Und natürlich kann ich nicht nachweisen, dass wirkliche personelle Verbindungen deren Ursachen sind. Aber die Wegbereiter von Assisi und viele seiner Besucherinnen waren auch an der „Zukunftswerkstatt" der Baseler Versammlung beteiligt. Sie führten Hearings durch und waren z.T. als ökumenische Delegierte in Arbeitsgruppen und Plenen der Versammlung aktiv. Jedenfalls war der Geist von Assisi nicht ohne Folgen für die Spiritualität der Baseler Versammlung.

Nehmen wir nur den Baum mit den tiefreichenden Wurzeln, der das Plakat für Assisi schmückte. Auch in Basel spielte ein Baum eine Rolle. Er wurde gepflanzt und Carl Friedrich von Weizsäcker ging auf ihn ein mit den folgenden Worten: „Der Baum ist ein Glied der Schöpfung, uns als Mitgeschöpf geschwisterlich verbunden. Jesus hat die Schöpfung als Gleichnis des beginnenden Reiches Gottes unter den Menschen verstanden … Nicht unsere schönen Worte sind wichtig, die wir soeben wieder sprechen. Handlungen sind wichtig, die Tag für Tag geschehen." Der Baum von Basel ging übrigens schon kurz später in Flammen auf. Irgendjemand hatte dieses Symbol der Hoffnung nicht ertragen können.

Alles vergessen? Hoffentlich nicht. Vielleicht erfülle ich mir doch noch den Wunsch, ein zweites Mal nach Assisi zu fahren. Um noch einmal die Wege zu gehen und Orte zu besuchen, wo wir vor 20 Jahren waren. Und die immer noch eine kostbare Erinnerung sind. Leider werden die Weggenossen von damals nicht dort sein. Aber ich bin sicher: Irgendwo werden sie unterwegs sein, als „Botschafter (einer ‚Tradition, die uns weit voraus ist' und) des ökumenischen Dialogs Assisi '88".

Der besondere Kairos von Assisi
Joachim Garstecki

1988 war ein Jahr der Vorahnungen. Die Entwicklungen in den kommunistischen Ländern Ost-Europas, die ein Jahr später die gesamte europäische Nachkriegsordnung verändern sollten, warfen bereits ihre Schatten voraus. Niemand konnte so recht sagen, was wann wo geschehen würde, doch fast jede und jeder „im Osten" spürte, dass es nicht mehr lange so weitergehen konnte und dass der so genannte „Real-Sozialismus" abgewirtschaftet hatte: ökonomisch, ideologisch, geistig-moralisch. Mehr oder weniger deutlich, vom Westen kaum wahrgenommen oder zumindest unterschätzt, hatte sich in den Gesellschaften Ost-Europas eine vor-revolutionäre Situation gebildet. In der DDR sollte sie sich ein Jahr später, im Oktober 1989, in einem Volksaufstand entladen, dessen Parole „Keine Gewalt!" hieß und der inzwischen als erste gewaltfrei verlaufene Revolution auf deutschem Boden in die Geschichte einging. Das war der historische Kontext, in dem das Basistreffen von Assisi als „Europäischer Ökumenischer Dialog" für Gerechtigkeit, Frieden und Bewahrung der Schöpfung im August 1988 begann.

Unter den über 500 Vertreterinnen und Vertretern christlicher Basisbewegungen und Gruppen, die nach Assisi gekommen waren, befanden sich 14 junge Frauen und Männer aus christlichen Friedens-, Dritte-Welt- und Umweltgruppen aus der DDR. Keine geschlossene Gruppe oder gar „Delegation", sondern ein buntes, kaum vernetztes, ganz und gar nicht homogenes Häuflein von Leuten, die in der DDR Veränderung, Erneuerung und Öffnung anstrebten. Was sie alle eine, war eine tiefe Unruhe über den unhaltbaren und perspektivlosen Zustand der Welt. Alle suchten in ihrem Engagement für Gerechtigkeit, Frieden und Bewahrung der Schöpfung das Gespräch mit der europäischen Basis-Ökumene und Inspirationen für ihr Handeln aus dem Geist von Assisi. Etliche hofften auf einen „verbesserlichen Sozialismus" (Heino Falcke) in ihrem Land, wollten die sozialistische Idee von ihren klassenkämpferischen und bürokratischen Verkrustungen befreien, sie endlich mit Demokratie, Menschen- und Bürgerrechten in Verbindung bringen, und suchten dazu den Kontakt mit Gleichgesinnten. Die Erwartungen an die Reise nach Assisi waren höchst verschieden. Die einen betrachteten ihre Ausreisegenehmigung aus der DDR als einen Schwächeanfall des Systems und wollten die Gunst der Stunde nutzen, ehe der Laden wieder dicht machte; andere witterten die Morgenluft der Freiheit und erkannten nach sieben Tagen Assisi, dass hinterher nichts mehr so bleiben würde wie zuvor, auch im weit entfernten Zuhause in der DDR …

Die Tage von Assisi haben die Teilnehmenden mit ihrer Vielfalt an Erwartungen auf wunderbare Weise zusammengeführt. Wie wurde das möglich? Das Besondere und Einmalige der Situation des Ankommens in Assisi für die 14 Basis-Leute aus der DDR bestand im Zusammentreffen der beiden zunächst ganz voneinander unabhängigen, aber ineinander greifenden und sich gegenseitig verstärkenden Aufbruchs-Bewegungen: des konziliaren Aufbruchs der christlichen Ökumene, der in Assisi, vermittelt und repräsentiert durch die vier einladenden Veranstalter, authentisch und ungemein befreiend erlebt wurde, und des beginnenden gesellschaftlichen Aufbruchs in der DDR, von dem jede und jeder irgendetwas „im Gepäck" hatte. Ich denke, der besondere Kairos von Assisi lag in der offenen Begegnung und gegenseitigen Durchdringung dieser beiden Bewegungen. Eine Durchdringung, die an diesem Ort durch die Rückkehr zu den Quellen möglich wurde: In Gegenwart und im Geist von Franziskus und Klara über die Wege zu Gerechtigkeit, Frieden und verantwortlichen Umgang mit der Schöpfung nachdenken, miteinander sprechen, meditieren, beten und feiern, war wie eine Läuterung, bei der alles Unechte, Eigennützige, Rechthaberische und Aufgesetzte wie Schlacke abfällt. Und dies in der großen Assisi-Familie der ebenfalls Beunruhigten, in Bewegung Gekommenen zu erleben, hatte einen zusätzlich solidarisierenden Effekt: Überall auf der Welt arbeiten Menschen für Veränderung und Erneuerung aus dem Geist der Wahrheit, Einfachheit und Genügsamkeit, nicht nur in der DDR. Das war eine heilsame Erfahrung. Die nahmen die 14 Männer und Frauen mit nach Hause, und sie blieb ein Jahr später im unruhigen Herbst 1989 nicht ohne Folgen.

Im Frühjahr 2007 schrieb mir ein Freund aus Thüringen, der damals dabei war: „Assisi war eine intensive Erfahrung, die mich viele Jahre getragen hat. Auch wenn der Wind der Veränderung diese Erfahrung immer mehr zerstreut hat, bleibt die Erinnerung an eine wunderbare Zeit voller Hoffnung auf eine Welt in Gerechtigkeit und Frieden".

20 Jahre seit Assisi '88
Klaus Hagedorn

Als junger Hochschulseelsorger mit Kontakten zu den franziskanischen Initiatoren war ich damals eingeladen worden. Die Katholische Hochschulgemeinde Oldenburg hatte sich ab 1985 in den Konziliaren Prozess für Gerechtigkeit, Frieden und Bewahrung der Schöpfung eingeklinkt und im Februar 1988 – parallel zu Dresden – eine Ökumenische Regionalversammlung mit einberufen. Da gab es bei mir ein großes Interesse nach Inspiration, nach Ermutigung (vor allem nach den Erfahrungen mit dem sog. NATO-Doppelbeschluss) und nach Vernetzung. Basel 1989 stand vor der Tür. Erst nach Assisi wurde mir bewusst, woran ich teilgenommen hatte: Seit der Reformation hatte es kein so umfassendes und von gegenseitigem Respekt getragenes gemeinsames Glaubens-, Gebets- und Handlungszeugnis von Christinnen und Christen unterschiedlichster Tradition in Europa zu brandaktuellen Zeitanliegen gegeben.

Was sich für mich seit Assisi durchgetragen hat
Es ist das Anliegen, mich entschieden in ein europaweites, ja weltweites Netzwerk einzubinden, für die Globalisierung der Solidarität zu arbeiten. Es gab eine Fülle von Kontakten, die bis heute gehalten und meine Arbeit in der Hochschulpastoral über Jahre bereichert haben. Verstärkt wurde der Wunsch, als Christinnen und Christen aus verschiedenen Denominationen und Konfessionen zusammenzuwachsen. Meistenteils waren es Menschen, die ökumenische, ökonomische und ökologische Graswurzelarbeiten an ihren je eigenen Orten leisteten. Es gab eine wirklich umfassende Begegnung von "Abrahamitischen Minderheiten" (Helder Camara). Ich erinnere bis heute die Erfahrungen von Dialog, Begegnung, existentieller Rede, die Bereitschaft zu hören, zu bedenken, zu befragen, sich befragen zu lassen – aller Sprachschwierigkeiten und unterschiedlichster Herkünfte zum Trotz. Besonders prägend und nachhaltig sind für mich Begegnungen mit Hildegard Goss-Mayr und dem kranken Jean Goss sowie mit den Teilnehmenden aus der damaligen DDR und aus Ungarn gewesen. Ich erlebte eine Weitung des Horizontes, da ich von brennend aktuellen Problemfeldern in (ost-)europäischen Ländern hörte, von gewaltfreien Bemü-

hungen weltweit, und dabei etwas vernahm, wovon ich bisher keine Ahnung gehabt hatte. Da sind neue Horizonte aufgebrochen. Und da war die Erinnerung an den Grundwert, der mitten in Gewalt- und Leidensgeschichten Gewicht bekommt: die zuvorkommende und entgegenkommende Liebe des Gottes des Lebens, wofür eindrücklich Menschen gestanden sind, gewaltfreie Kreativität, Verzicht auf Gegengewalt auch um den Preis des Leidens. Das ist das Kontrastprogramm des Evangeliums, darin liegt eine befreiende und verwandelnde Kraft – so paradox dies klingt.

Was ich mitgenommen habe

Es mag Zeiten geben, in denen wir zu machtlos sind, Ungerechtigkeiten vorzubeugen. Aber es darf nie eine Zeit geben, wo wir nicht protestieren. Besonders mit Blick auf den Grund des Glaubens haben wir alles zu tun, damit der Folterer nicht doch zuletzt über sein Opfer triumphiert. Der Ort von Franziskus und Clara hatte für mich seine ganz eigene Inspiration. Sie war und ist es bis heute: das Antlitz des Gekreuzigten im Gesicht des Nächsten und Fernen zu suchen und zu finden; sie stellt vor die Aufgabe, die Kreuze unserer Welt anzuschauen und die Augen vor den sozialen Wirklichkeiten zu öffnen. Aufgegeben ist mir, den Geist zu entdecken, der lebendig macht und zu Verwandlung und Veränderung anstiftet. Die Kraft, die Franziskus und Clara bewegt hat, entstammt einem Vertrauen in das Leben, das eine Quelle in Jesus hat, der zur Entscheidung ruft für die Liebe, für Gerechtigkeit und für Frieden. So ist Assisi für mich bis heute ein Aufruf für den langen Weg in der Gemeinschaft derer, die sich dem christlichen Zuspruch und Anspruch für das Leben und die Liebe glaubend und handelnd bewusst sind. Und es ist ein Hoffnungszeichen. Es steht nicht für billigen Optimismus nach dem Motto: „Es wird schon alles gut" oder „irgendwie wird's schon werden", sondern es steht für eine Hoffnung, die ein Engagement ist in der Gewissheit, dass es Sinn macht, egal wie es ausgeht, abzulesen an einer Person: Jesus von Nazareth dem Christus und vorgelebt von vielen Menschen, denen ich begegnet bin und die sich dem Reich Gottes und seiner Gerechtigkeit verbunden wissen.

Was ich mit Assisi verknüpfe

Es ist die Erfahrung, dass es Verbündete, Brüder und Schwestern braucht. Es braucht die Suche nach Mitstreiterinnen und Mitstreitern, die sich auch in den Dienst der „gefährlichen Erinnerung" stellen. Dabei hilft die Beheimatung in einer Weggemeinschaft, die miteinander das Brot teilt, einer Gemeinschaft von Kumpaninnen und Kumpanen. Nicht in der eigenen Einsamkeit zu verweilen – dazu rief der ökumenische Dialog auf. Ich kann mir erzählen lassen, woran andere glauben, wofür andere leben, und ich kann dadurch Ermutigung erfahren. Und dann ist zu spüren: auszusteigen und aufzugeben würde bedeuten, die Solidarität mit den Kumpaninnen und Kumpanen aufzukündigen. Und ich spüre bis heute deutlich: Das darf nicht sein. In Assisi konnte ich erfahren, dass das gemeinsame Schauen auf die Zeichen der Zeit, das gemeinsame Brotbrechen und das gemeinsame Lesen in der Urkunde des Glaubens erfahren lassen, dass wir an einer Zukunft bauen, die nicht nur aus uns und unseren Kräften besteht, dass mein Glaube und meine Hoffnung auf den Gott bestärkt ist, der unser Leben auffängt. Es kommt auf mich an, aber es hängt nicht von mir ab!

Ein Dialog der Herzen
Karl Neuwöhner

Arezzo, den 2.8.2007
Heute, fast zwanzig Jahre danach und wieder einmal in Italien, würde ich den ökumenischen Dialog von 1988 als einen „Dialog der Herzen" bezeichnen. Es war ein europäischer Dialog für Gerechtigkeit, Frieden, Bewahrung der Schöpfung, der noch immer vor allem in meinem Herzen nachklingt, nicht im Verstand oder in den Beinen. Natürlich sind wir damals umhergegangen, um den Ort zu erkunden, haben in Stunden der Mahnwachen vor S. Chiara zusammen gestanden, uns gemeinsam auf den Weg gemacht zu Gespräch und Gottesdienst. Natürlich haben wir Dokumente gelesen, historische und aktuelle, den Verstand angestrengt, um einander zu verstehen – nicht nur sprachlich, sondern auch von den Sachen her, um die es jedem und jeder ging. Denn das waren nicht immer die gleichen Sachen am Anfang, und am Schluss auch nicht. Aber über die Dokumente ist die Zeit hinweg gegangen und über den Ort kam einige Jahre später ein schreckliches Erdbeben, das viel verändert hat. Nur im Herzen ist etwas geblieben von der Sehnsucht, dem Gebet: „Herr, mach aus mir ein Werkzeug deines Friedens …". Der „Bundesschluss" am Ende der Konferenz nimmt nach meinem Gefühl die Erfahrung des Ortes und seiner Heiligen auf, wenn er neben Mahnungen und Verpflichtungen auch die Einfachheit und Freude dieser Zusammenkunft an das „Volk Gottes in Christus", die Kirchen und Gemeinden und „an alle, die den Frieden suchen," weitergeben will.

In Einfachheit und Freude den konziliaren Weg für Gerechtigkeit, Frieden und die Bewahrung der Schöpfung zu gehen, diesen Gedanken haben die Franziskaner versucht, in die Vorbereitungen des Dialogtreffens einzuweben. Auch wenn sie selber vielleicht die komplizierteste Gruppe unter den Trägern waren. Mit vatikanischer Überwachung und interner „Meinungsvielfalt" war es nicht leicht, von den ökumenischen Schwesterkirchen und Gruppen zu lernen, was es konkret bedeutet, sich mit „Pax et Bonum" – „Friede und alles Gute" zu grüßen.

Der politisch-theologische Weg ging damals von Vancouver (1983) nach Seoul (1990). Die Begriffe „Konzil" und „Bundesschluss" wurden theologisch erörtert; ein wirklich weltweiter Prozess wurde angestrebt, nicht nur ein nordeuropäischer. Der Ökumenische Rat der Kirchen und die katholische Kirche kamen auf der offiziellen Ebene nicht zusammen; wohl aber in einigen Ländern (Königstein, Dresden). Papst Johannes Paul II. lud die Weltreligionen zu einem Friedensgebet nach Assisi ein (1986) und machte nach der Meinung vieler damit den zweiten Schritt vor dem ersten. In Basel wurde eine erste europäische ökumenische Versammlung geplant. – In dieser Zeit kam die Idee, in Assisi ein „Basistreffen" zu veranstalten, das nicht von den Abgrenzungsritualen der Großkirchen, sondern von der Einfachheit und der Freude des hl. Franziskus und der hl. Klara geprägt sein sollte.

In der Vorbereitung trafen sich die internationale friedenskirchliche Vereinigung „Church & Peace" (Wilfried Warneck, Dirk Heinrichs, Lothar Fromm), der Internationale Versöhnungsbund (Richard Ackva, Konrad Lübbert), die internationale katholische Bewegung „Pax Christi" († Herbert Froehlich, Paulus Engelhardt) mit den Franziskanern (Kees van Vliet, Gerard Heesterbeek) in verschiedenen Klöstern und Sekretariaten und arbeiteten ein Programm aus, das bewusst offen gehalten wurde und stark von Gebet, Begegnungen in kleinen Gruppen (Affinity-Groups) und frei gestalteten Gottesdiensten geprägt war. „Veni creator spiritus" in der Abtei S. Pietro im Gottesdienst von Pax Christi Flandern und „SENZENINA" von Breyten Breytenbach (RSA) mit der Schola um Flois Knolle Hicks in S. Maria degli Angeli ist mir noch heute im Ohr.

Das zentrale europäische Organisationsbüro bestand aus einem Schreibtisch, einem Telefon, einem Regal und zwei elektrischen Schreibmaschinen. Zwischen schweinsledernen mittelalterlichen Folianten in den Räumen der Studienbibliothek des Franziskanerklosters in Münster liefen die Fäden bei der Praktikantin und Dolmetscherin Claudia Heinzler zusammen.

Das Liederbuch von Dirk Heinrichs und die liturgische Hand von Herbert Froehlich haben Gebet und Meditation sehr stark unterstützt. Unter ihrer überkonfessionellen „Regie" war es möglich, die gegebenen Grenzen zu achten und auch zu überschreiten, wenn dies gewollt und notwendig wurde.

Aus heutiger Sicht wirkt das Treffen wie ein kleines prophetisches Vorzeichen der nachfolgenden Umwälzungen: der Fall der Mauer, die

Auflösung der militärischen Blöcke, die großen UNO-Konferenzen für Umwelt und Entwicklung (z. B. Rio 1992) mit ihren Folgekonzepten „Agenda 21", „Erdcharta", „Zukunftsrat", „ziviler Friedensdienst" usw.

Assisi '88 wollte keine neue Organisation schaffen, keine parallele Struktur von weiteren Treffen und Netzwerken. Es war vielmehr ein Treffen der Ermutigung und Synchronisation für die bereits Engagierten in Nord- und Süd-, Ost- und Westeuropa. Die Teilnehmer sollten und wollten die Spur von Assisi in die anderswo stattfindenden Treffen hineinziehen, dort das Zeugnis weitergeben und nicht unter sich bleiben. Wie sagte Lanfranco Serrini, Generaloberer der Franziskaner, im Eröffnungsgottesdienst: „… wir alle suchen eine innere Kraft, die uns befähigt, unseren mutigen Weg in der Verbreitung der fundamentalen Werte für die Menschen und für die Welt zu finden" – jeder an seinem, jede an ihrem Ort.

Der Geist des Treffens erfüllt mich noch heute
Reinhard J. Voss

Das Ökumenische Basisgruppentreffen 1988 in Assisi traf mich ins Herz in spannungsreichen Jahren nach dem vorläufigen Scheitern der politischen Friedensbewegung Mitte der 80er Jahre. Es richtete mich aus keimender Resignation auf und es richtete mich aus über die Grenzen und Fragmente meiner deutschen Erfahrungen hinaus. Es half mir, europäische Dimensionen zu erspüren und die ökumenische Basisbewegung in Deutschland weiter zu entwickeln. Im Vorfeld der 1. Europäischen Ökumenischen Versammlung in Basel 1989 war „Assisi" mein „Einstieg" auf kontinentaler Ebene, nachdem ich schon im Rahmen der deutschen Vorbereitungstreffen 1987/88 dazu hatte beitragen können, die Anliegen der Basisbewegung für Gerechtigkeit, Frieden und Bewahrung der Schöpfung einzubringen.

In der Ökumenischen Initiative Eine Welt hatte ich seit Mitte der 70er Jahre ein erweitertes – besser: das ursprüngliche – Ökumeneverständnis der „oikoumene" als der „einen bewohnten Erde" kennen gelernt und seit 1981 auch diese Bewegung koordiniert. Mit dem Franziskaner Karl Neuwöhner, auch Mitglied dieser ökumenischen Lebensstil-Initiative, der seinerseits hauptamtlich „Assisi" verantwortlich vorzubereiten hatte, besprach ich auf langen Spaziergängen in Wethen viele Details im Vorfeld, kam aber doch eher als „normaler" Teilnehmer in Assisi an.

Mit den vier tragenden europäischen Bewegungen kamen für mich zum ersten Mal sinnlich und intellektuell, politisch und spirituell spürbar und erlebbar diejenigen zusammen, die ich bis dahin nur vereinzelt und fragmentarisch als Impulsgeber erlebt hatte und die mir angesichts der schleichenden Kirchen- und Gesellschaftskrise schon bisher Hoffungsimpulse vermittelt hatten. Ich war mit meiner Familie gerade (1986/87) nach Wethen gezogen – zum Laurentiuskonvent und in die Ökumenische Gemeinschaft, um dort dieses Zentrum der Basisökumene zu stärken. Und in Assisi wurde ich meinerseits gestärkt. Versöhnungsbund und Pax Christi International, Franziskaner und das friedenskirchliche Netzwerk „Church and Peace" arbeiteten dort zusammen und setzten diesen kirchen- und gesellschaftspolitischen Akzent. Im Versöhnungsbund und bei Pax Christi war ich einfaches Mitglied, mit den Franziskanern arbeitete ich in der Eine Welt-Lebensstilbewegung zusammen und das Netz von „Church and Peace" war sowohl eine Gründung als auch ein erweitertes „Dach" des Laurentiuskonventes.

Besonders gern und intensiv denke ich zurück an die Gottesdienste, die mit ihren unterschiedlichen Traditionen sich gegenseitig bereichernd nebeneinander gelten und auf uns alle ausstrahlen durften. Ich sehe uns noch in den Arbeitsgruppen zwischen den alten Steinen und Bäumen die Vorträge zur ökumenischen Zukunft reflektieren. Die vielen musikalischen und künstlerischen Impulse gehen mir bis heute nach – so auch der Bildhauer, der den Sonnengesang des Franziskus mithilfe vieler Teilnehmenden ins Olivenholz schnitzte. Insgesamt atmet diese Begegnung für mich seither und immer noch eine visionäre Kraft, die mich getragen hat, in Basel 1989 und in Graz 1997 inspiriert hat und die mich weiter trägt.

Aus diesen Eindrücken erwuchsen neue Initiativen wie der Oekumenische Dienst Schalomdiakonat und eine verstärkte Zusammenarbeit zwischen Pax Christi und Versöhnungsbund. Und wenn wir 2006 das Leitungspaar der südfranzösischen „Arche" in Wethen zu Besuch hatten, so war dieser Geist sogleich wieder präsent und prägte sich uns Freundinnen und Freunden auf dem ökumenischen Weg in Europa wieder neu ein.

Bezeichnend und wiederum Hoffnung machend war es, dass sich im Vorfeld der 3. Europäischen Ökumenischen Versammlung in Sibiu/Hermannstadt (Rumänien) im September 2007 die „Assisi-Koalition" erneut zusammen tat, um in der europäischen Kirchenöffentlichkeit einzutreten für einen erweiterten und vertieften Begriff von Sicherheit (mit einem eigenen Hearing) und für konsequenten internationalen Dialog statt weiteren kontraproduktiven „Kriegen gegen den Terror".

Die Friedenshoffnungen und den langen Atem dazu haben mir Assisi 1988 ebenso gestärkt wie die Assisi-Koalition 2007.

Segen des Franz von Assisi

Kanon zu vier Stimmen von J. Schäfer

Der Herr seg-ne und be-hü-te dich! Er zei-ge dir sein An-ge-sicht, er-bar-me, er-bar-me sich dei-ner und schen-ke dir den Frie-den!

Segen der Hl. Klara

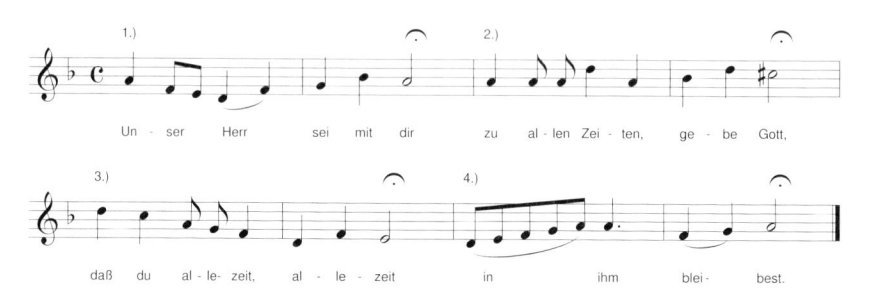

Kanon zu vier Stimmen von J. Schäfer

Un-ser Herr sei mit dir zu al-len Zei-ten, ge-be Gott, daß du al-le-zeit, al-le-zeit in ihm blei-best.

Vita des Herausgebers

Dirk Heinrichs, Dr. phil., geb. 1925 in Bremen. Gymnasiale Oberschule. 1943–45 Soldat. 1951 Promotion in Philosophie Universität Zürich. 1951/52 Studienaufenthalt und Volontariate in London und Antwerpen. 1953 Eintritt in ein Familienunternehmen der Hafenwirtschaft Bremen/Bremerhaven. 1954 Heirat. 1955 pers. haftender Gesellschafter, ab 1968 geschäftsführender Gesellschafter bis 1996. Reisen in Europa, nach der Sowjetunion, Afrika, Asien, USA, Neuseeland; in humanitären Missionen nach Polen (1982), nach Togo (1962, 1982/84); Vietnam (1986), Balkan (1992–99). Zusammen mit seiner Frau Ruth-Christa Stifter der gemeinnützigen Stiftung *Die Schwelle, Beiträge zur Friedensarbeit* (1979) in Bremen. Mitbegründer des Arbeitskreises Historische Friedensforschung (1984) und des Oekumenischen Dienstes Schalomdiakonat (1992).